从解梦开始

荣格自传

[瑞士] 荣格 ◎ 著
Carl Gustav Jung

林 妙 ◎ 译

江苏凤凰文艺出版社

图书在版编目（CIP）数据

从解梦开始：荣格自传 /（瑞士）荣格著；林妙译.
— 南京：江苏凤凰文艺出版社，2016.7
书名原文：Erinnerungen, Traume, Gedanken
ISBN 978-7-5399-9231-0

Ⅰ．①从… Ⅱ．①荣… ②林… Ⅲ．①荣格，C.G.（1875～1961）－自传 Ⅳ．①K835.226.2

中国版本图书馆 CIP 数据核字(2016)第 097158 号

书　　　名	从解梦开始：荣格自传
著　　　者	（瑞士）荣格
译　　　者	林　妙
责 任 编 辑	孙金荣
出 版 发 行	凤凰出版传媒股份有限公司
	江苏凤凰文艺出版社
出版社地址	南京市中央路 165 号，邮编：210009
出版社网址	http://www.jswenyi.com
经　　　销	凤凰出版传媒股份有限公司
印　　　刷	江苏凤凰通达印刷有限公司
开　　　本	880×1230 毫米 1/32
印　　　张	10.875
字　　　数	265 千字
版　　　次	2016 年 9 月第 1 版　2016 年 9 月第 1 次印刷
标 准 书 号	ISBN 978-7-5399-9231-0
定　　　价	36.00 元

（江苏凤凰文艺版图书凡印刷、装订错误可随时向承印厂调换）

目录

序言 / 1

第一章 童年时期 / 1

第二章 中学时期 / 18

第三章 大学时期 / 76

第四章 精神病治疗 / 104

第五章 西格蒙德·弗洛伊德 / 135

第六章 直面无意识 / 158

第七章 著作 / 188

第八章 塔楼 / 210

第九章 旅行 / 225

  1 北非 / 225

  2 美国：普韦布洛印第安人 / 233

  3 肯尼亚和乌干达 / 239

  4 印度 / 259

  5 拉文纳和罗马 / 269

第十章　幻觉 / 274

第十一章　论人死之后 / 283

第十二章　晚期思想 / 309

回顾 / 336

序 言

我的一生就是无意识自我实现的故事。无意识中的所有因素都会设法寻求外在表现,而人格也要求从无意识状态中演化出来,作为一个整体去体验自己。我无法用科学上的话来追述我身上的这一发展过程,因为我不能把自己当成一个科学问题来体验。

我们在自己的内在视野里是什么样子,我们人类在永恒方面又是什么样子,这只能通过神话的方式表现出来。神话比科学更个体化,能更精确地表达生命。科学上谈的是平均概念,太笼统,不能很好地解释个体生命的主观多样性。

所以,今天,在八十三岁高龄之际,我开始讲述我的个人神话。我只能采取直陈式,只能"讲故事"。故事是不是"真的",这并不是问题。唯一的问题是,我所讲的是不是我的神话,我的真实。

传记写起来实在不容易,要评价自己,一来没有标准,二来没有客观基础,根本没有合适的基点可以对比。我知道自己在很多事情上不似他人,但我不知道自己到底是什么样子。人不能拿自己跟其他生物相比,人不是猴,不是牛,不是树。我是个人。是个人又怎么样?与其他一切存在一样,我是无穷无尽的神性里的一小块碎片,但我不能拿自己与任何动物植物或石头作对比。

只有神话里的存在，才会比人类拥有更大的范围。那么，人怎样才能对自己形成明确的看法？

我们是一种精神过程。对于这个过程，我们无法控制或者说无法完全控制。因此，我们无法对我们或我们的生命作出定论。真有什么定论的话，那我们一定会无所不知无所不晓——但这顶多只是一种自夸。我们根本不可能知道这一切是怎么发生的。人生的故事始于某处，始于某个我们恰好记得的特定的点；即便此时，当中也已经相当复杂。生命最终会怎样，我们并不知道。因此，人生的故事没有开端，它的结局也只能略知一二。

人的生命是一个充满疑点的实验。只有在数值上，生命才是一番宏大壮观的现象。从个人来看，生命如此匆匆，如此不饱和，却能够存在并发展下去，实在是一种奇迹。这样的事实在很久以前，我还是个年轻的医学学生的时候，就已经颇有感触。我觉得，自己竟然没有过早夭折，实在是一大奇迹。

我一直认为，生命就像一株以根茎维系生命的植物。植物的真正生命是看不见的，它深藏于根茎之中。露出地面的那部分只存活一个夏天，便枯萎凋零——像一道转瞬即逝的幻影。想起生命和文明永无休止的生长和消亡，我们难免会有一种万物皆空之感。然而，我始终感觉到，在那永恒的流动下，存在着某种生生不息、永存不逝的事物。我们看见的是花朵，花朵是会消逝的，但它的根茎却永恒。

最后，我的一生中，唯一值得一提的是那永恒之境闯入这短暂的世间时所发生的一切。这就是为什么我谈的主要是些内在体验，其中包括我的各种梦和幻觉。这些东西构成了我科学研究的**原初物质**。它们就是那炽热的岩浆，待加工的石头正是出自这样的岩浆才得以成形。

比起这些内在事件，其他所有记忆，不管是走过的路，遇过的人还是周围的环境，都已经苍白不堪。很多人参与过我们时代的故事，并且留下了文字，我们的读者若想了解详情，可以向他们要来看看，或者找人口述。我一生中所发生的外在事件，记忆大都已经模糊不清或荡然无存，但我与"另一"现实的相遇，我与无意识之间的较量，却不可磨灭地印在了我的记忆里。那个王国总是宝藏遍地，其他东西一经比较就会失去意义。

同样，对于其他人，只有他们的名字从一开始便进入了我命运的名册里的人，才会不可分离地树立在我的记忆之中。因此，与他们的相遇同时也是一种回忆。

内在体验对我身上发生的外在事件也留下了印记，并在我青年时期及往后的岁月中发挥着举足轻重的作用。我早就认识到，生活中的疑难杂症如果从内心得不出答案，那这样的疑难杂症最终不会有多大的意义。外在事件是无法替代内心体验的。因此，我一生在外在经历上出奇地贫乏。我不能在这方面费过多的口舌，那样会使我觉得空洞而无实质。我只能通过内在发生的事情去了解自己。正是这些内在事件构成了我独特的一生，而它们也正是本自传中将要谈及的内容。

第一章　童年时期

我六个月大时，父母从康斯坦茨湖畔的凯斯威尔迁往莱茵瀑布上的劳芬城堡，住进了那里的一所牧师宅第。那一年是1875年。我是从两岁或三岁开始记事的。我记得那所牧师宅第，那里的花园、洗衣房、教堂、城堡、瀑布，还有那小小的沃斯城堡以及教堂司事的农场。这些记忆只是一片混沌之海上漂浮的小岛，它们各自漂流着，相互之间没有什么明显的联系。

这时浮现的也许是我生命中最早的记忆，但印象确已相当模糊。我躺在婴儿车中，地点是一片树荫里。那是一个晴好和煦的夏日，天空很蓝，金色的阳光透过碧绿的树叶洒下来。婴儿车的车篷是揭起的状态。我刚刚醒来，看见了这亮丽的光景，心中有一种无以言表的愉悦。我看见阳光在叶子和花丛间闪烁。一切都那么美妙、那么缤纷、那么迷人。

又一个记忆：我在自家房子西侧的饭厅里，坐在一把高高的椅子上，正用勺子把加了面包屑的热牛奶往嘴里送。牛奶口感很好，气味也很特别。那是我第一次意识到牛奶的气味。也就是说，那一刻，我开始对气味有了意识。这也是很久很久以前的记忆了。

再一个记忆：一个美好的夏日傍晚，姑姑对我说："来，我带你去看一样东西。"她带我出了门，来到屋前那条通往丹斯恩的马

1

路上。远处的地平线上，阿尔卑斯山脉正沐浴在日落的余晖之中。那个傍晚，阿尔卑斯山看得特别清晰。"你看那边，"我听到她用瑞士方言对我说，"那些山全成了红色。"那是我第一次在意识的状态下看见了阿尔卑斯山。后来，有人告诉我，村里的孩子第二天会由学校组织到苏黎世附近的尤特利山去郊游。我也很想去。令我伤心的是，他们说我这么小的小孩不能跟着去。我无可奈何。从此，霞光映照下白雪披身的山峦附近的尤特利山和苏黎世，便成为了我心中遥不可及的梦幻之地。

时间再往后一点，又出现了一个记忆。母亲带我去图尔高探望几个朋友，他们在康斯坦茨湖边有一座城堡。在湖边，我怎么也不愿离开，谁拉我也不走。船行之处，激起层层涟漪，荡漾到岸边，水面上波光粼粼，水底的沙子被浪花冲成了小小的沙脊。湖水向遥远的远方无限地延展。如此辽阔的水域，对我来说是一种无法想象的快乐，一种无与伦比的壮美。那一刻，我在心中坚定了一个想法：我以后一定要生活在湖水之滨。我觉得，没有水，人根本无法生存。

又一个记忆出现了：陌生的脸孔，喧嚣的人群，大家情绪激动。女仆跑过来惊呼："渔夫们发现了一具尸体，是被瀑布冲下来的，他们打算把尸体搬到洗衣房里！"父亲应道："好的，好的。"我想立即去看一眼那具死尸。母亲拦住了我，坚决不让我到花园里去。等所有人离开后，我迅速溜进花园，来到了洗衣房。但门已经被锁上。我绕着洗衣房走了一圈，在屋背后发现了的一条伸向斜坡的敞开式排水沟，我看见血和水正从沟中涓涓地流出。我觉得有趣极了。这时的我还未满四岁。

另一幅情景：我发烧了，又哭又闹，不肯睡觉。父亲抱着我一边来回踱步，一边哼着他学生时代那些老掉牙的歌曲。有一首我记得特别清楚，那是我特别爱听的一首，它总能使我安静下来。"万籁寂了，人在梦乡……"它的开头是这样唱的。直到今天，我还能想起那静静的夜里父亲对着我哼唱的声音。

后来，母亲告诉我，我那时得了一般性湿疹。我心里一直有一种朦胧的暗示，暗示我父母的婚姻出现了问题。我1878年的那场病，必定与父母的短暂分居有关。母亲在巴塞尔的医院里住了好几个月，她的病大概与婚姻不顺脱离不了干系。我由一位姨妈代为照顾，她是个老处女，比母亲年长二十多岁。母亲走后，我陷入了深深的痛苦之中。从那时起，每每有人说起"爱"这个词，我都觉得不能相信。很长一段时间内，"女性"给我的感觉是她们生来不可靠，而"父亲"，则意味着可靠——但无能。这就是我开启人生时遇到的障碍。后来，这些初始印象都得到了修正：我信任男人，男人却辜负了我的信任；我不信任女人，女人却不会令我失望。

　　母亲不在的那些日子，家中的女仆也在照顾我。我仍然记得她将我抱起来，把我的头倚在她肩上的情景。她乌黑的头发，橄榄色的皮肤，和我母亲很不一样。即便现在，她额上的发际线，她的喉，她黑黑的皮肤和她的耳朵，也仍然历历在目。她的一切对我来说，既非常熟悉，又感觉很陌生。她似乎只属于我个人，而不是我们一家，似乎与其他一些我无法理解的神秘东西存在着某种关联。这一类女性后来构成了我心中的阿尼玛[①]。她所传达出的那种明明一直熟悉却又很陌生的感觉，就是后来象征我心中全部女性特质的阿尼玛形象所具有的一种特征。

　　自父母分居起，记忆中还有这样一个影像：那是一个湛蓝的秋日，一位非常美丽、迷人的年轻姑娘，她有一双蓝色的大眼睛和一头浅黄色的秀发，在瀑布底下，沃斯城堡不远处，她带着我，沿着莱茵河边，从金灿灿的枫树和栗子树下走过。阳光在枝头闪耀，金黄的叶子飘落一地。这个女孩后来成为了我的继母。她仰慕我的父亲。直到21岁，我才又见到她。

　　[①]　荣格心理学术语，指男性无意识中的女性特质的人格化象征。（标明"原注"则为原文注解，无"原注"字眼则为译者注解，下文同）

以上是我的外在记忆。 接下来是一些比较有力的、无可抵挡的影像。 其中的一些我只有一点点模糊的印象。 例如，有一次我从楼上跌下来，还有一次，我摔倒在火炉腿的一个角上。 我记得我当时很疼，还流了血，医生给我缝了额头上的伤口——这个伤疤一直到我中学最后一年才完全消失。 母亲还告诉我，有一次去诺伊豪森，经过莱茵瀑布大桥时，我差点从桥上掉了下去——我的一条腿已经滑到栏杆外面。 幸好女仆及时拉住了我。 这些事说明了无意识中的自杀欲望，又或者说，是对来到这世上的一种致命的抗拒。

那些日子，我对黑夜也有一种隐隐约约的恐惧。 我常常听见屋里有什么东西在走动。 莱茵瀑布低低的轰鸣声总在耳边回荡，让我感觉四周全是危险地带。 不时有人溺水身亡，尸体从岩石上冲下来。 这时，教堂司事会在附近的墓地挖一个坑，翻出一大堆褐色的新泥土。 一干身穿长长的礼服，头戴高高的礼帽，脚蹬铮亮长靴的黑衣人会神色庄重地抬来一个黑匣子。 父亲会穿着牧师长袍站在那里，声音响亮地说话。 女人们在哭泣。 从人们口中得知，有人正被放进地上的那个洞里埋掉。 原来还在的一些人，突然就再也不会出现了。 然后，我还听说，他们已经被埋掉，主耶稣已经把他们吃进腹中。

母亲曾经教过我一段祷告词，让我每晚做一次祈祷。 我很乐意去做，因为它能使我面对黑夜隐约的不确定时心中感到慰藉：

> 张开您的双翅吧，慈爱的主耶稣；
> 请将您的雏鸡，您的孩子，吞下腹中；
> "即使撒旦要来吃他，
> 也无法伤害到他。"
> 就让天使们这样唱吧！

耶稣带给人心安，他是位善良、仁慈的先生，和住在城堡上的维根斯坦先生一样。他富有，强大，受人尊敬，夜里还很关心小孩子。对于他为什么像鸟儿一样长着翅膀这个问题，我没有过多地关心。我觉得更有意义、更启人深思的是，把小孩比喻成小鸡让耶稣"吃"，而耶稣像吃苦药一样，显然很不情愿，这很令人费解。但我很快明白，撒旦喜欢吃小鸡，要避免小孩落入他的口中，所以，耶稣虽然不好这口，也只好吃下去，这样撒旦便抓不到他们了。想通了这一切，我心里安定了不少。而现在却听说，耶稣把其他人也"吃"了进去，而"吃"就是把他们放进地下的洞里埋掉。

这个不吉利的比喻产生了不幸的后果。我开始不相信耶稣。他那给人带来心安的仁慈的大鸟形象已经荡然无存，想起他，我就会想到那些神情肃穆，身穿礼服，头戴高帽，脚蹬乌黑发亮的靴子，忙不迭地抬来黑色匣子的黑衣人。

这样的臆想导致了我意识中的第一次创伤。一个炎热的夏日，我像往常一样，独自坐在屋前的路上玩沙子。那条路经过我家，通往山上，消失在山顶的树林深处。因此，从我家可以看得见很长一段路。当我抬起头，我看见一个人，头戴一顶奇大无比的帽子，身穿黝黑黝黑的长袍，从树林那边走下来，看起来像一个穿着女装的男人。慢慢地，这个人离我越来越近，这时我看出他的确是个男人，他的黑色长袍一直垂到了脚边。一看见他，我便害怕起来，一种致命的恐惧感迅速淹没了我，脑海里掠过一个可怕的想法："那就是一个耶稣会会士。"不久前，我偷听了父亲和一名来访同事之间的谈话，说的是耶稣会会士的一些恶劣行径。从父亲半带愤怒半带恐惧的语气中，我得出了一个结论：耶稣会会士是特别危险的东西，连父亲也怕他们三分。实际上，我对耶稣会会士毫不了解，但我从那一小段祷告词中熟悉了"耶稣"这个词。

我想，这个从山上下来的人一定经过了化装，所以才穿着女人的衣服。他很可能怀有什么不良企图。我吓得魂飞魄散，慌

5

慌张张跑回家中,三步并作两步上了楼,在阁楼最暗处的一根房梁下躲了起来。也不知道自己藏了多久,但感觉肯定过了很长的时间,因为当我壮起胆子下了楼,闪闪缩缩地将头探出窗外时,外面已经不见了那黑衣人的踪影。这种惊悚的感觉一直萦绕不去,导致我好几天都不敢出门。甚至,当我再次回到那条路上玩耍时,山顶的那片树林也依然使我感到不安和戒备。当然,那个黑衣人不是什么坏人,而是一名天主教神父,这是我后来才知道的。

差不多这段时间——我不肯定是这次经历之前还是之后——我做了记忆中最早的梦。这个梦贯穿了我的一生。那时,我大概是三四岁的样子。

牧师住所是劳芬城堡附近唯一的建筑,教堂司事农场后面有一大片草地。那个梦里,我就在这片草地上。突然,我发现地上有一个黑乎乎的长方形石洞。我从没见过那样的洞。我好奇地跑过去一看,只见洞内有一道石梯一直通往地下。我犹豫了一阵,便诚惶诚恐地下了楼梯。洞底有一个圆形的拱门,以一块绿色的帷幕掩着。帷幕很大很重,有点像锦缎那样的工艺制品,看起来相当华丽。我很想知道门后是什么景象,于是我撩开了那块幕。微弱的光线下,展现在眼前的是一个长约三十英尺的长方形房间。房顶呈拱形,以凿过的石头做成。石板铺成的地面中间,一块红地毯从门口一直通到一个低低的平台前。平台上放着一尊金碧辉煌的宝座,座上好像还有一块红色的垫子,但我不敢肯定。那是一尊相当气派的宝座,和童话里国王的御座毫无二致。宝座上竖着一个什么物体,一开始我还以为那是一根木桩,大概十二到十五英尺高,一英尺半到两英尺厚,个头非常高大,几乎捅到屋顶上去了。这个东西的组合非常古怪:由皮和肉做成,全身赤条条的,上端有一个圆圆的像人头一样的东西,但没有脸,也没有头发。它的顶部有一只眼睛,正一动不动地凝视着上方。

屋子里很亮堂，可这里没有窗户，也没发现什么明显的光源。但那个东西的顶上有一圈光环在闪耀。它虽然没有动，但我总觉得它随时会像虫子那样爬下宝座，向我爬过来。我怕得要命，全身像瘫痪了般，无法动弹。这时，门外和上头传来母亲的声音。她大声地说："是的，你自己看看，它就是那吃人的怪物！"这一来，更把我吓得不行。我大汗淋漓地醒过来，七魂丢掉了六魂。此后好些晚上，我都不敢上床睡觉，唯恐这样的噩梦再次出现。

这个梦困扰了我很多年。多年以后，我才意识到，我看见的那个东西其实是男性生殖器，而几十年后我才明白，这个形象是祭奠用的阳具。我一直分不清母亲指的是"它是吃人的怪物"还是"它就是那吃人的怪物"。如果是第一种情况，那么她的意思是说，吃小孩的不是耶稣也不是耶稣会会士，而是那根生殖器。如果是第二种情况，那么生殖器则象征了普遍的"吃人的怪物"，这样说来，则黑暗的耶稣、耶稣会会士以及生殖器是同一个东西。

这根生殖器所代表的抽象意义可以从它以王自居，"直挺挺地（古希腊语"ἰθύς"）"立在宝座上看出来。草地上的那个洞可能代表着坟墓。这个坟墓本身是一座地下寺庙，它的绿色帷幕象征着草地，也就是说，象征着绿色植被覆盖下的大地的秘密。地毯是血红色的。拱形又怎么解释？难道我之前到过沙夫豪森的米诺城堡？这不可能，谁会带一个三岁的小孩到上面去呢。所以，这不可能是记忆中留下的痕迹。我同样不知道，那根结构上丝毫不差的生殖器从何而来。尿道口解释成眼睛，上方还明显带着光源，指的是"phallus（阴茎）"这个词的词源（古希腊语为"φαλλός"，闪闪发光之意）。[①]

[①] 见《转变的象征》（CW 第五本）第 220 页。 CW 指代《荣格文集》，普雷斯顿大学出版社出版。——原注

不管怎么说，梦中的生殖器似乎是一尊居于地下的"尚无名字"的神。它一直存在于我整个青年时期，每当有人过分强调耶稣，这尊神都会再次出现。耶稣对于我来说，从来都不太真实，不太为我接受，不曾令我喜爱，因为我总是一次又一次地想起那个居于地下的他，想起那不请自来的恐怖的一幕。那个耶稣会会士的"伪装"对我所学到的基督教教义也蒙上了阴影。我常常觉得，基督教教义就是一场气氛肃穆的假面哀悼会，前来哀悼的人戴着或严肃或悲伤的面具，但没多大一会就在面具下偷偷地笑了起来，根本不是真的悲痛。在我看来，耶稣某种程度上就是死亡之神。他帮过我，这千真万确，因为他吓走了夜里的鬼魅魍魉。但他自己也很诡异，他可是一具被钉死在十字架上的血淋淋的死尸。我总是听到人们对他的赞美，说他多么仁爱多么善良，私底下却暗暗怀疑。这主要是因为，经常把"亲爱的主耶稣"挂在嘴边的人总是穿着黑色长袍和黑得发亮的靴子，他们总让我想起丧葬之事。这些人包括我父亲的同事和我的八个叔伯——他们全是神职人员。多年来，他们一直使我心怀恐惧。至于那些偶然出现的天主教神父就更不用说了，看见他们我就想起那个连父亲都被惹恼甚至被惹怕的可怕的耶稣会。直到多年后受了坚信礼，我才设法迫使自己采取应有的积极态度面对基督教。但我一直没能克服心中那不为人知的不信任感。

害怕"黑衣人"是每个小孩都会有的感觉，算不上那次经历中最本质的地方。最本质的是这样的认识，它像一把利刃插在我幼小的心灵上："那是个耶稣会会士。"因此，这个梦重要的地方在于它那特别具有象征意义的布景以及那句令人诧异的解说词："它是那吃人的怪物。"并不是说，这是个吓唬小孩的吃人怪物，而是说，这就是那吃人的怪物，它就竖在地下的金色宝座上。在我孩时的想象中，首先是国王会坐在金色宝座上，然后，在很远很远的蓝天之上，还会有更高、更华丽、更金碧辉煌的宝座，上面坐着头戴金王冠、身穿白袍子的上帝和耶稣。然而，同样是这个耶稣，他身上走出来的却是那个耶稣会会士，他一身黑色的女人服装，戴着宽大的黑色帽子，从山上的树林中走了下来。 我只得不时抬头，看看是不是有什么危险在悄悄接近。 在那个梦中，我走下地下的一个洞里，发现了金色宝座上的一个很不一样的东西，一个非人的地下的存在，它目不转睛地注视上方，人肉是它赖以生存的食物。 直到五十年后，我在一篇研究宗教仪式的文献中看到一段话，里面谈到了构成弥撒象征的基础的食人主题，我才开始明白，那两次经历中开始闯入我意识里的思想根本不是一名稚童所有，这些思想何止是复杂，简直是复杂过头了。 是谁在我心里说话？ 是谁的意志想出了这些东西？ 究竟是什么样超级智力在作祟？ 我知道那些笨蛋会一个劲地说什么"黑衣人"、"吃人的怪物"、"巧合"、"对往事的诠释"，以驱赶那些极为不便的东西，以免玷污我们所熟悉的童真烂漫的画面。 这些善良的、有本事的、思想健康的人啊，他们总让我想起浅水洼中乐观地晒着太阳的泥鳅，它们热热闹闹地挤在一起，快快乐乐地摇着尾巴，丝毫没有意识到这个水洼第二天早上就会干涸，将他们搁浅在地上。

那么，谁在对我讲话？ 谁在聊着这些远非我所知道的问题？ 是谁将天上地下合为一体，为充斥于我后半生的汹涌情感作好了所有的铺垫？ 除了那个既来自天上又来自地下的陌生来客，还会是谁呢？

通过儿时的这个梦，我开始进入到大地的秘密之中。 那时发生的是一种地下的埋葬，要过很多年我才能重见天日。 今天我明白，发生这样的埋葬是为了尽可能多地将光明引进黑暗，是进入黑暗之境的第一步。 我的理性生活就是在此时开启了它无意识的旅程。

1879 年，我们搬到巴塞尔附近的克莱恩-许宁根，但这事我一点也记不起来了。 我倒是还记得几年后发生的一些事情。 一天晚上，父亲把我从床上抱起来，来到朝西的走廊里。他让我看傍晚的天空，那里正泛着耀眼的绿光，非常壮观。那时是1883年克拉卡托火山爆发之后。

还有一次，父亲带我出门，去看东边天际上的一颗巨大的彗星。

有一次发了大洪水，流过村中的维瑟河冲毁了大坝，把上流的一座桥也冲塌了下来。十四个人被淹死，尸体被浑浊的洪水冲进了过莱茵河。洪水退后，一些尸体被搁在泥沙里。我一得知这事，说什么也要去看一看。我看到一具中年男人的尸体，身上穿着黑色长袍，显然事发时他刚刚从教堂回来。他一半身躯埋在泥沙里，一只手臂搭在双眼上。我还津津有味地看过一头猪被宰杀的情景，从头到尾看了整个过程，把母亲吓得不轻。她觉得杀猪很可怕。但是对我来说，杀猪和死人一样，都是饶有趣味的事情。

记忆中关于艺术的最早印象是在克莱恩-许宁根住的那些年。那时父母的房子是一幢十八世纪的老式牧师住房，其中有一个光线很暗的房间，房内的摆设精致考究，墙上还挂着许多古画。我尤其记得一幅画着大卫和歌利亚的意大利作品，这是一件来自圭多·雷尼画室的复制品，原作珍藏在卢浮宫博物馆。这幅画为何会出现在我家，我并不知道。房间里还有另外一幅老画，现在正挂在我儿子房间里，上面画的是十九世纪初期的巴塞尔风景。我经常偷偷跑到这间阴森偏僻的房间去，在这些画前一坐就是几个小时，出神地凝视着这美丽的一切。这是我那时知道的唯一美的东西。

差不多这时期——我肯定还是个毛头小孩，最多不过六岁——婶婶带我去巴塞尔看博物馆里的填充玩偶。我们在那里待了很长时间，因为我想把所有的展品仔细看一遍。四点时，铃声响了起来，博物馆要闭馆了。婶婶不停地数落我，但我站在橱窗前就是不肯离开。这时，展厅已经锁上，我们只好抄另一条路穿过文物画廊到楼梯间去。 突然，我站在了一个个美妙无比的人像前！我完全震住了，眼睛睁得大大的，因为我从来没见过如此美丽的东西。 我怎么看也看不够。 婶婶拽着我的手——我一直慢她一拍——硬是把我拖到了出口处，一边大声地训斥："闭上眼睛！ 你这可恶的孩子！ 闭上眼睛！ 你这可恶的孩子！"我是这一次才看到了那些赤身裸体、仅以无花果叶遮羞的人像，以前我从没注意过这方面的东西。 这就是我和艺术的第一次相遇。 婶婶一肚怒火，仿佛自己被强行拖过了一个色情场所。

六岁那年，父母带我到阿勒斯海姆旅游。 那次母亲穿了一件我永远不会忘记的衣服，那是我唯一记得的一件她的衣物：黑色面料，上面印满了绿色的小月牙。 那是我记忆中第一次觉得母亲是一名身材苗条的年轻女士。 其他时候，她给我的印象总是又老又胖。

我们来到一间教堂，母亲说："这是个天主教堂。"我既好奇，又害怕，偷偷从母亲身边溜走，从打开的大门往里面瞧。 我才刚刚瞥见那装饰华丽的祭坛上点着的一支大蜡烛时（其时是复活节前后），突然被一个台阶绊了一跤，下巴磕到了一块铁上。我记得父母把我拉起来时，我下巴的伤口鲜血直冒。 我那时的心态很怪异：我一面为自己失声尖叫引来做礼拜之人的侧目而感到羞愧，一面又觉得自己做了一件忌讳的事。"耶稣会——绿色帷幕——吃人怪物的秘密……这么说这里就是与耶稣会会士有关的天主教堂。 都是他们的错，我才绊倒在地，尖声叫喊的。"

此后很多年，我每每踏入天主教堂，心中都无法不对流血、跌倒、耶稣会这些东西暗怀恐惧。 这就是天主教堂中所弥漫的气氛，但这样的气氛又总是吸引着我。 靠近天主教的神父才令我更为不安，如果这有可能的话。 一直到年满三十，我才第一次克服了这种压迫感，敢于直面自己的母教。 那是在维也纳的史蒂芬大教堂里。

我六岁一过，父亲便教我学拉丁文，并让我上学。 我不怕上学,上学并不难,我在上学之前就学会了读书,功课总是比别人领先一截。 但我记得,有一段时间,我老缠着母亲给我大声地念《世界图解》,那时的我还不会阅读。 这是一本很旧很多插图的儿童读物,里面有很多关于外国宗教特别是印度教的内容。 我对梵天、毗湿奴、湿婆等插图产生了无穷无尽的兴趣。 后来,母亲告诉我,我那时总是翻回去看这些插图。 每次看到这些图,我总依稀觉得它们与我那"最初的启示"有某种亲和的关系——我从未对任何人说起过我的"启示"。 这是一个我必须不能背叛的秘密。 母亲也间接证实了这种感觉,她说起"异教徒"时那略带鄙夷的语气可逃不过我的眼睛。 我知道,她一定会惊恐万状地抗拒我的"启示",我不想自己受到那样的伤害。

这些早熟的行为,一方面与我极度的敏感与脆弱有关,另一方面——特别是这一点——则与我年幼时的孤独不无联系(我妹妹在我九岁那年才出世)。 我总是一个人玩,以自己的方式玩。 可惜我想不起自己当初都玩了些什么。 我只记得一点,那就是我玩的时候,不喜欢有人打扰。 我玩起来非常投入,不喜欢被人盯着,也不喜欢别人说长话短。 关于玩,我第一次较为清晰的记忆是在我七八岁那年。 我特别喜欢玩砖块,喜欢拿砖块堆建各种塔,然后高兴地来一场"地震",将那些塔毁于一旦。 八岁到十一岁其间,我不停地画画,什么打仗啦,围攻啦,轰炸啦,海上战役啦,把一整本练习册画得墨迹斑斑,还打趣地在旁边加上了一些稀奇古怪的注解。 在学校里,我终于找到了一直以来所缺乏的玩伴,这就是我喜欢上学的一个原因。

我在学校里也发现了一些东西。 但在叙述这些东西之前,我应该先提一下那开始渐渐变浓的夜的气氛。 各种令人费解的怪事在夜里一一上演,令人惶惶不可终日。 那时,父亲和母亲分开睡,而我睡父亲的房间。 母亲的房门那边会传来一些可怕的动静。 一到晚上,母亲就会变得古怪而神秘。 一天晚上,我看见从母亲房间出来一个微微发亮的模糊的人影,它的头颅与脖子分离开来，悬浮在空中，看上去像悬着一轮小月亮。紧接着，又一个头颅生成了，同样离开了脖子。这个过程一共重复了六七次。我还会做一些焦虑的梦，梦见一些东西一会儿变小，一会儿变大。比如，我梦见很远很远的地方有一个小小的球，渐渐地，球越来越近，越来越大，最后变成了一个巨大无比令人窒息的物体。我还梦见电线上站着一只只小鸟，慢慢地，电线变得越来越粗越来越粗，我也越来越怕越来越怕，直至从梦中惊醒。

这些梦拉开了我青春期生理变化的序幕。但这些梦本身也出现过前奏，那是在我七岁那年。那时，我得了假性哮喘病，还伴有窒息的症状。一天晚上，病又发作了，我站在床脚边，头仰在床栏上，父亲在旁边扶着我。我看见上方有一个发光的蓝色光圈，大概满月一般大小，里边有许多金色的小人在走动。我觉得那是天使。这样的幻觉反复出现了很多次，每次出现，我对窒息的恐惧都会有所减轻。然而，一旦做起焦虑的梦，窒息就会再次出现。我在这当中发现了一种精神性因素：屋子里的气氛开始变得令人无法呼吸。

我讨厌去教堂，但圣诞节那天例外。那首"今天是上帝创造的日子"的圣诞颂歌总使我心情大好。到了圣诞夜，还会有圣诞树，这是当然的。圣诞节是唯一的一个我会热忱地庆祝的基督教节日。其余节日，我一律不予关心。除夕倒是有一点圣诞节那样的韵味，但绝对比不上圣诞节。基督降临节的性质似乎与即将到来的圣诞节不太相符，它总是和黑夜、狂风暴雨以及屋里的漆黑联系在一起，让人觉得有什么东西在窃窃低语，有什么怪事在悄悄酝酿。

现在，我们回到我和乡下同学交游过程中的发现。我发现，与他们相处，我变得与原来的自己大异其趣。和他们在一起的我完全不同于在家里的我。我和他们一起嬉戏胡闹，制造恶作剧，在家里却从不会这样，尽管我很清楚这些东西我自己一个人就能想出来。我身上发生的变化似乎来自同学们对我的影响，他们似乎在误导着我,迫使我成为一个不同于自己想象中的自己。 在我看来,这个更加广阔的、除了父母之外还有他人存在的世界对我的影响即使不完全是不可信的,或某种程度上是敌意的,至少也是值得怀疑的。 尽管我越来越意识到这个"金色的阳光透过碧绿的树叶"的白日世界之美,但同时又预感到一个难以出逃的阴暗世界的存在,那里充满了各种没有答案的可怕问题,而我只能乖乖就范,任其摆布。 的确,晚祷能带给我一种仪式上的保护,因为晚祷妥善地结束了白天,适当地迎来了黑夜和睡眠。 然而,白天一来,新的危险又会出现。 我似乎感觉自己正分裂开来,心里很害怕。 我内心的安定受到了威胁。

我还记得,这一时期(七岁到九岁)我很喜欢玩火。 我们花园里有一堵大石块筑成的老墙,石头与石头之间的间隙形成了一个个有趣的洞穴。 我经常在其中一个洞里生起一小堆火,其他小伙伴会帮我捡来生火所需的柴,大家齐心协力,这样火才会一直燃烧下去。 这堆火只能我自己管,其他人可以在别的洞穴生火,但他们的火是世俗的,跟我没有关系。 只有我的火一直旺着,还伴着一圈清晰可见的神圣的辉光。

墙的前面是一条斜坡,斜坡上嵌着一块凸起的石头——我的石头。 一个人的时候,我经常往石头上一坐,然后开始玩一个自己想象的游戏。 游戏是这样的:"我坐在这石头上,石头在我下面。"而石头也会自称"我"并想着:"我躺在这斜坡上,他坐在我上面。"于是,问题产生了:我到底是坐在石头上的那个人,还是上面坐着他的那块石头? 这个问题总使我困惑不已,我于是会站起来,看看这一下到底谁是谁。 答案依然毫无头绪,伴随我的不确定而来的是一种引人入胜的奇怪的黑暗感。 但不容置疑的是,这块石头和我的确有着某种秘密的关系。 我可以在上面坐上好几个小时,痴痴地思索着它对我设下的难题。

三十年后,我再次站在了那条斜坡之上。 这时我已结了婚,有儿有女,有房子有地位,还有一个充满了各种想法和计划的大脑。 突然间，我又变回了三十年前那个燃着一堆充满神秘意义的火，坐在石头上苦苦思索石头是我还是我是石头的小孩子。 我突然想起了我在苏黎世的生活，那些日子变得陌生起来，像遥远的时间和空间里传来的消息。 这令我感到害怕，因为我方才沉醉其中的童年世界是永恒的，而我已经被强行拖离这个世界，坠入滚滚向前的时间洪流中，越走越远。 那个世界拼命拉扯着我，我必须狠狠地强迫自己离开，以免再也抓不住自己的未来。

　　我一直对那一刻无法忘怀。 它如同一道闪电，照亮了我童年时代的永恒性。 这其中的意义不久后在我十岁那年得到了揭晓。 我与自我的分裂、我对整个世界的不确定导致我做出了我当时百思不得其解的行为。 那时我有一个涂漆的黄色铅笔盒，属于小学生常用的那种，铅笔盒上有一把锁和一把普通的尺子。 我在尺子的一端刻了一个大概两英寸高的小人，他身穿礼服，头戴礼帽，脚蹬乌黑发亮的靴子。 我用墨水将他涂成黑色，从尺子上锯下来，放在铅笔盒里，还给他做了一张小小的床让它睡在上面。 我甚至用一点点羊毛给他做了一件外套。 我还在盒子里放了一块光滑的带黑色的椭圆形石头，那是我从莱茵河边捡来的，我用颜料将它涂成了水彩色，使它看起来像被分作了上下两半的样子，并在裤兜里放了好久。 这是他的石头。 这一切都是个大秘密。 我悄悄地将铅笔盒拿到楼顶上那个被禁止入内的阁楼里（禁止入内是因为那里的地板已被虫子吃得腐烂不堪），将它藏在屋顶下的一根横梁上，心中感到了极大的满足——肯定不会有人发现了！ 我知道绝对不会有人发现它在那里。 没有人能发现我的秘密，破坏我的秘密。 我觉得安全了。 那种与自我不和的痛苦感觉烟消云散。 不管出现了什么样的艰难困苦，不管是我做错了事，或感情受了伤害，或父亲的易怒或母亲的病弱让我感到压抑，我都会想起那个小心地裹着衣裳卧床而睡的小人，想起它那光滑而绚丽的石头。 我经常每隔几周就会在确定没人看见的情况下悄悄跑到阁楼上去，爬到那根横梁上，打开铅笔盒看看我的小人和它的石头。 每次我都会往铅笔盒里放上一个小卷纸，纸上是我在课堂上用自创的暗语写的一些东西。 每次放上新的小卷纸，总有一种自己在执行某种庄重的仪式的意味。 遗憾的是，我想不起来自己当时究竟想对小人表达什么。 我只知道，我的众多"信件"构成了小人的图书馆。 尽管我不敢确定，但我觉得，那些纸条肯定写了一些特别令我开心的话。

我从不关心这些行为有什么意义，也不在乎我怎样才能解释清楚。 我沉浸在刚刚获得的安全感中，为拥有别人所不知道所触不到的东西而满足。 这是一个不可侵犯的秘密，绝对不能泄露出去，因为我生命的安全有赖于此。 至于原因，我并没多想。 反正就是这样。

这个秘密的持有对我的性格形成产生了巨大的影响。 我认为这是我童年时期最关键的因素。 同样，我从没对任何人说过那个关于生殖器的梦。 对耶稣会会士也是如此。 它们同属于那个不可为外人道的神秘境地。 那个小小的木人连同那块石头是我试图将这个秘密具体化的初次尝试，尽管这只是一种无意识的幼稚行为。 我总是对这个秘密醉心不已，觉得自己应该将它看通看透，却又不知道自己究竟想表达什么。 我总是希望能有所发现——或许在大自然中——希望能获得一些线索，告诉我这个秘密在哪里，它到底是什么。 那时，我对动植物和石头的兴趣与日俱增。 我不停地四处寻找一些神秘的东西。 我有意识地去信奉基督教意义上的宗教，尽管总是有所保留："事情也没这么肯定！""那居于地下的那个东西又怎么解释？"人们向我灌输宗教教育时，我一听到"这个很美，那个很好"，心里就会想："是的，但是还有一些别的很神秘的东西人们根本不知道。"

雕刻小人这一小插曲是我童年时期的高潮和尾声。 这件事持续了一年左右，便被我抛到了九霄云外。 直到二十五岁那年，这一记忆碎片才冲破儿时的层层迷雾，再度清晰地浮现在脑海里。

那时，我正为我的著作《力比多的转变与象征》①展开初步研究，在读到关于阿勒斯海姆附近窖藏的灵魂石以及澳大利亚原住民佩戴的神石时，我突然发现脑海里对这样的石头保留着非常清晰的影像，尽管我从来没见过该石头的任何复制品。那是一块椭圆形的带黑色的石头，上下分别涂上了不同的色彩。除了该影像之外，我还想起了铅笔盒和小人的影像。小人是古代世界的一个身披斗篷的小神，他的形象如同站在阿斯克勒庇俄斯（Asklepios）②的雕像上、对着他念手里的卷轴的帖里斯弗洛斯（Telesphoros）③。随着这一记忆的打开，我第一次开始相信：古老的精神元素不通过任何直接传承而进入了个人的精神中。父亲的书室中——我后来才进去查阅了一番——根本找不到载有这种信息的任何书籍。而父亲对这些的东西显然也一无所知。

1920年在英国时，我用木头刻了两尊和儿时的小人相差无几的像，但当时对儿时的那次经历根本没有任何印象。我将其中的一尊像用石头雕刻了一个更大的复制品，如今正安放在位于古斯纳特的房子的花园里。直到雕刻这个石像时，无意识才向我提供了一个名称。它将这个形象称为阿特玛维图——"生命的呼吸"。小人是儿时那个可怕的梦开枝散叶后的进一步发展，现在被揭示为"生命的呼吸"，即具有创造力的脉动。最后，小人是一位裹着小斗篷、藏在棺材中的大神，他的生命力之源就是那块椭圆形的黑石。这些相互联系直到很久以后我才明白过来。我儿时执行的仪式和我目睹过的非洲土著的行为如出一辙。他们只是先行动起来，并不知道自己在干什么。直到多年过后，他们才会回想自己当初的所作所为。

---

① 译本名为《无意识心理学》，1917年出版；修订版更名为《转变的象征》，1956年出版。——原注
② 古希腊医神。
③ 医神阿斯克勒庇俄斯的儿子。

第二章　中学时期

十一岁那年对我有着另外一种意义，因为这一年我被送到巴塞尔的中学去上学。我离开了我的乡村小伙伴，真正踏入了一个"大世界"，那里到处是有头有脸的人物，比我父亲不知强了多少倍，他们住的是富丽堂皇的公馆，出门坐的是套着高头大马的名贵马车，嘴里吐的是高贵优雅的德语法语。他们那些衣着讲究、举止优雅、钱包鼓鼓的公子哥，现在成了我的同班同学。当我听到他们谈论他们在阿尔卑斯山度假的情形时，我除了惊愕不已，心里还充满了可怕的嫉妒。他们曾亲临过苏黎世附近那些霞光映照白雪皑皑的山峰，甚至还到过海边——这一消息着实令我吃惊不小。我久久地注视着他们，仿佛他们来自另一个世界，来自那可望不可即的霞光灼灼白雪皑皑的山峦，来自那遥远的令人不敢想象的大海。于是，我第一次意识到我们是多么贫困，我父亲只是一名穷苦的乡村牧师，而我则更甚，一个只能穿着破了洞的鞋子和湿透了的袜子在学校上六个小时的课的穷牧师的儿子。我开始以另一种眼光看待自己的父母，开始懂得他们的忧虑与烦恼。我特别同情父亲——奇怪的是，我对母亲的同情要少很多。母亲在我眼里总是较强的一方，尽管喜怒无常的父亲大发脾气时我总是站在她的一边。这种必须偏袒一方的情形并不利于我性格的形成，为了从他们的不和中解放出来，我只好充当起父母的最高仲裁人，不管愿不愿意都得作出审判。 这引起了我一定程度上的自我膨胀，导致我本就不稳定的自信心时起时落。

我九岁时，母亲生了个小女娃。 父亲显得既激动又高兴。"今晚你有小妹妹啦。"他对我说。 我完全惊呆了，因为我压根什么也没注意到。 对于母亲变得比以往更加粘床，我也不以为意，因为不管什么时候，她的卧床不起在我眼里都是一种不可原谅的懦弱。 父亲把我带到母亲床边，母亲从怀里抱出一个小小的东西，我一看之下大失所望：一张脸红通通皱巴巴的，看起来活像个老人，一双眼睛紧紧地闭着，说不定像瞎了眼的小狗一样看不见呢，我想。 这个小东西的背部稀稀疏疏地长着几根长长的红毛，正好让我看在眼里——难道它是一只猴子不成？ 我震惊不已，心里很不是滋味。 难道刚出生的婴儿就长这样？ 大人们总是含糊其辞，说什么孩子是鹳鸟叼来的，那一窝小狗一窝小猫呢？ 鹳鸟要来来回回飞多少次才能把一个窝填满？ 还有牛呢？ 我无法想象一只鹳用它的喙就能叼来一整头小牛犊。 再说了，农夫们说的是牛产小牛犊，并非鹳鸟叼来了小牛犊。 这显然又是一个骗人的谎话。 他们总是拿很多谎话来哄我。 我敢说，母亲这次肯定又做了一些不让我知道的事情。

妹妹的突然降临使我隐隐约约有一种不信任感。 这种不信任感加重了我的好奇心和观察力度。 随后，母亲的一些古怪反应证实了我的疑虑，证明这次怀孕的确与某种遗憾有关。 不然的话，我是不会对这件事如此耿耿于怀的，尽管它很可能对我十二岁那年的一次经历起了加强的作用。

母亲有个令人讨厌的习惯，每次我应邀外出，她总在我身后大声地数着各种注意事项。 在那样的场合下，我不但穿上了我最好的衣服，把皮鞋擦得锃亮锃亮，而且觉得自己此行的目的和自己在公众场合的形象是有尊严的，让大街上的人听见她在身后大声喊着那些不光彩的东西，对我来说是一种耻辱。"别忘了捎去爸爸妈妈的问候，擦一擦鼻子——手帕带了吗？ 手洗过没有？"如此等等。我妄自尊大的表面下一颗自卑的心就这样暴露无遗,这令我感到非常不公,要知道自尊心和虚荣心极强的我花了多少心思来使自己的形象尽量表现得无可挑剔,因为这些场合对我来说非常重要。在赴邀的路上,我觉得自己相当重要,相当高贵,就像我平日里穿上了节假日才穿的衣服时感觉一样。然而,一旦要拜访的房子映入眼帘,画面就会发生剧烈的变化。接着,人家那种有权有势的感觉就会将我彻底击败。我对他们感到害怕,自己卑微如斯,恨不得在地上找个三尺之洞钻进去才好。带着这种感觉,我按响了门铃。屋内的铃声像丧钟般传进我的耳朵。我像一条流浪狗,诚惶诚恐,畏头畏尾。母亲事前为我准备得妥妥当当,反而使情况变得更加糟糕,这时警钟会在耳边敲响:"鞋子脏了,手也不干净,又没带手帕,脖子还黑乎乎的。"为了表示抗议,我不会向他们传达父母的问候,或者行为举止中表现出莫须有的扭捏和固执。如果情况变得特别糟糕,我会想起阁楼上暗藏的宝贝,心里就会恢复平静。这是因为,在孤立无援的境况下,我会想起自己还是"另一个"人,那个拥有着不可亵渎的秘密,拥有黑色石头和穿礼服戴高帽的小人的人。

我记不起儿时有没有想过,耶稣,或者说那个身穿黑袍的耶稣会会士(也即那些身穿礼服头戴高帽站在坟墓边上的人,而坟墓就是草地上那坟墓似的洞穴,也即男性生殖器所在的那个地下寺庙)与我铅笔盒中的小人之间可能存在着某种关联。梦见那尊直挺挺的神是我最大的秘密,小人是我第二大秘密。然而,我的确朦朦胧胧地感觉到,"灵魂石"和石头——石头也是我自己——之间存在着某种联系。

直到今天,八十三岁的我在写下这些回忆时,也仍未能完全解开早年的这些纠缠不清的记忆之结。这些记忆像地下的单块根茎长出的各个嫩芽,像无意识发展之路上的各个驿站。尽管以积极的态度面对耶稣对我来说越来越失去了可能性,但是对于上帝,我记得我十一岁时便开始对上帝这个概念产生了兴趣。我喜欢向上帝祈祷，并从中感到一些满足，因为这不是那种自相矛盾的祈祷。 上帝并没有因为我的不信任而变得复杂。 而且，上帝不是那种穿黑袍的人，也不是画中的那个衣着明艳、与人亲近的耶稣。 相反，我听说上帝是个独一无二的存在，我们不可能对他形成任何准确的概念。 可以肯定的是，他的样子有点像一名非常厉害的老人。 但令我满意的是一条这样的戒律，意思大概是："你不可能为自己制作任何雕像，也不可能制作任何事物的相类似形象。"因此，对于上帝，我们不可能像对待不是什么"秘密"的耶稣那样熟悉。 我开始意识到，我阁楼上的那个秘密比喻了某种东西。

我开始对上学感到乏味。 上学占据了太多时间，我更愿意将这些时间花在画打仗和玩火上。 神学课枯燥得无法形容。 对于数学课，我则感觉恐怖到了极点。 数学老师声称代数完全是自然而然的事情，是不需要证明的，但我连数字到底是什么都不知道。 代数不是鲜花，不是动物，不是化石，不是可以想象出来的东西，它们只是通过计算得出的数。 令我困惑的是，这些数现在用字母来代表，而字母意味着声音，也就是说，数成了可以听得见的东西。 奇怪的是，我的其他同学都能够应付自如，他们觉得这些东西是不言而喻的。 没人能告诉我数字是什么，我甚至不知道怎么去提这个问题。 令我恐惧的是，我发现没人能理解我的困难。 必须承认，为了向我解释将本来能理解的数转化成声音这种奇怪的做法目的何在，老师确实下了不少功夫。 最后，我终于明白，这是一种缩写法，利用这种方法能将多个数放进一个简短的公式中。 但我对此毫无兴趣。 我觉得这完全是恣意妄为。 数字为什么要用声音来表达？ a 用 Apple tree(苹果树)、b 用 boy（男孩）、x 用问号，这样表达就很好。 a、b、c、x、y、z 不如苹果树，它们没有具体含义，解释不了数字的实质。 但最令我恼火的是这个定理：如果 a＝b，b＝c，那么 a＝c。 即便从定义上说，a

21

的意思也有别于b，它们根本不相同，因此a不可能等于b，更别说等于c。如果遇到等量问题，那我们就说a＝a，b＝b等等好了，这我可以接受。a＝b在我看来完全是个谎言，是骗人的东西。当我听到老师亲口讲述自己下的定义，说什么平行线在无穷处相交时，我同样怒不可遏。我觉得这简直比那些捉弄农夫的愚蠢把戏好不到哪里去，我不能够也不愿意跟这样的把戏扯上任何关系。我的理性正义与这些异想天开前后不一的定理对抗着，导致我永远无法理解数学。一直到暮年，我仍然冥顽不化地觉得，如果当初我和其他同学一样，对a＝b、太阳＝月亮、猫＝狗这一定理不问缘由全盘接受，那么数学对我的愚弄将永无止境——直到八十四岁我才意识到自己被愚弄到了何种程度。我明明能计算得很好，何以在数学上一直摸不着北，这一直是我人生中的一个谜。我最不能理解的是自己关于数学的各种道义上的疑惑。

我只有把字母换成具体的数值填进去，通过实际计算来验明运算的意思，才能理解方程。随着数学学习的循序渐进，通过抄写那些令我一头雾水的代数公式，强记黑板上那些特定的字母组合，我的数学多少有了些起色。数字替换法再也不能助我前进了，因为老师时不时会说："我们在这里写上某某式。"然后他会在黑板上草草写上几个字母。我不明白这些式子从何而来，为什么要用这些式子——我只知道一个原因，那就是这样做能使他通过一步一步的运算得出他觉得满意的结论。我被自己的不理解吓怕了，连问问题都不敢问。

数学课纯粹成了一种恐怖和折磨。其他科目我则觉得比较简单。而且，凭着我过目不忘的记忆，长期以来我也能在数学上蒙混过关，而且经常能获得不错的成绩。然而，我对失败的恐惧，我面对周围的广阔世界所生出的渺小感，使我不但心生厌倦，还感到了无声的绝望，完全毁掉了我对上学的感觉。此外，我还被免修了图画课，理由是我完全不具备这方面的能力。从某种程度上说，我乐得如此，因为这让我有了更多的空闲时间，但另一方面，这又是一种从未有过的打击，因为我在绘画方面颇有些天赋，尽管我没意识到这本质上取决于我自己怎么感觉。 我只会画一些激发了我的想象的东西。 但图画课上，我却被迫临摹瞎眼的希腊诸神。 当我临摹得不好时，老师显然认为我需要来些更自然的东西，于是将画着一只羊头的图放在我面前。 这次作业我败得一塌糊涂，我的图画课也由此画上了句号。

除了数学课和绘画课均告失败之外，现在又增添了第三个失败：从一开始我就很讨厌上体育课。 我无法忍受由别人来告诉我怎么动。 我上学是为了学习，不是来练习这些没用、无意义的特技。 更糟糕的是，由于早年发生的一些事故，我有一定身体上的胆怯。 直到很久以后，这种胆怯才得以克服。 这样的胆怯同时也与我对这个世界及其潜在可能性的不信任有关。 在我眼里，这个世界固然美好而值得向往，但同时也充斥着各种模糊不清捉摸不透的危险。 因此，我总是在一开始就想知道，我将要委身其中的是什么样的人和什么样的事。 莫非这与曾经抛弃我数月之久的母亲有关？ 我后面会提到，我的精神性晕厥开始发作后，医生禁止我从事体育运动。 这令我十分满意。 我终于甩掉了这个包袱，消化了又一个失败。

由此而获得的时间，我并没有完全用在玩乐上。 这些时间允许我更加自由地放纵内心产生那种绝对的渴望，那种遍读每一张到手的书页的渴望。

十二岁那年对我来说确实是决定性的一年。 1887 年初夏的一天，我站在大教堂广场上等一位同路的同学一起回家。 其时是中午十二点，上午的课已经结束。 突然，一个男孩猛地推了我一把，把我推倒在地，头部重重地撞在路边的一块石头上，几乎失去了知觉。 此后半小时里，我一直有点晕乎乎的。 倒地的那一刻，一个想法掠过我的脑际："现在你再也不用上学了。"我本来只是半昏迷状态，严格来说不需要躺那么长时间，但我在地上多躺了一会，主要是为了对肇事者实施报复。后来，人们将我抱起来，把我送到附近的一户人家，那里住着两位上了年纪的老处女大妈。

从那时起，每当要我返校，每当父母让我做功课，我就会出现晕厥。六个多月来，我一直没去上学。对我来说，这段时间就像一次郊游。我无拘无束，自由自在，可以几小时几小时地做梦，可以想去哪就去哪，树林也行河边也行，也可以画画。我开始重新画打仗，画硝烟四起的战场，画古老的城堡遭到攻击或付诸一炬，或者一页一页地画漫画。直至今天，类似的漫画有时还会在我入睡之前浮现在眼前，那一张张龇着牙笑的面具不断移动着，变幻着，其中包括一些不久后便不复在人世的人的熟悉脸孔。

最重要的是，我可以一头扎进那个神秘世界，那个有树林、水塘、沼泽、岩石、动物以及父亲的书房的王国。但我离世界却越来越远了，良知一直在隐隐作痛。我游手好闲，收东集西，阅读，玩耍，虚度着时光，但我并没有觉得更快乐。我有一种朦胧的感觉，觉得自己正在逃避自己。

我完全忘了这一切是如何发生的。但父母的忧心忡忡令人同情。他们请来了一个又一个医生，医生们抓耳挠腮，然后打发我去温特图尔和亲戚们一起度假。温特图尔有一个火车站，那里成为了我无穷无尽的快乐的源泉。然而，一回到家里，一切还是原来的样子。有个医生认为我得了癫痫症。我知道癫痫症发作是什么样子，心里暗暗笑他一派胡言。父母越发忧心如焚。后来有一天，父亲的一位朋友来访。他们坐在花园里，而好奇心作祟的我躲在一片灌木丛中。我听到来访者对父亲说，"你儿子怎样了？""唉，这事教人伤心啊，"父亲回答，"医生们也已经说不出他到底出了什么毛病。他们说有可能是癫痫症。如果治不好，后果将不堪设想。我已经花光了仅有的一点积蓄，如果这孩子将来不能自食其力，那他可如何是好？"

我如五雷轰顶。这是我与现实之间的冲突。"呀,那我还不行动起来!"我突然想。

从那一刻起,我变成了一个认真的孩子。我悄悄转身离开,来到父亲的书房,取出拉丁文语法书,开始全神贯注地背起语法来。十分钟后,我出现了最微妙的一次晕厥,差点从椅子上倒了下去。但几分钟后,我感觉好了些,于是又继续看书。"可恶,我不要晕!"我对自己说,并坚定着这个意志。大约十五分钟后,我出现了第二次晕厥,但和第一次一样,很快消弭于无形。"现在,你必须真正开始看书了!"我一直坚持着,一个小时后,第三次晕厥来袭。我还是没有放弃,又坚持学习了一个小时,直到觉得已经将晕厥克服为止。突然间,我觉得自己达到了这些月来最好的状态。事实上,晕厥后来再也没复发过。从那一天起,我每天学习语法和其他课程,几星期后,我回到了学校,而且即便在学校里,晕厥也再没有发作过。这些鬼把戏终于大结局了!那一刻,我明白了神经症是怎么回事。

关于这件事的发生经过,我渐渐地又恢复了记忆。我清楚地发现,是我一手策划了这不光彩的一切。这就是为什么我从来没有真正责怪过那位将我推到的同学的原因。也就是说,我知道他不过是中了我的算计,整件事情都是我单方面的阴谋。我也知道,我以后再也不会重蹈这样的覆辙。我对自己愤怒,同时也觉得自己可耻,因为我知道,我这样做不但是自己害自己,而且是自己愚弄自己。这件事不能怪别人,我才是那个该死的叛徒!从那时起,我再也不忍父母为我忧心忡忡,再也不忍他们一提起我就唉声叹气。

神经症成了我又一个秘密,但这是个令人不齿的秘密,是个失败。不过,它却使我有意变得一丝不苟和少有地勤勉。那些日子,我开始变得认真负责,不是为了表面上能有所成就,而是为了我自己。我每天五点按时起床学习,有时从凌晨三点一直学习到早上七点要上学了为止。

这场危机中，将我引入歧途的是我对独处的热爱，对孤独的享受。在我眼里，大自然处处充满奇迹，我很希望融身其中。每一块石头，每一株植物，每一件东西都似乎富有生气，那种美妙无法形容。我沉浸在大自然中，似乎爬进了它的本质深处，离整个人类世界越来越远。

还有一次重要的经历差不多也发生在这一时期。那时我正从我们住的克莱恩-许宁根长途跋涉到巴塞尔去上学。突然，有那么一瞬间，我有一种自己刚刚踏出了重重迷雾的强烈感觉。我恍然大悟：现在我是我自己了！那感觉仿佛有一堵雾墙就在我的身后。墙的背后本来还没有"我"，但这一刻，我邂逅了我自己。在此之前，我也一直存在，但一切仅仅是发生在我身上而已。而现在，我发生在我自己身上。如今我知道：我现在是我自己。我现在存在着。之前我被别人的意志牵着鼻子走，现在我顺从的是自己的意志。对我来说，这是一次全新的异常重要的体验：我身上有了"权威"。说来也怪，这一时期以及神经性晕厥发作的那几个月里，我完全丧失了关于阁楼上的宝藏的所有记忆。不然的话，我甚至当时就可能意识到，我的权威感与宝藏在我心中激起的价值感之间有某些相类似的地方。可是情况并非这样。所有关于铅笔盒的记忆全都没了踪影。

大约也是这段时间，我应邀到家住卢塞恩湖边的朋友家中一起度假。让我惊喜的是，他们的房子是临湖而建的，还有一间船屋和一艘划艇。主人允许我和他儿子使用游船，但严厉叮嘱我们不可太过冒失。不幸的是，我还会开威德令船（一种贡多拉式的狭长平底船）——也就是说，我可以站着划船。在家里，我们也有这么一条平底船，我们在船上玩遍了各种可以想象到的花招。因此，我首先做的就是站在船尾的位置上，用一支桨在湖里划着。这对揪着一颗心的房主人来说太离谱了。他吹了口哨让我们回来，给了我一顿一流的教训。我被骂得垂头丧气，但又不得不承认自己确实是在反其道而行之，他的教训是有道理的。我那时非常愤怒,这个又肥又蠢的乡巴佬竟敢这样侮辱我。要知道这个我不但已经长大成人,而且很重要,很有权威,是一个有事业有尊严的人,一位长者,是被尊重被敬畏的对象。但与现实一对比,反差又大得荒唐,于是怒火中烧的我突然止住了自己,一个问题出现在嘴边:"好吧,你到底是谁?你那反应好像自己很重要,鬼才晓得你有多重要!你明明知道他是对的,你才十二岁不到,还是个学生,而人家是个父亲,是个有钱有势的人,人家有两栋房子和好几匹好马呢。"

于是,我无比困惑地发现,我其实是两个不同的人。一个是学不会代数,对自己非常不肯定的学生;另一个很重要,是一位有着很高权威的不可亵渎的男士,与这位制造商一样,拥有着势力和影响力。这个"他者"是生活在十八世纪的一位老人,他穿着带扣的鞋,戴着白色假发,驾着一辆带有高高的凹面后轮的轻便马车,马车的车厢悬于弹簧和皮带之上。

这一概念源于我的一次奇怪的经历。我们在克莱恩-许宁根住时,有一天,一辆古代的绿色马车从黑林山①中驶出,驶过我家门前。那是个名副其实的古董,看上去像直接从十八世纪驶出来似的。看见它的那一刻,我心情十分激动:"就是它,千真万确,它就是从我那个时代来的!"好像我认得它是因为它与我心中所驾驶的那辆马车是同一类型似的。这时,我莫名地产生了一种厌恶情绪,似乎谁偷了我什么东西或谁骗了我——骗走了我最珍爱的过去。那驾马车就是那些年代的遗迹!我无法形容自己身上发生了什么,或是什么如此强烈地影响着我:一种渴望,一种怀旧,一种确认在不停地说:"是的,就是那样子!是的,就是那样子!"

我还有一次回到十八世纪的经历。在我的一位姑妈家里,我看见过一个十八世纪的小雕像。那是一件古老的赤陶作品,由两

---

① 德国名山。

个小彩人组成，其中一位是十八世纪晚期在巴塞尔颇负盛名的老斯塔克伯格医生，另一个是他的一名病人，她被刻画成闭着眼睛、伸着舌头的形象。 传说有一天，老斯塔克伯格正走过莱茵桥，突然不知哪里冒出了这个恼人的病人，嘴里一个劲地抱怨什么。 老斯塔克伯格不耐烦地说："是，是，你肯定出什么毛病了。 舌头伸出来，眼睛闭上。"那女的照做不误。 斯塔克伯格立即跑掉，留下她一直站在那里伸着舌头，引人发笑。 老医生的雕像穿着一双带扣的鞋子，奇怪我将那双鞋子认成是我自己的了。 我坚信这是我曾经穿过的鞋子。 这种信念令我欣喜若狂。"呀，那肯定是我的鞋子！"我能感觉到这双鞋还穿在我的脚上，但我无法解释这种疯狂的感觉从何而来。 我无法理解自己对十八世纪的这种同一感。 那些日子里，我常常将日期写成1786年而不是1886年，每当这么做时，我心里总有一种令人不解的怀旧感。

　　自那次游船闹剧并受到应有的惩罚后，我开始思量这些孤立单一的印象。 这些印象组成了一幅连贯的画面：我同时生活在两个时代，是两个不同的人。 我感到困惑，心中充满了沉甸甸的思绪。 最后，我沮丧地意识到，不管怎样，现在的我只是一个当受惩罚的小男生，我的行为举止必须符合自己的年龄。 另外一个人一定是无稽之谈。 我怀疑他是不是与我从父母和亲戚那里听来的许多关于我祖父的故事有关。 但这也说不通，因为祖父生于1795年，因此他生活在十九世纪。 更何况，在我出世之前，他已经去世很久了。 因此，不可能是我和他具有同一性。 应该说，我当时的这些思考大部分是以朦胧的闪念或做梦的方式出现的。 我不记得当时我是否已经知道我与歌德的亲属关系这个传说。 但我想我并不知道，因为我第一次听说这个故事是出自陌生人之口。 应该补充的是，民间流传着一种令人不悦的说法，说我祖父是歌德的私生子①。

　　同年，一个朗朗夏日，我中午从学校出来，走到大教堂广场上。天空蓝得耀眼，又是一个阳光明媚的日子。教堂顶上金光闪闪，阳光在新铺的彩亮彩亮的釉面瓷砖上闪耀着光芒。我被眼前的美景深深迷住了，心想：世界很美好，教堂很美好，上帝创造了这一切，他坐在上空，坐在很远很远的蓝天上的一个金銮宝座上……"这时，我的思维出现了一片空洞，一种令人窒息的感觉让我喘不过气来。我感到很木然，只知道："别再想下去了！可怕的事情就要来了。那是我不愿去想，甚至不敢靠近去想的事情。为什么？因为我会犯下最可怕的罪行。什么是最可怕的罪行？谋杀？不是的。最可怕的罪行是得罪圣灵的罪行。这种罪行是不可饶恕的。谁犯了这种罪，谁就要被打入十八层地狱，永世不得超生。我是父母唯一的儿子，他们对我如此宠爱，如果我被打入永不超生的地狱，他们一定会伤心欲绝，我不能这样对他们。我要做的是停止往下想。"

---

　　①　关于这个传说，本书曾两次提及，说荣格是歌德的后代。荣格说："我曾祖父（弗朗茨·伊格纳茨·荣格，1831年卒）的妻子苏菲·齐格勒和她的妹妹与曼海姆剧院有来往，很多作家都是她们的朋友。故事是这样的：苏菲·齐格勒与歌德有一个私生子，这个孩子就是我的祖父卡尔·古斯塔夫·荣格。这几乎被当成了一个确定的事实。但祖父在日记里对此事只字未提。他只提到，他曾经在魏玛见过歌德，而且只见了他的背影！苏菲·齐格勒·荣格后来与歌德的侄女洛特·凯斯特纳成了朋友。这个洛特经常来看望我祖父——凑巧的是，弗朗茨·李斯特也是如此。洛特·凯斯特纳晚年在巴塞尔定居，无疑是因为她与荣格家族的这一层亲密关系。"
　　在现有的资料——法兰克福的歌德故居档案以及曼海姆的耶稣会教堂洗礼登记——中，并没有任何证据可以证明荣格家族的这一脉血统。我们所提的那段时间里，歌德并不在曼海姆，而且也没有苏菲·齐格勒曾经在曼海姆或歌德附近的任何地方待过的记录。
　　荣格曾经以开玩笑的语气提起过这个经久不衰的传说，因为这或许能够解释他迷恋歌德的《浮士德》的一个隐晦的方面。这个方面可以说属于一种内在的现实。但另一方面，他又称这传说"很讨厌"，觉得很"低级趣味"，说这个世界已经有太多蠢才在讲述这样的"不知道谁是自己父亲"的故事。总之，他觉得法律意义上的血脉，尤其是从学识渊博的天主教医生及律师卡尔·荣格（1645年卒）——第八章末将会论及——身上继承来的血统，对他来说同样有意义。——原注说起来容易做起来难。在回家的漫漫长路上,我尽量去想其他各种各样的事情,却发现思维总是一次又一次地回到我所热爱的美丽的大教堂上,回到上帝高踞王位的情景上——这时思维会如同受了强烈的电击般,突然又飞脱开去。我不停地对自己重复:"别想了! 别想了!"回到家时,我一副惊魂未定的样子。母亲觉得不对劲,问:"怎么了? 学校出什么事了吗?"我没撒谎,而是告诉她学校里没出什么事,让她放心。我的确想过,如果我向母亲坦白我受惊的真正原因,会不会好过些。但这样的话,我就必须得做那件看似不可能的事情了:将我的想法一直想到底。我那可怜的母亲完全不起疑心,她绝不可能知道,她的儿子正身陷可怕的危险之中,差点就犯下了不可饶恕的罪行,将自己推进了地狱。我打消了坦白的念头,尽量使自己不露声色。

那天晚上我睡得特别糟糕。那个我仍未明白的不允许有的念头一次又一次地企图冲破牢笼,我拼死挣扎才没让它逃脱出来。接下来的两天完全是煎熬,母亲相信我一定是生病了。然而,一想起父母可能会非常难过,我强忍着什么也没有说。

然而,到了第三晚,这种煎熬到了无法忍受的地步,我再也不知道该怎么办了。我从难以为安的睡眠中醒来,发觉自己又在想大教堂和上帝了。我差点就继续往下想了! 我感到我的抵抗力正在不断减弱。我吓得满头大汗,从床上坐了起来,以驱赶睡意。"现在它来了,现在是真的来了! 我必须想一想。必须事先想通一切。我为什么要想这些我不知道的事? 上帝保佑,我并不想知道,这是肯定的。但是,是谁要我去想? 谁想强迫我想那些我不知道而且不想知道的事情? 这一可怕的意愿从哪里来? 为什么偏偏要我来顺从这样的意愿? 我那时正想赞美创造了这美好世界的造物主,感激他给了我们这么一件无可估值的礼物,为什么要我往那些匪夷所思的邪恶东西上去想? 我不知道那是什么,真的不知道,因为我不能够也不应该往这个想法靠近半步,否则就会出现要我立即思考的危险。我从未这样做过,也从未想这样去做，是它自己像噩梦一样降临在我头上的。 这些东西哪里来？ 我什么也没干它就发生在了我身上。 为什么？ 毕竟，我不是我自己创造的，我来到这个世上，是按照上帝所决定的样子，也就是父母所塑造的那个样子来的。 会不会是父母想要这样的一些东西？ 但我的父母如此善良，他们是绝不会有这样的想法的。如此恶毒的东西不会出现在他们身上。"

我发现这样的念头实在荒谬。 然后我想起了我的祖父母。我只从他们的画像中见过他们。 他们看起来慈眉善目，德高望重，使我排除了怪罪他们的一切可能。 我在脑海中将一长串陌生的祖先过了一遍，最终定格在亚当和夏娃身上。 找到他们后，一个决定性的想法出现了：亚当和夏娃是最早的人类，他们没有父母，是上帝直接创造了他们。 是上帝有意使他们成为那样的。他们没有别的选择，上帝将他们造成什么样子，他们就只能是什么样子。 因此，他们也不知道还能成为别的什么样。 他们是上帝完美的杰作，因为上帝只创造完美，但他们却犯了原罪，做出了上帝不让他们做的事情。 这怎么可能？ 若非上帝将他们置于这样的可能性中，他们怎么可能做出这种行为？ 从蛇的方面来说，这也是显而易见的，上帝在创造他俩之前就已经创造了蛇，显然是为了用蛇来引诱亚当和夏娃犯罪。 全知全能的上帝已经安排好了一切，这样人类的始祖便只能犯罪。 因此，他们犯罪乃是上帝的旨意。

想到这一点，我立即从极大的煎熬中解脱了出来。 因为我现在知道，是上帝自己将我置身于这样的处境中的。 起初，我不知道让我犯罪是否他的本意。 既然上帝不经过我的意愿就将我扔在了这样的困境中，而且没提供任何帮助就离我而去，我也就不再想祈祷什么启示了。 我坚信我必须自己弄明他的意图，自己找到出路。 这时，又一个争论点出现了。

"上帝要的是什么？ 要我行动还是不行动？ 我必须弄清上帝要我干什么，必须马上找到答案。"我当然知道，按传统的道德观念，凡是犯罪一定要避免，这是毫无疑问的。这也是我直到现在一直在做的事情。但我知道，我不能再这样下去了。破碎不堪的睡眠和精神上的痛苦已将我折磨得精疲力竭，越是避开那个想法，就越会陷入无法忍受的死结中。不能再这样下去了。同时，在弄懂上帝的意志和意图之前，我不能放弃。因为我现在很确定，是上帝提出了这个令人绝望的问题。说来奇怪，我竟然一刻也没有怀疑过这是不是魔鬼对我玩的一个把戏。那时，魔鬼在我的精神世界里是一个不起眼的角色，任何时候我都觉得他跟上帝比起来是不堪一击的。然而，自从我从迷雾中走出来，对自己有了意识，上帝的合一性、大能性以及他超凡的至高无上的权威便开始萦绕在我的想象中。因此，我心里毫不怀疑，是上帝自己向我安排了一次决定性的考验，而且一切皆取决于我对他的理解是否正确。我知道，我最终会被迫服从，被迫让步，这是毫无疑问的，但我不希望还没弄明白就做出让步，因为我不朽的灵魂的救赎已危在旦夕。

"上帝知道我抵抗不了多久，他也不来帮我，即便我差点就要犯下那不可饶恕的罪行。他全知全能，完全可以轻而易举地解除我身上的压迫，但他显然不打算这么做。会不会是他为了考验我的忠顺度，故意将这样一项不常见的任务加在我身上，让我做一些有悖我自己的道德判断，有悖我所学的宗教教义，甚至有悖他自己定下的戒律的事情？而我由于害怕被永世打入地狱，一直竭尽全力地抵抗着。有没有可能是上帝希望知道，即使我的眼前由于我所坚持的信念和理性而出现了亡灵和冥魂，我也能够顺从他的意愿？答案可能真的如此。但这些只是我个人的想法。我也许想错了。我不敢这么相信自己的推断。我必须从头到尾再好好想一遍。"

我又仔细地想了一遍，得出的还是同样的结论。"显然，上帝也希望我拿出勇气来，"我想道，"如果确实如此，等我过了这一关后，他会赐予我恩惠和启示。"

我鼓足所有勇气，仿佛自己就要纵身地狱之火似的。 随着思维的打开，眼前出现了大教堂和蓝天。 离尘世很高的地方，上帝正端坐在他那金色的宝座上——宝座下面，一坨硕大无比的粪便掉了下来，砸在新铺的闪闪发亮的屋顶上，摔了个稀巴烂，把大教堂的四壁都砸开了花。

原来是这样！ 我大大地松了一口气，那种感觉无法形容。预期中的地狱之灾并没出现，反而是一种恩典惠顾了我，随之而来的还有一种我从来不知道的、无以言表的极乐。 我喜极而泣，为高兴，也为感动。 我既已屈服于他无可抗拒的命令，上帝便向我彰显了他的智慧和仁慈。 我似乎体会到了一种启示，很多之前没能明白的事情都变得明朗起来。 我觉得，这就是父亲所没能领会的地方，他没去体验上帝的意志，而是以最充分的理由和最坚定的信念去反对它。 这就是为什么他从来没有体会过恩典的奥妙，这种恩典能够治愈一切，使一切变得清楚明白。 他一直以《圣经》中的戒律作为自己的向导，并按圣经所指示的方式以及先人所教导的方式去信仰上帝。 但他不知道，在上帝的《圣经》、上帝的教堂之上，就活生生地站着全能的、自如的上帝，他号召人们加入他的自如，并能够强迫人们放弃自己的观念和信仰，以不折不扣地执行他的命令。 在考验人们的勇气时，上帝拒绝墨守传统，不管这些传统多么神圣。 他全知全能，一定会留意到，在这样的一些对勇气的考验中，并不存在什么真正的邪恶。谁执行了上帝的旨意，谁就一定走的是正确的道路。

上帝也以这样的方式创造了亚当和夏娃，致使他们不得不去想一些他们根本不愿意想的问题。 他这么做是为了弄清他们对他是否服服帖帖。 同样，上帝也会要求我做出一些出于传统的宗教上的原因我会予以拒绝的事情。 正是我的恭顺不逆，为我带来了上帝的恩典，而经过那次体验后，我知道了上帝的恩典是怎么回事。 人必须把自己完全献给上帝，除了执行上帝的旨意，其他一切都不重要。 否则，一切都将是愚蠢而无意义的。 从我体会到恩典的那一刻起，我的真正责任就开始了。上帝为什么要玷污自己的教堂呢？这对我来说是个可怕的想法。但后来我依稀明白，上帝也可能是可怕的。我已经体会过一个恐怖的阴暗的秘密，它给我的一生蒙上了阴影，使我变得忧郁多思。

这次体验还加深了我的自卑感。我觉得自己是魔鬼，是卑鄙之人，我堕落到了极点。但后来我开始查阅《圣经·新约》，读到法利赛人、税吏、被遗弃的人是上帝的选民时，我感到了一定的满足。这些内容给我留下了经久不衰的印象：管家不义，却得到了夸奖；彼得摇摆不定，却被委为磐石，而耶稣的教会就建在这磐石上。

我越感到自卑，就越觉得上帝的恩典不可理解。毕竟，我从未肯定过自己。当母亲有一次对我说"你一直是个好孩子"时，我简直不明白她的意思。我，是个好孩子？真是头一次听说。我一直觉得自己是个又堕落又自卑的人。

有了上帝和大教堂的体验，我终于掌握了某种属于那个大秘密的一部分的实实在在的东西——就好比我总说天上掉石头，现在口袋里就装着一块一样。但实际上，这是一次令人不齿的体验。我坠入了某种不当的、邪恶阴险的东西中去了，虽然这同时也是一种荣耀。有时候，我会有一种不顾一切向人倾诉的冲动，不是要倾诉这次体验，而是想暗示他们，我身上有一些从来没人知道的奇怪的东西。我很想知道，别人有没有过类似的经历。然而，我却从未在他人身上发现过哪怕是一丝的痕迹。于是，我觉得自己既是犯人，又是选民，既被诅咒，又被福佑。

我从没想过向他人公开我的这次体验，对于我梦见地下庙宇里的生殖器以及我的木雕小人也是如此。事实上，在六十五岁之前，我对生殖器之事一直只字未提。我可能向妻子提起过其他经历，但也是在很久以后。所有的这些事件都沿袭了童年以来的严格禁忌。我绝不能和朋友们谈这些事。

我的整个青春期都可以根据这个秘密来理解。它导致我产生了一种几乎无法忍受的孤独。那些年里,我的一大作为就是抑制住了向任何人提起这个秘密的冲动。这样一来,我和世界的关系模式便早已确定:今天的我是孤独的,正如那时的我一样,因为我知道一些事情,必须向其他还不知道,甚至通常不想知道的人进行暗示。

母亲那边的家族有六个牧师,而父亲这边,不光父亲是牧师,我的两个叔叔也是牧师。因此,我听到过许多宗教方面的谈话、神学方面的讨论以及各种布道。每当听到这些内容,我总有这样的感觉:"是啊,是啊,都非常好,但那个秘密又怎么说?那个秘密也是恩典的秘密。你们一个个对此毫不知情。你们不知道上帝要强迫我做坏事,强迫我去想一些可憎的事情以让我体会他的恩典。"其他人所说的一切完全不是重点。我想,"看在上帝的份上,一定有人知道点什么,什么地方一定会有真相。"我将父亲的书室翻了个底朝天,找到有关上帝、三位一体、灵魂、意识的书籍读了个遍。我狼吞虎咽地读着,结果一无所获。我总是对自己说:"他们也不懂。"我甚至还在父亲的《路德圣经》中搜了一番。遗憾的是,约伯传统的"教化式"解释扼杀了我继续深读的兴趣,不然的话,我将能够从这本书中发现一些慰藉,尤其是第九章第三十节:"虽然我用雪水净身……你却将我扔进了泥潭。"

后来母亲告诉我,那些日子里我总是情绪低落。其实不然。我只是在沉思那个秘密。这个时候,只要一坐在我的石头上,我就会出奇地安心和平静,所有的疑虑都会莫名地消失。每当我想起自己是那块石头,心中的冲突就会停止。"石头没有不确定性,没有交流的欲望,千百年来永远都这样。"我想,"而我只是一种正在消逝的现象,喷薄着各种各样的情感,就像一束火焰,迅速燃起,不时即灭。"我只是自己的情感的总和,而我心中的"他者"却是没有时限的永不磨灭的石头。

那时，我还对父亲的每一句话都表示深深的怀疑。每当听见他在进行有关恩典的布道，我总会想起我自己的体验。他说的都是些酸腐兮兮的东西，听起来很空洞，像在说一个道听途说的连自己都不太相信的故事。我很想帮他，但不知道怎么帮。更何况我太害羞，不敢把我的体验告诉他或干涉他的个人私事。我觉得自己一来太小，二来不敢行使"第二人格"在我身上激起的那种权威。

后来，到十八岁的时候，我和父亲进行过很多讨论。我总是暗暗地希望自己能够让他知道恩典的奥秘，以帮助他减轻良知上的痛苦。我相信，如果他执行了上帝的旨意，一切都会往最好的方面去发展。然而，我们的讨论每次总是以不愉快收场。这些想法惹恼了他，使他觉得难过。"啊，胡说什么。"他总是这么一句，"你总是要去想。人不应该去想，应该去信仰。"我心里会想，"才不是呢，人必须要体验，要懂得。"但我嘴上却说，"那把这种信仰给我吧。"这时他会耸耸肩，一脸无奈地走掉。

我开始结交朋友，所交大多是些家境简单、腼腆害羞的男生。我的成绩也有了起色。接下来的那些年，我甚至跃居班上第一名。然而，我却觉察到，那些成绩不如我的同学对我起了嫉妒之心，他们千方百计地追赶我。这令我十分扫兴。我讨厌一切你争我斗。如果有人玩起太具竞争性的游戏，我会对这样的游戏避而远之。从那以后，我退居班上第二名，发觉这样愉快多了。由于我不愿参与竞争，功课变得没那么难，学习也就成了一件令我讨厌的事情。只有为数不多的几位老师对我表现出了特别的信任，每每想起他们，我总是心怀感激。其中，拉丁文老师是我最愉快的回忆。他是一名大学教授，是个非常聪明的人。碰巧，在父亲的教育下，我六岁就开始了拉丁文的学习。因此，老师不会总让我坐在教室里，而是经常派我去大学图书馆帮他借书，回来的路上，我会尽量把脚步放得很慢很慢，快乐地沉浸在对这些书本的阅读之中。

大多数老师认为我又愚蠢又狡猾。每当学校里出了什么乱子，我总是第一个被怀疑的对象。如果什么地方发生了口角，他们会认为是我挑起的事端。实际上，我只牵涉过一次这样的斗殴。就是这一次，我发现好些同学对我怀有敌意。其中有七个人，他们暗中埋伏，然后突然袭击了我。我那时已经又高又壮——正值十五岁——且动不动就怒似暴龙。我勃然大怒，抓起一个男孩的胳膊，把他甩得直打转，并借他的两条腿将其他几个人横扫在地。老师们调查了这件事，但我没什么印象了，只依稀记得我受到了某种我认为不公正的处罚。从那时起，我清静了。再也没人敢碰我。

树敌和蒙受不公虽然不在我意料之中，但不知怎么地，我觉得这并不是什么不可理解的事情。每次因某件事受到指责，我都对这件事感到生气，但又不能否决这一指责。我对自己的了解如此之少，仅有的一点了解也矛盾不已，因此，我还做不到问心无愧地去反对任何指责。事实上，我总是良心受谴，觉得自己不仅实际有错，而且还有潜而未露的错误。出于这样的原因，我对责备特别敏感，因为只要是责备，或多或少都会击中我的要害。尽管我实际上并没有做他们所指责的事情，但我觉得我是有可能去这样做的。我甚至会列出一系列我不在场的证明，以防什么事情会怪罪到我的头上。如果我确实做错了什么事，我反倒觉得释然，这样我至少知道，我是因了什么而良心受谴。

我会不自觉地通过表面上的不惊来弥补内心的不安，或者更准确说，我的这个缺点会自动弥补，无需我的意志来干预。也就是说，我一面觉得自己有罪，一面又希望自己是清白的。在背后深处的某个地方，我一直知道我是两个人。一个是我父母的儿子，他是个学生，跟其他许多同学相比，他不够聪明伶俐、勤奋用心、整洁得体。另一个是个大人——实际上是个老人——他生性多疑，不敢轻信，远离人类世界，但亲近自然，亲近太阳、地球、月亮、天气以及一切生物，最重要的是他亲近黑夜和各种梦以及"上帝"直接作用于他的所有东西。我将"上帝"加上双引号是因为，和我自己一样，大自然虽然为上帝所造以表达他自己，却似乎被他视为非神圣而冷落到了一边。没有什么能令我相信，"按上帝的形象"来创造的只有人类。实际上，在我眼里，以山河湖泊、花草树木和各种动物来代表上帝的本质，要比那些穿着可笑衣服的、卑鄙虚伪、满口假话、妄自尊大——所有这些特性对于我自己，也就是说，对于第一人格，即1890年的那个小男生来说，实在再熟悉不过了——的人类不知好了多少倍。除了他们的世界，还存在着另一个世界，那里好比一座神庙，任何踏入其中的人都会被眼前的宇宙全景所改变，他们会突然被征服，以至于忘了自己，只剩下惊叹和赞美。那里生活着"他者"，他知道上帝是一个藏而不露的、既具有人格而又超乎人格的秘密。在那里，没有什么会将人类和上帝分开，实际上就如同人的意志与上帝一道，同时傲视着天下苍生一样。

我在这里一句一句展开的，是一些我当时的意识里怎么也表达不出来的东西，但是，那种千钧压顶的预感和那种无比强烈的感情，让我感觉到了它的存在。这种时候，我就会知道，我是值得成为我自己的，我就是我真正的自我。只要我是独自一人，我就会陷入这样的状态之中。所以，我追求"他者"也即第二人格的安宁和孤独。

第一人格和第二人格之间的相互转换贯穿了我的一生。但这与"人格分裂"以及一般医学意义上的精神分裂并没什么关系。相反，这是每个人身上都存在的。在我的生命中，第二人格是至关重要的，对于想要从内心来到我身上的一切，我总是尽量虚位以待。第二人格是个代表性形象，但只有极少数人才感知得到他。大多数人意识中的理解力并不足以意识到他也是他们自己。

渐渐地，教堂成了一个令我备受折磨的地方，因为那里的人竟敢高声地——我不禁要说，是恬不知耻地——进行有关上帝及其意图和行为的布道。 在那里，人们被劝诫要怀有那些感情，要相信那个秘密，但我知道，这个秘密是最深切的内心最深处的肯定，没有一个词可以亵渎这样的肯定。 我只好得出这样的结论：显然，根本没有人知道这个秘密，甚至连牧师也不知道，如果他们知道，他们就不会胆敢将上帝的秘密公布于天下，也不会以那些迂腐的假惺惺的感情来亵渎这种不可言传的感觉了。 而且我相信，以这样的方式去接近上帝绝对是错误的，因为我从那次体验中知道，上帝的恩典只会赐予那些不折不扣地执行他的旨意的人。 布道坛上的布道虽然也这么说，但总是建立在启示已使上帝的旨意变得明白这样的假设上。 我的想法恰好相反，我觉得，上帝的旨意是最晦涩最难懂的东西。 在我看来，人的任务就是每天探索上帝的旨意。 我并没有这么做，但我觉得，一旦这么做的迫切理由出现了，我一定会去做。 第一人格在我身上占据的时间太多了。 我常常觉得，宗教教义正被拿来取代上帝旨意——这实在是出人意料且令人担忧的——只为了一个目的，那就是免去人们理解上帝旨意的必要。 我越发变得多疑了。 父亲和其他牧师所作的布道在我眼里成了一种出糗。 我身边的所有人对这样的行话以及其中散发着的厚厚的不解似乎已习以为常，他们不假思索全数吞下了这些自相矛盾的说法，什么上帝全知全能因而能预知人类的所有历史啦，上帝创造人类实际上是为了让他们犯罪但又禁止他们犯罪，甚至以打入永不超生的地狱之火来惩罚他们啦等等。

说来奇怪，很长一段时间里，魔鬼在我的思考中完全不占位置。 在我看来，魔鬼不过是一个厉害人物身边拴着的一只邪恶的看门狗。 除了上帝，没有人对这个世界负有任何责任，而且我很清楚，上帝也可能是很可怕的。 每每听见父亲在他富含感情的布道中说到"仁慈"的上帝，赞美上帝对人类的大爱，劝诫人们也要热爱上帝时，我的怀疑和不安便更进一层。"他当真知道自己在说什么吗？"我感到怀疑，"他可以将我，他的儿子，像以撒那样,横刀杀死以作人祭,或者把他交给不公正的法庭,让他像耶稣那样被钉死在十字架上吗? 不会,他不会这么做。 所以,在某些情况下,他执行不了上帝的旨意,因为上帝的旨意也可能是极其可怕的,《圣经》本身就体现了这一点。"我开始明白,当人们被劝诫要服从上帝而非服从人类时,这只是随口说说,并没有经过思考。 很明显,我们根本不知道上帝的旨意,因为如果我们知道,我们就不会在对待这样一个核心问题时无所畏惧了,而是会感到一种纯粹的恐惧,一种出于对无所不能的上帝的恐惧,因为上帝会将其可怕的意志强加在手无缚鸡之力的人类身上,正如他对我所做的那样。 那些声称知道上帝旨意的人,会不会曾经预见过上帝对我的指使? 总之我在《圣经·新约》中没找到可以参考的内容。《圣经·旧约》,尤其是《约伯记》,可能令我在这一方面开了眼界,但那时我对这本书还不够熟悉。 而且,当初在接受坚信礼的教导时,我也没听说过这一类东西。 上帝可畏当然是提到过的,但被认为是不合时宜的,是犹太教的东西,早已被赞美上帝仁爱善良的基督教义所取代。

儿时经历的象征意义和那个突如其来的意象使我陷入了可怕的烦恼之中。 我问自己:"是谁那样说话? 是谁这么不知羞耻,赤裸裸地露着一根阳具,而且是在神殿里? 是谁让我想到上帝以这么龌龊的方式来摧毁自己的教堂?"最后我想,这会不会是魔鬼搞的鬼呢? 在我看来,言行如此的不是上帝就一定是魔鬼,这一点我从不怀疑。 我很确定,这些想法和意象绝对不是我自己捏造的。

这些经历是我一生中极其重要的经历。 我就是在这时意识到,我必须负起责任来,我的命运如何,是由我自己决定的。 我一直面临着一个问题,这个问题必须要找到答案。 是谁抛出了这个问题? 没有人会回答我。 我知道,我必须从最深处的自我寻找答案。 我也知道,在上帝面前,我是独自一人的,而上帝向我提问这些可怕的事情时,也是单独问的。

从一开始，我便有一种宿命感，似乎我的人生是命运安排的，而我必须去完成它。 这给了我一种内在安定感。 虽然我未能向自己证明这一点，但这一点向我证明了它自己。 不是我拥有这样的肯定，而是这样的肯定拥有了我。 我坚信，赋予我这种肯定是为了让我做上帝要我做的而非我自己想做的事情。 谁也夺不走我的这种坚信。 这给了我一种力量，使我敢于按自己的方式行事。 我常常觉得，一到决定性关头，我便不再身处众人之中，而是单独和上帝在一起。 而当我身在"那里"，不再是一个人时，我是超乎时间之外的；我属于好几个世纪，这时答疑解惑的就是一直存在的、我未出生便已存在的他。 一直存在的那个他就在那里。 与"他者"进行的这些对话是我最深切的体会：既是一种痛苦的折磨，又是一种无上的欢乐。

当然，我不能向任何人谈起我的这些经历。 据我所知，除了可能和母亲说过之外，我并没对谁谈起过这些事情。 母亲似乎总能和我想到一块去，不过我很快发现，在交流中她达不到我的要求。 她对我主要持一种赞赏的态度，这对我并不是好事。 于是，我仍旧孑然一身，与自己的思想为伴。 总的来说，我最享受这种感觉。 我自个儿玩，做白日梦或在林中漫步，拥有着自己的秘密世界。

在我眼里，母亲是一位好母亲。 她古道热肠，做得一手好菜，而且相处起来很愉快。 她体态肥硕，善于倾听。 她也喜欢说话，说起话来像喷泉在水花四溅。 她有明显的文学天赋，而且有着自己的品位和深度，可惜这一禀赋并没得到适当的发挥，而是深埋于她那善良的胖老太的表面之下。 她热情好客，谈吐诙谐。 她有着一个人该有的全部传统观念，但有时她无意识的人格又会突然冒出来，那是一种你意想不到的强势人格：一个沉着脸色、气势逼人的形象，拥有着无懈可击的权威——这话绝对不假。 我敢肯定母亲有双重人格，一个是无害的人性化的，一个是神秘而古怪的。 另一人格只会偶尔出现，但每次出现都出人意料，吓人一跳。 这时的她看起来似在喃喃自语,但矛头却直指向我,而且经常说到我心坎里去,把我惊得哑口无言。

  印象中第一次发生这样的情况大概在我六岁那年。 那时我们的邻居相当富有。 他们有三个孩子,最大的是儿子,与我年纪相仿,还有两个小女儿。 他们是城里的人家,喜欢打扮自己的孩子,尤其是星期天——皮革鞋子,白色褶边的衣服,还戴着白色小手套,在我眼里显得滑稽可笑。 即便是平日,他们也会把孩子梳洗得整整齐齐。 他们自视甚高,与我这个穿着破烂的裤子、破了洞的鞋子、一双手脏兮兮的粗野孩子紧张地保持着距离。 令我恼火的是,母亲会没完没了地比较一番,然后教训我:"看看那些漂亮的孩子,家教又好,又有礼貌,哪像你,活脱脱一个小野人。"这话让我觉得很耻辱,我决定给那个小男孩两下子——于是我打了他。 男孩的母亲气急败坏地冲到我家,大吵大闹地数落着我的暴力行为。 母亲果然吓坏了,把我教训了一顿,一把鼻涕一把泪的,我还从没见过她这么伤心、哭这么长时间的呢。 我一点也没意识到自己的错误,相反,我自我感觉非常良好,因为我总算让这户突兀的外村人尝了点苦头。 然而,母亲的生气使我心生畏惧,我于是知错地回到旧钢琴后面我的那张书桌上,搬弄起我那些砖砖块块来。 好一会工夫,屋子里一点动静也没有。 母亲和往常一样,正坐在窗边打毛衣。 然后我听见她在喃喃自语什么,从时不时听到几个词中,我得知她正在想着那件事,不过她现在已经换了一种看法。 突然,她抬高了声音说:"当然不该养那样一窝狗崽子!"我立即意识到,她是在说那几个"盛装打扮的猴子"。 她最爱的弟弟是个猎户,家里养了一些狗,整天说什么养狗啊、杂种狗啊、纯种狗啊、狗崽子之类的。 我意识到,母亲也觉得那群可恶的孩子是劣等的狗崽,因此她的责怪大可不必从表面上去理解。 这令我大为欣慰。 然而,即便是当时的年纪,我也知道,我必须心如止水,决不可自鸣得意地跑出去说:"你看,你跟我的想法是一样的!"否则她一定会愤然驳回我的说法:"你这可恶的小子，竟敢这样自称知道老娘的想法！"从这件事中，我得知我早先肯定已经有过类似的经历，只不过我忘了而已。

我提起这件事是因为，正当我宗教上的怀疑与日俱增时，又发生了另外一件事，这件事更彰显了母亲的双重性格。一天在餐桌上，我们聊着聊着，话题转到了赞美诗上，说某些赞美诗曲调过于沉闷，还提出了一种修改的可能。这时，母亲自顾自地小声说："O du Liebe meiner Liebe, du verwünschte①Seligkeit（啊，您，我爱之爱，您这可恶的福祉）。"和以往一样，我假装没有听见，小心压抑着心中的狂喜，以免失声叫喊出来，但心里却是胜利的感觉。

母亲的两种人格之间有着天渊之别。这就是为什么孩提时我总爱做一些关于她的焦虑的梦。白天，她是一位慈爱的母亲，但一到夜晚，她就变得离奇古怪。这时的她就和那些预言家一样，既是预知未来的人，又是一种奇怪的动物，像身居熊穴里的女祭司。既古风漫漫，又残酷无情——残酷如同真实和自然。这些时候的她，就是我所说的"自然意志②"的一种体现。

我自己也有这种古风的性质，我身上的古风是与一种能够看清人物事物的原本面目的禀赋——这种禀赋也不总是令人愉快的——相关联的。如果我不想认出什么，我完全可以装疯扮傻让人从这里骗到蒂珀雷里，但事情到底是怎么回事，我是心中有数的。就好比一只小狗，人们可以哄它骗它，但最终它总会嗅出些什么来。这种"洞释"基于直觉，或者说基于对他人他事的"神秘参与"，就好像在一种非人为的感知行为中，"背后有一双眼"在看着一样。

---

① "Verwünschte"是口误，应为"erwünscht（渴望）"。——原注
② "自然意志"是"说着绝对直白、绝对残酷的东西的意志"（见《关于幻觉的解释的研讨》，1940年，苏黎世，私家出版）。"自然意志是这样的一种意志，它源于自然而非源于书本上的观点，它像天然喷泉一样从地里涌出来，并带出了自然所特有的智慧。"——原注

以上是过了很久以后,我身上发生了一些非常奇怪的事情时,我才意识到的。比如,我曾经将一个人的生平娓娓道来,但我并不认识这个人。那是在我妻子的一个朋友的婚礼上,我对新娘以及她的家庭完全一无所知。用餐时,坐在我对面的是一名中年男士,他蓄着长长的胡子,很是帅气。人们向我介绍了他,说他是一名律师。我们就犯罪心理学进行了愉快的交谈。为了回答他的一个问题,我编了一个故事来进行说明,并辅以各种细节来加以润色。就在我讲故事的时候,我注意到这位男士的脸上出现了异样的神色,而席间一片鸦雀无声。我窘迫不已,没再往下说。幸而这时已到了点心时间,我于是很快起身离席,来到酒店的休息厅里。我找了个角落,点了根烟,开始努力回想刚才的整个情形。这时,与我同席的一位客人走了过来,不无责备地说道:"你说话怎么这么不注意呢?""不注意?""对啊,就是你说的那个故事。""可那是我自己瞎编的啊!"

令我既诧异又害怕的是,我所讲的竟然就是对面那位男士的故事,而且分毫不差,连所有细节都一模一样。那一刻我还发现,关于那个故事,我竟然一个字也想不起来了——甚至直到今天,我还是什么也没能想起。佐克①在《自我启示录》中也描述了一件相似的小事:一次在旅馆里,他一眼就识穿了一个年轻人的窃贼身份,而他与这个人素昧平生。这是因为,他的内在之眼看见了这个人的盗窃行为。

在我一生当中,我经常会突然知道一些我根本不可能知道的事情。这些认知出现我身上,就好像是我自己的想法一样。母亲也是同样情况。她并不知道自己在说什么,就好像有一个声音在行使着绝对的权威,说着与当时的情景完全吻合的话语。

母亲常常认为我的心理远远超出了我的年龄,于是她会像对

---

① 约翰·亨利希·丹尼尔·佐克(1771—1848),瑞士历史小说家,瑞士史和巴伐利亚史研究员。见《过渡时期的文明》。——原注

待大人那样对我说话。 很明显,她把不能对父亲说的话悉数告诉了我,因为她很早便视我为知己,向我吐露着她的种种烦恼。 就这样,十一岁时,母亲把一件与父亲有关的事告诉了我。 我一听之下慌了手脚。 我搜肠刮肚,最终决定,我必须向父亲的一位朋友请教,我从别人口中得知他是一个颇有影响力的人物。 我没向母亲作任何说明,便在一天下午放学后进了城,来到这个人的家中登门造访。 女仆开了门,告诉我说他出门去了。 我既沮丧,又失望,只好打道回府。 然而,他不在家其实是上天对我的眷顾。 不久后,母亲又谈起了这件事,而这一次她的描述却是天差地别,且远没有上一次说的严重,于是整件事无疾而终。 这件事对我造成了不小的打击,我心里想:"你竟然相信了,真是头蠢驴。 你愚蠢地信以为真差点就酿成了大祸。"从那以后,我决定把母亲说的每一句话都一分为二地去相信。 我对她的信任变得所剩无几,正是这件事,使我打消了向她透露我的心事的念头。

但后来,母亲的第二人格出现了数次爆发,每到这时,她所说的话就非常真实,真实得令一旁看着的我颤抖不已。 如果这时的母亲能就此定型,不再改变,我本来是可以拥有一位非常不错的交心知己的。

对于父亲,情况则大不一样。 我本来是乐于将我宗教上的疑问向他摆明,以征求他的意见的,但我并没这么做,因为我觉得我还没问就能知道,出于对本职工作的尊重他一定会作出怎样的反应。 果不其然,没多久我就证明了我的这一假设是多么正确。行坚信礼时,父亲亲自对我进行了坚信礼的教导,使我厌烦至极。 一天,我正在翻阅教义问答手册,书中是关于主耶稣的详细说明,听起来感情夸张,而且通常晦涩难懂,令人觉得索然无味。 我迅速地翻阅,希望能够另有所获。 我无意中翻到了三位一体这一段,这里的内容激起了我的兴趣:一体同时也是三位。这个问题的内在矛盾深深地吸引了我。 我满怀希望地期待讲到这个问题的那一刻。 然而,当我们讲到这里时,父亲却说:"现在,我们讲到了三位一体,但我会直接跳过,因为我自己也完全不了解。"我佩服父亲的坦诚,但另一方面又感到深深的失望。 我对自己说:"问题在这里了,但他们对此一概不懂,也不肯动动脑筋。 这样我怎么说起我的秘密呢?"

我在几个我认为善于思考的同学身上作了一番试探,也都无功而返,不但得不到他们的任何反应,反而被他们的麻木不仁吓得疏而远之。

尽管厌烦至极,我还是尽量不求甚解地去相信——这种态度似乎就是父亲的态度——并为圣餐的到来做好准备。 我将最后的希望寄托在圣餐上。 我想,圣餐不过是一次纪念性进餐,是对卒于 1890－30＝1860 年前的主耶稣的一种周年庆。 尽管如此,耶稣还是留下了一些暗示的,比如"拿去吃吧,这是我的身体",意思是说,我们应该把圣餐面包当作他的身体一样吃掉。 毕竟,面包原本是指他的肉。 同样,我们要喝的酒,原本是指他的血。这下我明白了,按这种方式,我们会把他融入我们自己中去。 这实在太荒唐了,是完全不可能的事情,我肯定这背后一定藏着什么大秘密,而我会在圣餐过程中参与到这个秘密中,因为父亲对圣餐似乎有着很高的评价。

按以往习惯,由教会委员会的一名成员充当我的教父。 他是个很好的老头,话不多,是一名车匠。 我经常光顾他的铺子,站在那儿看他熟练地使用车床和扁斧。 现在他来了,一身黑色长袍,一顶高礼帽,变得庄重起来。 他把我带到教堂里。 父亲穿着那件熟悉的长袍,站在圣坛后面,正照着祈祷书念祷文。 圣坛上盖着白布,白布上放着几个装着面包屑的大盘子。 看得出,那些面包出自我们的面包师之手,他烤的东西大体来说不是很好吃,太淡,吃起来没有味道。 酒从一个铝锡酒壶倒进了一个铝锡杯子中。 父亲吃了一块面包,喝了一口酒——我知道这酒是从哪个酒馆打的——然后将杯子传给其中一位老人。 所有人身体僵直,神情肃穆,一副漠不关心的样子。 一旁的我被吊着胃口,但我看不出也猜不到这些老人当中是不是正发生着什么异乎寻常的事情。这时的气氛和教堂里举行的其他所有事宜——洗礼、葬礼等等——的气氛是一致的。在我的印象中，这是一次传统的中规中矩的仪式，而父亲似乎也大体上按照规定来走完了整个流程，其中，以强调的口吻说出或读出合宜得体的话也属于规定之一。对于耶稣去世了1860年这件事，始终只字未提，而在其他所有纪念仪式中，耶稣的去世之日都是要特别强调的。我既不高兴，也不伤心。作为一个非同小可的重要人物的纪念活动，这次餐宴无论从哪一方面来说都乏善可陈，与世俗的节日根本不可同日而语。

突然，该我上场了。我吃了面包，面包淡而无味，和我想象的一样；酒只啜了一小口，又淡又酸，显然不是什么上等好酒。接下来是最后的祈祷。祈祷结束后，人们走出教堂，既不见沮丧也不见喜色，而是一脸"那就这样了"的表情。

我和父亲一同走回家。我强烈地意识到，我头戴一顶新的黑色毡帽，身穿一套新的黑色礼服，礼服已经开始做成长袍的模样。那是一种加长版夹克，臀部的地方开叉为两个小小的翅膀，翅膀之间的狭缝中有一个口袋，我可以往其中塞上一条手绢——对我来说，这是一种成人的男子汉的表示。我觉得自己的社会地位提高了，这暗示着我被纳入了男人的圈子。那天的礼拜天晚餐也异常可口。我可以整天穿着这套新衣服到处晃悠，但另外又觉得心里空落落的，不知道是什么感觉。

随后的几天，我才渐渐明白，其实什么也没有发生。我到达了宗教启蒙的顶峰，本以为会有一些事——我也不知道是什么事——发生，结果什么也没有发生。我知道上帝会对我做出一些惊人的事情，比如火或灵异之光什么的，但这次仪式没有一丝上帝的痕迹——至少对我来说是这样。当然，关于上帝的话还是有的，但充其量只是几句话。除此之外，那些我认为构成了上帝本质的东西——无尽的绝望、难抑的喜悦、浩荡的天恩——一概没有发现。 我也没发现任何关于"圣体"以及"结合，与……合而为一"的蛛丝马迹。 与谁合而为一？ 和耶稣？ 但耶稣不过是一个死了1860年的人而已。 人为什么要和他合而为一？ 人们称他为"上帝之子"，因此他和那些古希腊英雄一样，是个半人半神，那么，一个普通人怎么能和他合而为一？ 我们将此称为"基督教"，但据我对上帝的体验，这样的"基督教"与上帝完全不搭边。 从另一方面，我们可以清楚地看到，耶稣这个人类确实与上帝有关。 他教导人们说上帝是一位善良慈爱的天父，后来自己却在客西马尼园①和十字架上陷入了绝望。 这么看来，他一定也见识过上帝的可怕。 这我可以理解。 但那次令人讨厌的纪念仪式，吃味同嚼蜡的面包，喝酸不溜秋的红酒，目的是什么呢？ 慢慢地我明白了，这次圣餐是我命中注定的一次体验。 这次体验我扑了个空，不仅如此，这还是一种彻底的损失。 我知道，我以后再也不能参加这一仪式了。"什么嘛，这根本不是宗教，"我想，"连上帝都没有，教堂不是我该去的地方。 那里有的不是生命，是死亡。"

我对父亲产生了最大程度的同情。 我一下子明白了他的职业和他的人生的悲剧所在。 他在与一种死亡苦苦作战，却不能承认这种死亡的存在。 我和他之间横亘着一条鸿沟，在我看来，跨越鸿沟的可能性为零，因为这条鸿沟是无限延展的。 父亲总是把很多事情留给我自己处理，从不强迫我按他的意愿去做什么。 因此，我不能将亲爱的宽宏大度的父亲推入那种亵渎神明的绝望中，尽管这是体会圣恩的必由之路。 只有上帝才可以这么做。 我无权那么做，那是不人道的。 我想，上帝不是人，没有什么人性的东西羁绊着他，这就是他的伟大之处。 他既仁慈又可怕——二者兼备——因此是个极大的危险，每个人自然都会设法避免这

---

① 据新约圣经，耶稣上十字架之前，带着门徒在客西马尼园祷告。 而后，出卖他的犹大带人来逮捕了他。

种危险。人们单单亲近他的仁慈善良，因为他们害怕自己会成为那个诱惑者兼毁灭者的牺牲品。耶稣也注意到了这一点，所以他这样教导："引导我们避开诱惑。"

我所知道的那点与教堂、与人类世界相融的感觉，就这样支离破碎。我觉得自己遭遇了人生最大的挫折。我所设想的宗教观，我所设想的构成了我与这个世界之间唯一有意义的关系的宗教观，就这样土崩瓦解，我再也无法参与一般意义上的信仰，而是沉湎于一种不可言喻的东西之中，沉湎在我那不可与人分享的秘密里。这是可怕、低俗（这最糟糕不过了）且荒唐的，是一种可恶的嘲弄。

我开始思考这个问题：人该怎么看待上帝？我没有捏造那个关于上帝和大教堂的想法，更别说那个我才三岁便已降临在我身上的梦了。一种比我的意志更为强大的意志将这两者加在了我的身上。难道应该问自然的罪？但自然只是造物主的意志而已。怪罪魔鬼也同样没用，因为魔鬼也只是上帝的产物。只有上帝才是真实的——既是一把无坚不摧的恶火，又是一种无以形容的恩典。

那圣餐对我不起作用又是怎么回事？难道是我自己的问题？我诚心诚意地做好准备，希望能体验到恩典和启示，可到头来什么也没发生。上帝并不在场。由于上帝的缘故，我发觉自己与教堂、与父亲及其他所有人的信仰隔离了。他们全部代表基督教，我成了个外人。这种认知在我的心中产生了一股悲凉，多年来一直萦绕不去，直到我上大学才走出了这个阴影。

我开始在父亲那藏书不多的书室——那些日子里我似乎对它念念不忘——搜寻着关于人们对上帝的认识的著作。一开始，我只找到一些传统的老套的理念，而非我要找的思想独立的著作。最后，我发现了彼得曼的《基督教教义》，出版于1869年。看得出，作者是个自主思考的人，他写的是自己的观点。我从他的书中看到，宗教是"这样的一种精神行为，它存在于人类自己与上帝所建立的关系中"。我不同意这个观点。我对宗教的理解是上帝在我身上所起的作用；宗教是上帝方面的行为，我只能屈从于这种行为，因为他是更强的一方。我的"宗教"认为，人不可能与上帝产生关系，人对上帝的认识如此有限，怎么可能与他相关起来呢？我必须更多地了解上帝，以便与他产生关系。彼得曼在《上帝的本质》这一章中表示，上帝本人"可以设想为类似于人类的自我的一种人格，是一种独一无二的、完全超凡脱俗的自我，它包含了整个宇宙。"

据我对《圣经》的了解，这样的定义似乎是合适的。上帝具有自己的人格，是宇宙的自我，正如我是我的肉体存在和精神存在的自我一样。但这一来，一个难以克服的障碍出现了。说到底，人格肯定意味着性格。而性格是这样的而不是那样的，也就是说，性格包含着某些特定的属性。但是，如果上帝是一切，那他怎么会有可以辨认得出来的性格？从另一方面说，如果他具有某种性格，那他不就只能是一个主观而有限的世界的自我了？再者，他具有的是什么性格或者什么人格？一切均取决于此。一个人除非知道答案，否则他无法与上帝产生关系。

我非常抗拒以自己的自我类推出上帝这种做法。在我看来，这么做实在是太妄自尊大，甚至可以说是一种十足的渎圣。不管怎样，理解我自己的自我对我来说就已经足够困难了。首先，我知道，我的自我是由两个相互对立面组成的：第一人格和第二人格。第二，我的自我在这两个方面都极其有限，容易受到一切自欺、错误、心态、情绪、情感和罪过的可能性影响。它成事不足，败事有余，且幼稚、自负、自私、目中无人、缺爱、贪婪、不义、敏感、懒惰、没有责任感等等。令我伤心的是，很多别人身上令我羡慕和嫉妒的优点和才能，我的自我都不具备。这样的自我，又怎么能以之来类推出上帝的本性呢？

我急不可耐地查找着上帝的其他特征，发现这些特性全已一一列出，与我在坚信礼的教导中所熟悉的一样。我发现，根据第172条，"关于上帝超凡脱俗的本性的最直接表达是：（1）消极方面。他对人类隐身不见等等。（2）积极方面。他住在天上，等等"。这种表达简直是一场灾难，我脑海里马上出现了上帝直接或间接（即通过魔鬼）地强加在我意志上的那大不敬的一幕。

第183条说到，"上帝关于人类世界的超凡性"在于他的"公正不阿"，这种公正不仅仅是指他的"明辨是非"，更是指他"神圣的存在"的体现。我本希望这段话会提到上帝那曾带给我无数烦恼的黑暗的一面——复仇心强、发起怒来险象环生、对自己的全能创造出来的生物作出令人费解的行为。以他这样的全能，他必然知道，他所创造的这些生物都是存在不足的，甚至，即使他早就知道实验的结果如何，也依然将他们引入歧途，或至少使他们面临考验，并以此为乐。上帝到底是怎样的性格？如果这种行为出现在一个人身上，那我们又该如何去评价这个人的人格？我不敢将这个问题想出结论来。然后我还读到，虽然"上帝自我即可足，无需任何身外之物"，但他还是"出于自己的满足"而创造了这个世界，而且，"作为自然世界，他充之以他的善意；作为人类世界，他希望充之以他的爱意"。

起初，我对"满足"这个词感到困惑不已。对什么满足？对谁的满足？显然是对这个世界的满足，他看着自己一手打造的作品，点头称好。但就是这一点，我一直百思不得其解。这个世界固然是无限美好的，但它同样也是很可怕的。在我们这个小村小落里，人烟稀少，事情不多，"老，病，死"的体验比其他任何地方都要来得强烈，来得具体，来得直接。虽然我才十六岁不到，但我见过太多太多人和畜的生命的真实状况，在教堂和学校里，我也听过太多这个世界如何多灾多难如何世风日下。上帝顶多会对天堂感到"满足"，但他自己又心机算尽，为使天堂的繁荣不至于太长久，故意在那里安排了一条毒蛇，亦即那个魔鬼。难道他对这一点也感到很满足？我敢肯定，彼得曼并不是这个意思,宗教教导就是这样,喜欢不经大脑胡诌乱扯一通,连他自己也没意识到自己在一派胡言。 依我看来,作这样的假设也并非不可理喻:尽管上帝可能并没残忍到看见人畜受到不应受的疾苦还感到满意,但他故意创造了一个充满矛盾的世界,一个你吃我我吃你的世界,生命的存在只是为了死亡。 这种"一片和谐"的自然法则在我看来更像是一股可怕的力量镇压了一团混乱,按预定轨道运行的"永恒"星空分明是由一堆没有秩序或没有意义的天体胡乱堆积而成的。 因为,没有人真正看得见人们所说的星座。它们不过是一些随机组合而已。

对于上帝将自然世界充之以他的善意,我不以为然也不置可否。 这显然也属于那些只许相信不许理论的观点之一。 实际上,如果上帝是最高的神,为何这个世界,这个他一手创造的世界,会如此不完美,如此堕落,如此可悲呢?"当然是魔鬼从中作梗,才陷入了一片混乱。"我想。 可魔鬼也是上帝自己创造的。看来,我要仔细研读魔鬼才行。 毕竟,魔鬼似乎也是相当重要的。 我又打开彼得曼那本关于基督教教义的书,为这个火烧眉毛的问题寻找着答案。 受苦受难,不完美,阴险邪恶,究竟为什么会这样? 结果,我什么也没有找到。

完了。 这本厚厚的教义学除了胡诌得好听点之外,根本一无是处。 更糟糕的是,这本书是在弄虚作假,或者说,这是一种非同寻常的愚蠢,目的只有一个,那就是掩盖真相。 我的幻想破灭了,我甚至感到愤慨,并再度对父亲产生了同情,他已成为这些骗人的鬼话的牺牲品了。

然而,在某些地方,某些时刻,一定还有人像我这样,理性思考,不自欺,不欺人,不否认世界悲惨的事实。 差不多在这时,我的母亲,或者说母亲的第二人格,毫无预兆突然来了这么一句:"你这些天一定要读读歌德的《浮士德》。"我们家有一本相当厚的歌德作品集,我从中找到了《浮士德》。 这本书如玉露琼浆般沁入了我的灵魂。"这下,"我想道,"总算有人把魔鬼当回事了，甚至还和魔鬼立下了血契——那可是一个连上帝打造完美世界的计划都难以得逞的劲敌啊。"我为浮士德的行为感到遗憾，在我看来，他不应该这样一根筋、这样容易被骗的。他应该更聪明、更有道义一些。他如此草率地赌上自己的灵魂，实在太幼稚了！浮士德明显有点像个空谈家。我觉得，这部诗剧的重点及意义主要在墨菲斯托这一边。如果浮士德的灵魂下了地狱，我不会感到难过。那是他活该。我不喜欢"魔鬼被耍"这个结局，毕竟，墨菲斯托再怎么样也不会是一只蠢鬼，几个傻乎乎的小天使就能把他骗倒，这是有悖逻辑的。我认为，墨菲斯托是在一种很不一样的意义上被骗倒的：墨菲斯托没有得到上帝应允的权利，因为浮士德这个个性平平的家伙带着这个骗局一路骗进了天国。不可否认，到了天国，其幼稚必定暴露无遗，但依我看，他不配进入那些大奥秘中。我倒是想让他尝尝炼狱之火的滋味。在我看来，真正的问题在于墨菲斯托，他整个人给我留下的印象是最深刻的，而且我隐约觉得，他与那些"母性"①的奥秘存在着某种关系。不管怎样，墨菲斯托以及剧终时的伟大启示依然是我意识世界的边缘上的一次美妙而又神秘的体验。

我终于可以证明，以前或现在确实有人见过魔鬼，见识过它的厉害——更重要的是，见识过它在解救人类于黑暗与苦难时所扮演的神秘角色。在这一点上，歌德在我眼里成了一位预言家。但他用仅仅一个诡计，一点点骗术，就把墨菲斯托打发下台了，这是我无法原谅的。这对我来说太神学化，太草率，太不负责任了。而且，歌德竟然也喜欢耍那些使邪恶变得无害的狡猾手段，实在令我深感遗憾。

读了这部诗剧，我发现歌德也算得上半个哲学家，而且，尽管他非常讨厌哲学，但他显然从中学会了某种接受真相的能力。迄今为止，我对哲学几乎还未有所闻，而现在，我看到了一线新

---

① 见《浮士德》第二部。

的希望。 我想，也许有些哲学家与这些问题角力过，可以让我从中获得一些启发。

由于父亲的书室里没有哲学方面的藏书——这类是疑书，因为它们有思想——我只好找来库克1832年出版的《哲学科学通用辞典（第2版）》凑合看看。 我迫不及待地查阅了"上帝"这个词条。 令我不满的是，这个词条一开始解释了"上帝（god）"这个词的词源，说这个词"无可非议"是源自"善（good）"，意思是至上或至善。 它还说，上帝是不容证明的，上帝这个概念的固有性也是不容证明的，但后者可以在人类身上先验地存在，如果现实生活中潜在地存在不成立的话。 总之，我们的"智力"肯定"已经发展到了一定程度才能生成这么一个崇高的概念"。

这样的解释使我震惊不已。 这些"哲学家"怎么了？ 我感到纳闷。 很明显，他们对上帝的认识只是道听途说而来的。 不管怎样，神学家在这一方面是与众不同的，他们至少肯定了上帝的存在，尽管他们关于上帝的观点总是自相矛盾。 库克，这位词典编纂者，以这么复杂的方式来表达自己，无非是要表明这样的观点：他已彻底相信上帝的存在。 那他为什么不说得直白点？为什么要声称——好像他真这么想似的——我们"生成"了上帝这个概念，还必须要发展到一定水平才能生成？ 据我所知，就连那些游荡在丛林里的赤身裸体的野人，脑海中也会有上帝的概念。 这些人当然不是什么"哲学家"，他们可不会坐下来"生出上帝的概念"。 我也从来没有生成过上帝的概念。 上帝当然是不可证明的，就好比一条吃了澳大利亚羊毛的蠹虫，它怎么向其他蠹虫证明澳大利亚的存在呢？ 上帝的存在并不以我们的证明为转移。 那我对上帝的确信是怎么来的？ 关于上帝的各种事迹我都有耳闻，但我什么都不相信。 这些东西完全不能使我信服。 我的想法并非出自这些东西。 实际上，这根本不是什么想法——也就是说，这不是想出来的东西，并不是先假设，把它想通，然后去相信的情况。 比如，关于耶稣的一切我一直心存疑虑，从来没有真正相信过,尽管耶稣给我的印象要比上帝深刻得多,因为上帝通常只在背后才有暗示。 但我为什么会想当然地觉得上帝是存在的呢? 如果上帝存在是一个再明白不过的事实,为什么那些哲学家还要声称上帝是一个概念,是一种可生成可不生成的任意假设呢?

突然,我明白了。 至少对我而言,上帝是我最确定最直接的一次体验。 毕竟,我没有自行捏造关于大教堂的可怕意象。 相反,我是迫不得已的,我被无情地驱使着,不得已才想了下去,然后那种无以言表的恩典的感觉便惠顾了我。 这些东西并非我能控制的。 我的结论是,这些哲学家一定是出了什么毛病,才会有如此奇怪的想法,竟觉得上帝是一种可以讨论的假设。 令我极度失望的还有,哲学家们对上帝的劣行并没发表任何意见,也没作任何解释。 而我认为,这是值得从哲学的角度去特别关注和思考的,因为上帝的劣行构成了一个问题,我觉得这个问题对神学家来说难度太大了。 令我大失所望的是,我发现这些哲学家显然连听都没听说过。

于是,我继续进入下一个我感兴趣的话题:魔鬼的词条。 我读到,如果我们认为魔鬼本来就是坏的,那我们就陷入了明显的自相矛盾中。 也就是说,我们陷入了二元论。 因此,我们最好假设魔鬼刚创造出来时是好的,只是他太骄傲了,才沦落为邪恶。 然而,正如本词条的作者所指出的那样——我很高兴有人提出了这个观点——这个假设是以他将要解释的邪恶(即骄傲)为前提的。 至于其他情况,作者表示,邪恶的起源是"不可解释也不可表达的"——这对我来说意味着,他和那些神学家一样,不愿意去思考这个问题。 因此,魔鬼的词条及其词源同样没带来任何启发。

以上所述是我的心路历程及思维发展的总括。 由于中间出现了长时间的中断,因而延续了好几年。 这些思想仅仅发生在我第二人格内,而且绝对是我个人的思想。 我未经父亲同意,利用他的书室暗中进行了这些研究。其余时间，我的第一人格则坦然地阅读格斯塔克写的各种小说以及英国古典小说的德译本。此外，我还涉足德国文学，集中阅读那些尚未被学校的讲解破坏了兴致的经典作品，因为学校总是费尽口舌地解释一些浅显易懂的内容，显得多此一举。我广泛涉猎，漫无目的，戏剧、诗歌、历史以及后来的自然科学，不一而足。阅读不仅趣味无穷，而且有利于转移我的注意力，使我从越来越陷我于沮丧的第二人格中解放出来。这是因为，在宗教问题的世界里，我遇到的全是大门紧闭，真有一扇门碰巧打开了，我却又对门后的景象感到失望。我与其他人似乎完全关注不到一块去。我的确定让我感到了一种全然的孤独。我越来越渴望与人交流，却往往找不到切入点，反而在他们身上觉察到了疏远、不信任和恐惧，使我话到嘴边又咽了回去。这也是令我沮丧的一个方面。我不知道该如何是好。为什么没有人有过相似的体验？为什么学校的课本对此不置一词？难道我是唯一拥有这种体验的人？为什么要我来成为这种唯一？我从不认为自己发了疯，因为上帝的光明和黑暗在我看来都是可以理解的事实，尽管这些事实总是压抑着我的感觉。

我感觉到了自己的另类。这种另类迫使我成为了一种令人生畏的事物，因为另类意味着被孤立。更令我难过的是，我总是不明不白就成了替罪羊，而且远不只一次两次。此外，学校里还发生了一件事，使我的孤立更加雪上加霜。我德语课成绩平平，因为我对这门课的内容尤其是德语语法和句法提不起半点兴趣。我慵懒散漫，感到无聊极了。作文题目在我眼里通常不是肤浅就是愚蠢，而我的作文也因此不是草草了事，就是雕琢造作。我在中等成绩上上下徘徊，这对我来说最合适不过了，因为它符合了我大体上不喜欢太显眼的偏好。总的来说，我比较同情和我一样家境贫寒、出身卑微的同学，喜欢那些脑子不怎么灵光的同学，尽管我很容易对他们的愚蠢和无知感到气不打一处来。这实际上是因为，他们身上有一些我极度渴望的东西：他们思想单纯，不会意识到我身上有什么不寻常的地方。我的"不寻常"开始渐渐赋予我一种令人不悦的相当古怪的感觉：我身上一定有着一些令人讨厌的、我自己没察觉到的特质，使老师和同学们对我避之唯恐不及。

就在这当儿，一件事如晴天霹雳降临在了我头上。老师给我们布置了一道作文题，仅此一次，我对写作来了兴趣。我于是卖力地写了起来，写出了一篇我认为非常用心、非常成功的文章。我希望至少获得前几名的分数——当然不是最高分，那会使我太突出，但要接近最高分。

老师习惯按分数高低的顺序来评点作文。他第一个点评的是班上最高分的男生。这没有关系。接下来，其他人的也一一点到了，我等啊等，就是等不到我的名字。"不可能啊，"我想，"难道我就这么差，连目前这些人的水准都不如？到底怎么回事？"难道只有我一人"参展不参赛"——也就是说，我被孤立开来，成了众人关注的焦点，而且还是以最糟糕的方式？

所有作文点评过后，老师停顿了一下，然后说："现在我手里还有一篇作文，是荣格的。这篇文章写得最好，本来应该给最高分。但很遗憾，这篇文章是抄来的。哪抄的？从实招来！"

我大为震惊，腾地站了起来，气得肺都要炸了。我大声说："我没有抄！为了将文章写好，我费了不少功夫呢。"但老师不依不饶，"你撒谎！你怎么可能写得出这样的文章。没人会信你的鬼话。说——从哪抄来的？"

我信誓旦旦，以示清白，但没有用。老师一口咬定我就是抄来的。他还威胁说："我警告你，要是被我知道你抄了哪里，你就等着收拾书包走人吧。"说完转身走了。同学们向我投来了异样的目光，我惊恐地意识到，他们心里其实在想，"啊哈，原来是这么回事。"我的声声抗议，无人理会。

我感到，从这一刻起，我背上了作弊的污名，所有能救我脱离另类的苦海的道路全切断了。我心灰意冷，感到自己受了奇耻大辱,发誓一定要对那位老师进行报复,而真有机会的话,一些以强凌弱那样的野蛮故事也就上演了。 究竟怎样才能证明我的作文不是抄来的呢?

一连几天,我都在翻来覆去地想这件事,而且一次又一次地得出这样的结论:我太无能了,命运对我玩了一个盲目而愚蠢的游戏,将我贴上了骗子和撒谎者的标签。 现在,我想起了很多之前没明白的事情——比如,父亲有一次问起我在学校的表现,其中一位老师说:"他啊,表现一般般,不过他学习很用功,这一点值得肯定。"他们觉得我相对较笨,较浅薄,我并不介意。 真正令我恼火的是,他们竟然认为我会作弊,这对我的道德造成了毁灭性的打击。

我的痛苦与愤怒险些失去了控制。 这时,发生了一件事,这件事我之前就已经在身上觉察过好几次:突然间,我的内心一片寂静,仿佛一间闹哄哄的屋子突然关上了一扇隔音门。 一种冷静而奇怪的感觉似乎袭上心头。 我问自己:"这到底发生了什么事? 好吧,你很激动。 那个老师当然是个白痴,他根本不了解你的本性——也就是说,他并不比你更了解。 因此,他和你一样,不敢轻易去相信。 你不相信自己,也不信任他人,这就是为什么你喜欢和那些单纯幼稚、胸无城府的人在一起的缘故。 人感到一窍不通的时候,就容易变得激动。"

这些"不以物喜不以己悲"的思考,使我突然想起了另一件类似的事情:当我不愿去想那个不能想的想法时,那些硬要强加在我身上的思路。 尽管那时,我无疑还没发觉第一人格和第二人格的差异,仍然声称第二人格的世界是我自己的个人世界,然而,在看不见的背后深处,我一直有一种感觉,觉得除了我自己之外,还有一些别的东西参与了进来,就好像这个由群星和无限空间构成的伟大世界的气息触动了我,又仿佛一个灵魂无形之中进入了屋内——那是一个死了很久的人,但他的灵魂却永恒地存在于时间之外,直至进入遥远的未来。 这一类结局会有一种内在精神（numen）的光辉环绕着。

我那时当然不会以这样的方式来表达自己，而现在，我也不会将一些当时不在的东西归因于我的意识状态。我只是试着表达我当时的感觉，凭借已知的知识使那个朦胧的世界尽量变得明朗。

刚才叙述的这件事过去后几个月，同学们给我起了个外号：阿伯拉罕祖宗。我的第一人格不明白其中的原因，觉得这样的名字既愚蠢又荒谬。然而，在看不见的背后，我觉得这个外号是一语中的的。这个背后的所有暗示对我来说都是一种痛苦，因为我读的书越多，对城市生活越熟悉，这样的印象就越深刻：我现在所了解到的现实与我小时候所看到的世界是属于不同的事物秩序的，与我所成长的那个环抱在河流和树林中、人和动物沐浴在阳光之下的小村庄，那个有风和云朵在天上游走、漆黑的夜晚会发生不确定的事情的乡村是截然不同的。这里不仅是地图上的一个地理位置，更是"上帝的世界"，是上帝所安排、所赋予秘密涵义的地方。然而，人们对此显然毫不知情，就连动物似乎也丧失了感知这一点的感觉。比如，在牛哀伤而茫然的眼神里，在马温驯的眼睛里，在狗的忠心耿耿寸步不离里，甚至在选择了房子和畜棚作为其栖身之所和捕食之地的猫那骄傲的步子里，这都是显而易见的。人类与动物相似，似乎和动物一样没有意识。他们遍寻树上地下，看看有什么可用，可作什么用。他们和动物一样，群居，交配，搏斗，但他们意识不到自己身处一个统一的宇宙里，身处上帝的世界里，身处一种一切皆已出生、一切皆已死去的永恒里。

我喜爱一切温血动物，因为温血动物与我们如此相近，且和我们一样一无所知。它们有着我们人类那样的灵魂，所以我觉得，有了它们，我们便能获得一种本能的理解。我们共同体会着悲与喜，爱与恨，饥与渴，害怕与信任，共享着除语言、敏锐的意识以及科学之外的所有的生命的本质特征。而且，尽管我对科学有着传统意义上的景仰，但我同时又觉得，是科学导致我们疏远和背离了上帝的世界，将我们引向了一种动物不可能做到的堕落之中。动物是可亲的，忠诚的，一成不变的，值得信赖的。我现在越发不相信人类了。

我不认为昆虫是真正意义上的动物，而冷血的脊椎动物在我眼里则是一种比底下的昆虫高级不到哪去的中间阶段的动物。这一类目的生物是观察和收集的对象，只是些奇珍异品，与人类相异，属于人类之外，它们是非人格生命的体现，更近似于植物而非人类。

"上帝世界"在地球上首先表现为植物界。植物界是对"上帝世界"的直接表达，如同有人从造物主的肩膀偷偷地看着，而造物主浑然不觉，自顾自地制造着各种玩具和饰物一样。另一方面，人类和真正的动物都是上帝身上的一小丁点，但已经独立开来，所以能够自由活动，自由选择自己的居所。而植物只能困在原地，不管是好是歹都不能离开。植物不但表达出上帝世界的美，还表达出上帝世界的思想，没有自己的任何意图，也没有任何偏颇。树木尤其神秘，对我来说，树就是难以理解的生命意义的直接体现。基于此，我感到在树林中最能接近生命最深层的意义及其令人惊叹的运作过程。

这一印象随着我对哥特式大教堂的了解而得到了加强。不过，在那里，宇宙的浩瀚、有意义与无意义的混淆、客观意图与机械规律的杂糅，全都蕴含在石头里。这包含着——且同时也是——生命深不见底的奥秘，即精神的体现。我依稀觉得，我与石头之间的关系就是活物和死物身上共有的神性。

正如我前面所说，我那时无法清楚地表达出我的感受和直觉，因为这一切全发生在第二人格身上，而当时自我的积极性和理解力处于被动状态，被纳入那个属于好几个世纪的"老人"的范围之内。我以一种奇怪的不用思考的方式体验着他和他的影响力。当他在场时，第一人格会黯然退去，甚至消失不见；当自我与第一人格渐渐等同，并占据了主导时，那个老人看起来——如果我能想起的话——便像一个梦般，遥远而又不真实。

十六岁至十九岁期间，困境渐去，云开月明，抑郁的心境也有了改善。第一人格越来越明显地凸显出来。学校和城市占据了我的生活，日渐增长的见识渐渐渗透着或压制着我的直觉预感世界。我开始系统地探究我有意识地拟出的各种问题。我阅读了哲学史简论，对哲学思想的各个方面有了个大概认识。我高兴地发现，我的很多直觉在历史上都有过类似情况。最主要的是，我迷上了毕达哥拉斯、赫拉克利特、恩培多克勒以及柏拉图等人的思想，尽管他们苏格拉底式的辩论总是绕来绕去个没完。他们的思想很美很有学术气息，像画廊里的一幅幅美图，只不过说得有点远。只有梅斯特·艾克哈特使我感到了生命的气息——但并不是说我读懂了他。我对经院学派毫无兴趣，而圣·托马斯那亚里士多德式的理性主义又显得比沙漠还要死气沉沉。"他们都一样，用几招逻辑推理就想强行得出结论。没人授权他们这样的结论，他们也根本不了解。他们总想向自己证明某种信仰，殊不知这是一件需要体验的事。"我想道。在我看来，他们就像那些道听途说的人，听说世上有大象，自己又见所未见，于是想方设法通过说理来证明：从逻辑上看，此类动物是一定存在的，而且样子确实和它们所长的那样。由于某些很明显的原因，我一开始对十八世纪的批判主义哲学就毫无好感。而十九世纪的哲学家中，黑格尔那夸夸其谈和矫揉造作的言辞又使我大倒胃口。我对他毫无信任可言。在我看来，他就像一个被囚禁在自己语言的牢笼里，正在狱中傲慢地指手画脚的人。

但我在研究中获得了一大发现：叔本华。叔本华是第一个谈到我们周围那随处可见的明晃晃的人间疾苦的人。他还谈到了困惑、情感、邪恶——所有其他人几乎浑然不觉、总是试图将之归到包容一切的和谐和理解中去的东西。现在，总算有一位哲学家勇于发现，在这些宇宙的根基中，并非一切都是臻于完美的。他不谈造物主至善至智的天意，不谈宇宙的和谐，而是直截了当地指出，在人类悲苦的历史过程和大自然的残酷无情中，潜伏着这样一种根本缺陷：创世的意志具有盲目性。在我儿时的观察中，这一点不仅在因病而奄奄一息的鱼儿、患疥癣的狐狸、冻坏或饿坏的鸟儿身上得到了实证，而且在开满鲜花的草坪之下隐藏的惨状中也得到了证明：蚯蚓被蚂蚁折磨至死，昆虫相互撕成碎片，如此等等。我与人类的接触也教会了我不要轻信人本善良、人本正直的说法。凭我对自己的了解，我足以知道，我是渐渐地才与动物区别开来的。

叔本华将世界描绘得一片黯然，我完全赞成，但对他提出的解决办法却不敢苟同。我感到肯定的是，他所说的"意志"其实是指上帝，即造物主，也就是说，他觉得上帝是盲目的。我从经验中知道，上帝是不会为任何亵渎神明的行为而动怒的，相反，他还会鼓励这种行为，因为他不仅希望唤醒人们光明积极的一面，还希望唤醒人们阴暗邪恶的一面。因此，叔本华的观点并没对我造成困扰。我认为这是一个经实践证明了的结论。但他下面的理论却让我倍感失望：理性只需使这种盲目的意志直面其意象就能使其逆转过来。既然这种意志是盲目的，它又怎么会看得见这种意象？即便能看见，既然这意象能丝毫不差地表现其意愿，那这种意志又怎么会心悦诚服地逆转自己？而且，理性是什么？理性是人类灵魂的一种功能，它不是一整面镜子，而是一面镜子无限小的一小块碎片，如同一个小孩拿在手里对着太阳照，以为能把太阳照得头晕目眩一样。我感到大惑不解，叔本华竟然会满足于这样一个漏洞百出的答案。

在这种困惑的驱使下，我于是更加深入地研究叔本华，并对他与康德的关系越来越有印象。我也因此开始接触康德的作品，尤其是《纯粹理性批判》，这本书使我陷入了苦思冥想。我的努力没有白费，因为我认为，我在叔本华的体系中发现了根本缺陷。他犯了一个致命错误，因为他将形而上学的主张实体化了，而且还赋予了单单一个本体——即自在之物（Ding an sich）——以各种特殊的品质。 我从康德的认知论中认识了这一点，而且从这一点中，我获得了比叔本华对世界的"悲观"论更大的启发——如果还能更大的话。

这一哲学上的发展始于我十七岁那年，一直持续到我学医时期。 它给我的世界观和人生观带来了革命性的变化。 以前的我胆小怯懦，缺乏信任感，面容苍白消瘦，健康状况时好时坏，而现在，我开始对每一方面都表现出了极大的欲望。 我清楚自己想要什么，并努力去争取。 此外，我明显变得更易于接近，更爱谈天说笑了。 我发现，贫穷并非障碍，也远不能成为受苦受难的首要原因，富人家的孩子也并不比穷人家衣着褴褛的孩子更有优势。 一个人幸福不幸福，并不取决于口袋里零花钱的多少，而是有着更深层次的原因。 我交的朋友越来越多，也越来越要好。 我感到自己的脚跟更稳了，甚至能够鼓起勇气在公众场合发表自己的意见。 然而，我很快发现，这是一种我有理由后悔的误解，因为我不仅遭遇尴尬或冷嘲热讽，而且还遭到他们敌意的排挤。 我惊恐而又狼狈地发现，一些人将我视为吹牛大王，觉得我装模作样，满口假话。 以前说我是骗子的指责声又死灰复燃，尽管方式要温和一些。 这一次同样是因我写的一篇我所感兴趣的作文而起。 我一丝不苟地写好文章，煞费苦心地加以润色，不想却换来了令人心碎的结果。"这篇作文是荣格的，"老师说，"写得相当精彩，但如此草草地一气呵成，可见根本没花什么心思。 我告诉你，荣格，你这样敷衍生活，生活也会敷衍你。 生活需要认真对待，要有责任心，要拿出努力和拼劲。 看看 D 同学的作文，他没有你写的那样精彩，但是他老老实实地写，认认真真地写，他付出了努力。 这才是生活的成功之道。"

我感到没有第一次那样受伤，因为老师不知不觉中对我的文章还是印象深刻的，而且，他至少没有指责我抄袭。 我对他的谴责表示抗议，却被他驳了回来："《诗艺》中说过，最好的诗是看不出背后付出了多少心血的。 但对于你的文章，我不能这样去认为。 因为你的文章完全是草草地大笔一挥，没有花费任何心思。"我知道我的文章中颇有些不错的见解，但老师连谈都不屑于一谈。

这件事使我感到一丝苦涩，但比起同学们对我的怀疑来，这算不上什么严重的事情，因为他们的怀疑几乎迫使我回到了之前的孤立和抑郁中。 我绞尽脑汁，拼命思考我到底造了什么孽才招致了这样的污蔑。 我小心翼翼地打探，才得知他们对我投以鄙夷是因为我经常提及或暗示一些我不可能知道的事情。 比如，他们认为，我知道康德和叔本华，知道古生物学，是装出来的，因为这些东西学校里还没讲到过。 这一惊人的发现使我明白了，几乎所有这些十万火急的问题都与日常生活无关，而是和我的终极秘密一样，属于"上帝的世界"，因此最好避而不谈。

自此以后，在同学面前，我变得慎言慎语，对这些玄思奥想绝口不提。 而在我所认识的大人当中，我也没找到可以与之交流而不会被当作是吹牛大王和江湖骗子的。 最痛苦的事情莫过于，我努力阻止自己的内心分裂成两半，分裂成两个世界，却总是一再受挫。 事情一件一件地接踵而来，迫使我无法过上普通人的日常生活，而是进入了漫无边际的"上帝的世界"。

"上帝的世界"这样的表达在某些人听来可能显得感伤。 但我一点也不觉得感性。 所有超乎人类的事物——耀眼的光芒、黑暗的深渊、冷漠泰然的无限时空以及神秘古怪的非理性的偶然世界均属于"上帝的世界"。 对我而言，"上帝"就是一切——除"启迪性"之外的一切。

年岁越长，父母和其他人就越发频繁问我以后想从事什么。 对于这个问题，我尚未形成一个明确的想法。 我的兴趣将我引向了两个不同的方向。 我一方面被真理基于事实的科学强烈吸引，一方面又对有关比较宗教学的一切醉心不已。 在科学方面，我主要对动物学、古生物学和地质学感兴趣，在人文科学上则为希腊、罗马、埃及、史前考古所吸引。我那时当然不会意识到，我这主题多样性的选择与我内在的二元分裂性是多么相对应。科学吸引我的地方在于其具体事实及其历史背景，而比较宗教学吸引我的则在于精神方面的问题，这方面的问题哲学上也有涉及。我在科学上漏掉的是意义的因素，宗教学上漏掉的是经验主义的因素。科学在很大程度上满足了第一人格的需要，而人文或历史研究则为第二人格提供了有益的指导。

我在这两极之间左右为难，进退维谷，很长一段时间都无法作出抉择。我注意到，我的一位在巴塞尔的圣阿尔班教堂当牧师的舅舅，母亲娘家的一家之长，正轻轻地将我推向了神学。一次在餐桌上，他和他的一个儿子（他的儿子全是学神学的）讨论宗教上的一个话题，一旁的我听得如痴如醉，这被他看在了眼里。我想知道，会不会有这样的神学者，他们与大学里的高深学问联系紧密，因而知道得比父亲多一些。我从不认为他们的讨论与真正的体验有什么关系，与发生在我身上那样的经历当然也搭不上边。他们只单单讨论《圣经》中的故事，发表一些教条式的意见。这些讨论使我觉得浑身不舒服，因为关于这些奇人奇事的描述太多太多，几乎没有什么可信度了。

上高中那会，我每周四都可以到这位舅舅家吃午饭。我对他心怀感激，不仅仅因为他邀我共餐，还因为他给了我一个千载难逢的机会，让我时不时可以在他家餐桌上听一听大人之间理性的学术谈话。我发现，世上竟真有这样的学术讨论，这对我来说太美妙了，因为在我自己的家庭环境中，我从没听任何人聊起过学术性的话题。好几次，我试着和父亲认真地谈一谈，但他总是不耐烦，紧张地回避着我的话题，使我感到困惑不已。几年后我才明白，我可怜的父亲其实是不敢去想，因为他的内心充满了各种疑虑。他一味躲避自己，因而一直坚持着盲目的信仰。他不愿意将之作为一个恩典来接受，而非要"通过努力去争取"，拼死一搏去强迫它来到跟前。

舅舅和表兄们能够波澜不惊地谈论教父们的教条教规以及现代神学家们的各种观点。他们似乎安然于某种不证自明的世界秩序中,而在这样的秩序中,尼采这个名字是绝对不会出现的,而雅各布·布克哈特也只是勉为其难地表扬了一下。布克哈特是"自由主义者","一个自由过头的思想家",我猜他在永恒的事物秩序里站得有点偏了。我知道,舅舅从不怀疑我与神学之间的遥远距离,我终究令他失望了,这令我万分愧疚。我从来不敢将我的问题向他摆明,因为我心里太清楚,这么做会给我带来多少灾难性的后果。我不知道该怎么为自己辩解。而另一方面,第一人格很快抢得先机,我那点贫瘠的科学知识被当时的科学唯物主义彻底浸染了。一个是历史的见证,一个是身边明显无人能懂的康德的《纯粹理性批判》,科学只能备受牵制。这是因为,我那研究神学的舅舅和表兄们虽然也曾以赞赏的口吻提起过康德,但只是运用他的原理来诋毁与自己相左的观点而已,从来不会运用到自己的观点上。关于这一点,我也不发一言。

就这样,与舅舅一家坐下来吃饭越来越使我感到不适。由于我一向容易良心受谴,星期四对我来说成了黑色星期四。在这个社会和精神皆安稳自在的世界里,我反倒觉得越来越不自在了,但我又对时不时从中流淌出来的一两滴激发理性的甘露感到饥渴。我为自己的不诚实感到可耻。我只好对自己承认:"是的,你就是个骗子,人家对你一片好心,你却骗了他们,对他们撒了谎。他们生活在一个具有社会确定性和理性确定性的世界里,对贫穷一无所知,他们的宗教同时也是他们赖以为生的职业,他们完全没意识到,上帝自己会将一个人从他井然有序的精神世界中拽出来,使他陷入亵渎神明的境地。因此,这并不是他们的错。我无法向他们解释这些东西。这个臭名,我必须自己背负,并学会去承受。"遗憾的是,直到现在,我在这一方面仍然一无所成。

随着这一道德上的冲突越来越紧张,第二人格也变得越来越令人生疑，越来越令人讨厌。 我再也无法向自己隐瞒这一事实。我试着去压制第二人格，但也没有成功。 在学校里，在朋友面前，我可以忘掉他的存在；在学习科学的时候，他也会自行消失。 然而，一旦独自一人，无论在家中还是在村里，叔本华和康德又会卷土重来，随之而来的还有那宏伟的"上帝的世界"。 我的科学知识也构成了其中一部分，将这块巨大的画布涂满各种明艳的色彩和生动的人物。 这时，第一人格会带着对职业选择的顾虑退居到地平线以下——这段小插曲发生在十九世纪最后十年。然而，当我从好几个世纪的征途中归来，我身上会遗留着那些时代的东西。 我，或者说第一人格，就生活在这里，生活在当下，迟早都得对自己希望从事什么样的职业有一个明确的想法。

父亲和我进行了好几次严肃的谈话。 他说，我可以根据自己的喜好自由学习，但如果我想听从他的建议，那么他的建议便是：不要涉足神学。"你喜欢什么就做什么，只要不是神学。"他一再强调。 到这一刻，我和父亲之间已经达成了一种默契：某些问题上可以不必多说，直接开口或动手。 我经常能不上教堂就尽量不上，而且我也再没参加过任何圣餐仪式，父亲却从未因此责怪我。 我离教堂越远，就觉得越好受。 我唯一怀念的是那里的管风琴音乐和众赞歌，但绝对不是什么"宗教团体"。"宗教团体"这个词对我说来无任何意义，因为我觉得，经常上教堂的人比"世俗"之人更不像一个团体。 后者可能不如前者有德行，但他们感情自然，更善于交际，更开朗、热心、真诚，因而比前者要好得多。

我安慰父亲，向他保证我丝毫没有当神学者的欲望。 但我仍然在科学与人文之间迟疑不决。 两者对我均有着强烈的吸引力。我开始意识到，第二人格是没有其他安身之所的。 他在，我便超乎此时此地；他在，我便觉得自己是一个千眼宇宙中的一只眼睛，但是是一只动弹不得的眼睛，连地上的鹅卵石的运动都比它强。 第一人格对这种消极被动表示抗议，他想振作起来，想有所作为，却一时受困于一种不可解决的冲突之中。显然，我能做的只有耐心等候，静观其变。如果有人问起我想从事什么，我会一成不变地回答：文献学。但私底下，我指的其实是亚述考古学和古埃及考古学。然而，在现实生活中，我继续利用空余时间学习科学和哲学，特别是寒暑假，那些在家里与母亲和妹妹一起度过的日子。那些我跑到母亲身边抱怨说"好无聊，不知道干什么"的日子已经远去，假期现在成了一年中最美好的日子，因为我可以自娱自乐，享受独处的时光。而且，至少暑假里父亲是不在家的，因为每年的这个时候，他都会一如既往地到萨克森去度假。

我只有一次到外面度假的经历，那是我十四岁那年。按照医生的指示，我被送往恩特勒布赫进行疗养，希望我当时的间歇性食欲不振以及健康不稳定的情况能有所改善。那是我第一次单独与一群陌生大人在一起。我被安排住在天主教神父的家里。对我来说，这是一次怪异而又有趣的经历。我很少得见神父本人，而他的管家也说不上是令人害怕之人，只是待人唐突无礼。我在这里没遇到半点威胁性的事儿。我由一名老乡村医生监护，他经营着一家酒店式疗养院，可以疗养各种各样的病人，因而什么闲杂人等都有，农场工人啦，小官小吏啦，商贾啦，还有几个从巴塞尔来的颇有教养的人，其中有一名化学家，他已经功成名就，获得了博士学位。我父亲也是博士，但他只是文献学和语言学博士，而这位化学家对我来说却是新鲜的，令我非常着迷：这可是一位科学家，说不定他就是那些知道石头秘密的人呢。他年纪尚轻，还教我玩棒球。按理说，他的知识应该很渊博，但他什么也没教给我。而我太胆怯，太笨拙，知识太浅薄，不敢向他请教。我对他敬佩有加，将他视为首个我亲身遇到的领悟过大自然秘密或至少部分秘密的人。他与我一同吃饭，和我吃一样的饭菜，时不时还和我交谈几句。我感到自己步入了更庄严的成年世界中。这一社会地位的提升得到了证实，因为我被允许参加为寄宿人员安排的各种出游。我们参观了酿酒厂，受邀品尝了各种样酒。

这正应了文学上的一句诗：

> 而现在来了个解忧的；
> 可知,这东西就是美酒。

我发现这些样式不一的小酒杯非常容易使人兴奋。我飘飘然地,进入了一种全新的我从没想到过的意识状态中去了。再也没有什么里面外面,再也不存在"我"与"他人"。第一人格和第二人格不再出现,顾虑和胆怯也消失不见,天与地,宇宙及宇宙中爬走的、飞行的、旋转的、上升的、下降的所有一切,全都成了浑然一体。我醉了,成功地醉了,醉得丢人而又光荣。脚下的街道变得飘忽不定,房屋和树木也摇摇晃晃了起来。我似乎沉浸在一片极乐的沉思之海里,但由于波浪起伏过猛,不得不用眼睛和手脚依附住所有能依附的实物,以保持身体的平衡。"好极了。"我想,"可惜喝得有点过了。"虽然这一体验以相当糟糕的结局收场,但这仍然不失为一种发现,一种被我的愚蠢糟蹋了的美和意义的预兆。

疗养结束时,父亲来接我回去。我们一起去卢塞恩。在那里,我感到快乐极了！我们坐上了一艘汽船。我从没见过汽船这样的东西。一路上,我盯着运转的蒸汽机看,怎么也看不够。然后我突然听说,我们到维茨瑙了。只见村庄之上,一座巍峨的高峰高耸入云。这时,父亲解释说,那是瑞吉峰,山上铺设了一条齿轨铁路。我们来到了一个小小的车站前,那儿停着一个世界上最怪异的火车头,锅炉是竖着的,但倾斜成一个奇怪的角度,连车厢里的位置都是倾斜的。父亲往我手里塞了一张票,对我说："你自己开,可以一直开到山顶。我在这里等你。两个人太贵了。小心点,别摔下来了。"

我欣喜若狂,不能言语。此刻,我就站在这座高山的脚下,这座山比我见过的任何山都要高,而且与我遥远的童年所见的火红的山峰相差无几。 实际上，时至今日，我已差不多是个大人了。 为了这次出行，我给自己买了一根竹杖和一顶英伦骑师帽——适合周游世界的旅行者的饰物。 现在，我就要去攀登这座宏伟的高峰了！ 我已分不清我和大山之间到底谁大谁小。 奇妙的火车头喘着粗气，嘎吱嘎吱地摇晃着将我送上了云霄。 随着耳目一新的深渊和一览无余的景象在眼前展现，我终于登上了山顶。 我置身于稀薄得出奇的空气中，将目光投向那不可想象的远方。"是的，就是这里，"我想，"这就是我的世界，我真实的世界，我的秘密所在，这里没有老师，没有学校，没有不可回答的问题，在这里，人可以什么都不问而存在。"我小心地沿着小路前行，因为周围全是万丈深渊。 一切都庄严无比。 我认为，人登上了这里，就要恭恭敬敬，默不作声，因为他正身处上帝的世界。这里是实在的存在。 这是我父亲送给我的最好最珍贵的礼物。

这次经历给我留下的印象如此深刻，以至于我对上帝的世界里后来所发生的一切完全没了记忆。 但这次旅行中，第一人格也发挥了他的自我，他的种种感想一直伴随了我的余生。 我仍然能看见自己，一个长大了独立了的自己，戴着一顶硬挺的黑色帽子，手握一根价格不菲的手杖，坐在卢塞恩湖边的一间宫殿般气势恢宏的旅店的大露台上，或者在维茨瑙美丽的花园里，在洒满阳光的条纹色遮阳篷下的一张盖着雪白餐布的小桌上，喝着清晨咖啡，吃着羊角面包，面包上涂满了金黄的黄油和各种酱料，思考着以怎样的出行计划来充实这一整个长长的暑假。 喝完咖啡后，我会心平气和，没有激动，以从容不迫的步子行至一艘汽船前，让它带我到圣哥特，带我到那些冰川覆顶银光闪闪的大山脚下。

几十年来，每当我被过重的工作压得喘不过气来，想寻求一丝慰藉时，这样的意象就会浮现在我的脑海中。 现实生活中，我也一次又一次地对自己承诺，一定要体验一次这样的壮美，却总是一次又一次地失信于自己。

这是我第一次意识之旅，第二次发生在一两年之后。那时，我得到了允许，可以前去看望在萨克森度假的父亲。从父亲口中，我得知了这样的一个消息，令我印象很深：他和那里的天主教神父成了好友。在我看来，这是一种胆大包天的行为，我暗暗佩服父亲的勇气。在萨克森，我踏访了弗鲁利隐士院，参观了圣徒克劳斯故居。克劳斯已被追封为真福者。我想知道，天主教徒们怎么知道克劳斯是真福状态了呢？会不会他还在四处飘荡，告诉人们他现在是真福状态？这位当地的守护神给我留下了极其深刻的印象。我能够想象生命如此毫无保留地奉献给上帝的可能性，我甚至能够对此表示理解，但我心里打了一个寒颤，一个我无法回答的问题出现了：他的妻儿怎么忍受得了自己的丈夫或父亲是一个圣徒呢？我父亲之所以特别令我爱戴，正是因为他的各种缺点和不足啊。"是的，"我想，"谁能和一个圣人生活在一起呢。"显然，他自己也发现这是不可能的，所以他才去当了一名隐士。尽管如此，他的隐修小屋离他家并不十分遥远。我觉得这个主意不坏，家人住一处，而我住在离家远一点的小屋子中，一堆书本，一张书桌，一堆篝火，可供我烤些栗子，或支个三脚炉煮些汤。作为一名圣隐，我再也不用上教堂了，而是会有我自己的私人礼拜堂。

从隐士院出来，我漫步上小山坡，陷入了沉思之中。正当我转身下坡时，我的左边出现了一个纤瘦的身影。那是一名年轻的姑娘，她穿着当地的服饰，脸蛋儿相当精致。她以眼神问好，蓝色的眼睛里闪耀着友好的光芒。我们一起向山谷下走去，似乎这是世界上最自然不过的事情。她与我年纪相仿，由于我除了自己的表姐堂姐之外，从未认识过其他女孩，因而感到非常局促，不知道该聊什么好。于是，我开始结结巴巴地解释说，我来这儿度几天假，我在巴塞尔的文理高中上学，迟点想去读大学。这样说着时，一种奇怪的命中注定感油然而生。"她恰恰出现在这一刻，"我心里想，"并且很自然地与我走到一起，仿佛我们是一对儿。"我斜眼偷看了她一眼，发现她脸上带着一种既羞怯又羡慕的复杂表情。我窘迫起来，有一种触电般的感觉。我想，这会不会是命中注定的呢？难道我与她的相遇仅仅是偶然？这是位乡下的姑娘——这有可能吗？她是天主教徒，但也许她的牧师就是与父亲成为好朋友的那位神父呢？人家并不认识我，我当然不能和她聊叔本华以及意志的否定，对吧？可她怎么看也不像是坏人啊。也许，她的牧师并不是那些一身黑袍行踪诡秘的耶稣会会士。但我也不能告诉她我父亲是新教的牧师。这会吓着她，或冒犯了她。此外，聊哲学，聊魔鬼，说魔鬼比浮士德重要多了，即使歌德将他描绘成了一个笨蛋——也根本不可能。人家还处在那个遥远的童真世界里，而我已一头扎进了现实，扎进了造物的瑰丽与残酷中。这样的话，她怎么会受得了呢？我们之间隔着一堵无法穿透的墙，根本没有也不可能会有什么关系。

我感到很失落，只好强压心头的想法，将谈话转到一些无关痛痒的话题上，比如问她是不是去萨克森，天气多好啊，景色真美等等。

从表面上看，这一次相遇似乎毫无意义，但在我心里，它却重似千斤，不仅一连几天萦绕在我脑海里，而且永远地保存在我的记忆之中，仿佛半路偶遇的一座圣殿。那时的我，还是一副小孩子心态，以为生活是由单一的、毫不相关的经历组成的。因为，谁能想到，命运的丝线竟会从圣徒克劳斯牵到这位美丽的姑娘身上呢。

这一时期，我的生活中充满了各种思想斗争。叔本华与基督教无法相互协调，这是一个方面；另一方面，第一人格也试图从第二人格的重压或抑郁中挣脱开来。这里并不是说第二人格感到忧郁，而是第一人格一想起第二人格就会感到郁郁寡欢。就在这时，由于相互对立面的冲突，我人生中第一次系统性幻想诞生了。它是一点一点地呈现出来的，并且是有据可循的。根据我的记忆，它源自我的一次经历，那次经历在我心里掀起了巨大的波澜。

一天，西北风从莱茵河面呼啸而过，掀起了泡沫似的波浪。我正沿着莱茵河走在上学的路上。突然，我看见一艘船从北面驶来，巨大的船帆在莱茵河上迎风飘扬。这在我的经历中完全是前所未有的——莱茵河上的一条帆船！我的想象力插上了翅膀。假设不只是这么一条水流湍急的河，而是整个阿尔萨斯都成了一个湖，那么我们会有各种帆船和大轮渡。这样的话，巴塞尔就成了一个港口，住在巴塞尔几乎等于生活在海边。这样一来，一切都会大为不同。我们会生活在另一个时间，另一个世界。我不用上文理高中，不用走很长的路去上学，我已经长大成人，能够随心所欲地安排自己的人生。湖中会有一座石山崛起，一条窄窄的地峡将石山和陆地连通起来，陆地被一条宽阔的运河切断，河上架着一座小小的木桥。运河直通一道大门，门的两侧矗立着高塔，门后是一座小小的中世纪城市，建在四周的斜坡之上。岩石上矗立着一座戒备森严的城堡，城堡上有一个塔楼，那是瞭望塔。那是我的房子。房内并无高雅的大厅，也不见任何宏伟的迹象。房间都非常小，内镶板砖，布置简陋。其中有一间非常迷人的藏书室，你可以从中找到值得你去知道的一切。城堡里还收集了各种兵器，堡垒上还架上了重型火炮。此外，城堡有一支五十人的武装卫戍部队。这座小小的城镇有几百人口，由市长以及由几个元老组成的市议会治理。我自己是治安判官兼仲裁员兼顾问，偶尔才出来开庭审讯。朝陆地的那一面是城镇的一个港口，那里停靠着我的双桅纵帆船，船上装着几门小小的火炮。

整件事的中心及发生理由就在于塔楼上的秘密。这个秘密只有我自己知道。这个想法的出现如同电击般，这是因为，在塔楼内，有一根铜柱或粗铜线，有人的胳膊那么粗，从城垛一直伸到拱形地窖下，线的尽头开叉为无数细小的分支，像一棵开枝散叶的树，更像是一根倒置的无数细根伸向天空的主杆。这些分支从空气中吸收了某种无法想象的物质，并通过铜线导回地窖之中。

在地窖中，我也有一个同样无法想象的装置，那是一种实验室，我就在这实验室中，将铜线分支从空气中吸取的神秘物质变成黄金。 这的确是一个秘方，至于其中的实质，我没有也不愿去作任何设想。 我想象也并没涉及转变过程的实质，而是巧妙地而又有些紧张地绕开了实验室中到底发生什么这个问题。 这里有一种内部规定：不可作太深入的研究，不能问从空气中吸取的是什么物质。 正如歌德谈起母性时所说，"只消一提，就能使勇者退缩。"

"精神"对我说当然是不可言喻的东西，但实际上我觉得精神与非常稀薄的空气没什么本质区别。 那些被铜丝吸收并输送到铜柱里的物质是一种精神精华，这些精华进入地窖，炼成金子，就能为肉眼所见了。 这当然不只是魔术，这是大自然的一个极其重要的神圣的秘密。 至于这个秘密怎么来到我的身上，我不得而知，而且，我不仅要向议会的元老隐瞒，某种程度上，我还得向自己隐瞒。

上学放学那段无聊而漫长的路程开始缩短为一段快乐的旅程。 只要一出了学校，我就会进入到那座城堡之中，那里的构造正在整改，议会正在举行，作恶者被绳之以法，争执得到了调解，大炮正在轰击。 纵帆船的甲板已清理，船帆已经升起，船儿迎着柔柔的微风，小心地驶出港湾，然后从岩石背后驶出，掉头向西北方向径直驶去。 似乎才过了短短几分钟，我突然发现自己已回到家门前。 我从幻想中回过神来，如同从一辆不花力气就将我载回了家的马车中下了车。 这种快乐的神游持续了几个月后，我便心生厌倦了。 然后，我发现这样的幻想实在是愚蠢而又荒唐。 我不做白日梦了，而是开始用小石子筑城堡，筑各种防守巧妙的炮台，并用泥巴做迫击炮——许宁根要塞成了我的模型。 那时，这个要塞仍然保存完好。 我利用一切现有资料，学习了沃班大元帅的防御规划，很快对各种防御技巧了如指掌。 然后我又从沃班跳到现代防御手法，利用仅有的资源试着建造各种不同类型的模型。 我一有空就建造这些东西，就这样持续了两年有余。

这一期间，我对自然研究和具体实物的认知突飞猛进，这都是牺牲了第二人格换来的。

我觉得，自己对实际事物的了解如此之少，去想太多也没什么意义。幻想谁不会，但实际知识却是另一码事了。在父母的同意下，我订阅了一份科学杂志，读得津津有味。我在侏罗山上四处搜寻，收集着所有能找到的化石，所有到手的矿石，各种昆虫、猛犸骨以及人骨——猛犸骨是在莱茵兰平原的采石场中捡到的，而人骨是在许宁根附近的乱葬岗中捡来的，这个乱葬岗自1811年起就已存在。我对植物也很感兴趣，但不是科学意义上的兴趣。它们吸引我是由于某种我自己也不太明白的原因，我只是强烈地觉得，它们不应该这样被连根拔起，枯萎凋零。它们是生物，只有生长着盛开着才有意义——一种藏而不见的秘密意义，是上帝的一个想法。我们理应敬畏地看待植物，理应带着哲学上的惊叹去思考它们。生物学家对植物发表的言论虽然很有意思，但不是最根本的东西。而我自己又无法解释这种最根本的东西是什么。比如，植物与基督教、与上帝意志的否定之间是怎么联系在一起的？这种东西我是揣摩不出来的。植物显然也具有那种神圣的纯真状态，因此最好不要去打扰。比较起来，昆虫可以说是一种丧失了本性的植物，它们本来应该是用腿或长足爬行、用花瓣一样的翅膀飞翔、不停地啃食植物的鲜花和果实，但由于这些行为天理难容，它们遭到了大面积的灭杀，而金甲虫和毛毛虫在这场讨伐中首当其冲。我对"所有生物的同情"严格地限于温血动物。冷血的脊椎动物中，只有青蛙和蟾蜍是例外，因为它们与人类较为相似。

第三章　大学时期

尽管我对科学的兴趣与日俱增，但时不时地我又会回到我的哲学书籍中去。职业选择的问题正在步步逼近。我期待中学时代的结束，这样我就可以进入大学，学习——当然是学习自然科学。这样我就会知道一些真实的东西。然而，我才打定这样的主意，心头的疑虑便开始了。我不是很喜欢历史和哲学的么？于是，又一次，我对古埃及以及古巴比伦产生了强烈的兴趣，最希望自己成为一名考古学家。然而，我没有更多的钱到其他地方上学，只能留在巴塞尔，而巴塞尔又没有这一课题的导师。于是，这一计划很快泡汤。很长一段时间，我无法下定决心，总是一再地延迟决定。父亲心里万分焦急。他曾说："这孩子对一切可以想象的东西都感兴趣，但就是不知道自己想要什么。"我只得承认他所言不差。随着入学考试越来越近，我们必须得决定自己要报什么科目。我草草地选择了科学，但我身边的同学却满脸狐疑，不知道我真正想学的是自然科学还是人文科学。

这个决定看起来唐突，其实是有其背景原因的。几个星期之前，就在第一人格和第二人格为作出决定而相互较劲时，我做了两个梦。第一个梦是在莱茵河边的一大片漆黑的树林里。我来到一个小土丘前，那是一座古坟。我动手挖了起来。一会儿后，我挖出了一些史前动物的兽骨，令我大为震惊。这些兽骨引起了我极大的兴趣,那时我知道:我一定要认识自然,认识我们生活的世界以及身边的事物。

然后,我又做了第二个梦,梦里还是一片树林,树林里的河道纵横交错,在光线最暗的地方,我看见了一个圆形水潭,水潭四周长满了矮灌木林。 水潭中漂着一个奇怪的生物,它一半身子浸没在水中,那模样再奇妙不过了:一个圆滚滚的动物,身上微微泛着乳白色的光泽,全身由数不清的小细胞或者说状如触角那样的器官组成。 那是一只巨大的放射虫目动物,占地直径足有三英尺。 这个宏大的生灵竟然躺在这样一个隐蔽的地方,躺在这清澈的深水中,丝毫不受尘世的打扰,真是奇妙得无法形容。 它在我心里激起了一种强烈的求知欲。 就这样,我醒了过来,一颗心怦怦地跳个不停。 这两个梦使我义无反顾地作出了选择科学的决定,为我消除了心中所有的疑虑。

我开始懂得,在我所生活的这个时代,这个地方,一个人要自力更生才能立足于世。 要做到这一点,就要成为这样那样的人。 令我印象深刻的是,我周围所有同学都深谙此道,他们不会另作他想。 我觉得自己有点怪异。 我为什么不能打定主意,将自己投身于某种明确的东西上去? 即便那位被德语老师誉为勤恳尽责,要我向其学习的D同学,那么死读书的一个家伙,也明确了自己要学的是神学。 我知道,我必须得静下心来,好好地想通这个问题。 比方说,如果我报了动物学,那我只能成为一名中学教师,或顶多在动物园里当一名饲养员。 一个人再怎么胸无大志,从事这样的职业也是没前途的——当然,我情愿去动物园工作也不愿去学校教书。

我正左右为难时,忽然灵光一闪:我何不去学医呢? 奇怪的是,我以前从来没想过这一点,尽管我如雷贯耳的祖父就是个医生。 实际上,正是由于这样的原因,令我有点抗拒这个职业。"切切不可效仿他人"是我的座右铭。 但现在,我告诉自己,至少,学医首先要学的是各种科学课程,从这一点来说,我是在做自己想做的东西。再说，医学覆盖面如此之广，到时再专攻某一方面，也总是有可能的。我已经明确选择了科学，现在唯一的问题是：怎么去学？我必须自谋生计，而且我没钱到国外去上大学，去接受一些专门训练，使科学有希望成为我的职业。我顶多只能成为一个半吊子的科学家。另外，由于我性格的原因，我的很多同学以及那些算得上重要的人（即老师）都不大喜欢我，因此，找人赞助我完成心愿的希望也就落了空。所以，当我最终选定了医学，我心里感到十分不痛快，总觉得这样委曲求全去开启我的人生不是什么好事。不过，决定既已作出，又不能更改，我也就松了一口气。

于是，那个令人痛苦的问题出现了：上哪去弄这笔学费呢？父亲只能筹集到一部分。他替我申请了巴塞尔大学的贫困助学金，并且通过了申请，这让我感觉很丢脸。我感到丢脸倒不是因为我的家境在众人面前暴露无遗，而是因为我私底下相信，所有那些"高高在上"的人，那些"算得上重要"的人，肯定都对我没有好感。我从不奢望从他们那里得到这样的好处。我显然是得益于父亲的良好口碑，得益于他的心地善良，没有城府。而我觉得自己与他是完全不同的。实际上，我对自己有着两种不同的概念。在第一人格看来，我是一个难以相处、资质平庸的年轻小伙，拥有不切实际的理想，性情桀骜不驯，态度犹疑不决，一会天真得对什么都饱含热情，一会又孩子气地陷入阵阵失望，在本质深处是一名隐士，一名蒙昧主义者。另一方面，第二人格将第一人格看作是一项吃力不讨好的道德任务，一门不管怎样都得通过的课程。这门课程并不简单，各种缺点层出不穷：间或性的懒惰，心灰意冷，沮丧失望，盲目热衷于一些没有人在乎的想法和事情，容易沉浸在假想的友谊中，学识有限，流于偏见，愚蠢（在数学上！），对他人缺乏谅解，在哲学问题上含混不清。既不是虔诚的基督教教徒，也不是别的什么身份。第二人格根本没有明确的性格，他是一种生命完成时，集出生、生活、死亡等一切于一身，是生命的全部图景。 第二人格尽管非常了解自己，却无法透过第一人格这一厚厚的黑暗的媒介来表现自己，尽管他很渴望这么去做。 当第二人格占据主导时，第一人格会被包含其中，被抹去了痕迹，就如同反过来，第一人格将第二人格视为内心的黑暗一样。 第二人格觉得，关于他自己的任何可以想象的表达，都会像世界的边缘上扔出的一块石头，只会沉入无边无际的黑夜中，悄无声息。 但在他（第二人格）身上，光明是胜过一切的，就像皇宫里的一间宽敞的大殿，其窗扉高高开向一片洒满阳光的景致一样。 这里是意义和历史的延续，与第一人格的生活那不连贯的偶发性形成了强烈对比，因为第一人格对自己所处的环境并无真正的接触点。 另一方面，第二人格觉得自己与中世纪是暗中一致的，正如被浮士德所拟人化的那样，那种过去留下的痕迹显然触动了歌德的内心。 因此，歌德也觉得——这对我来说是一大慰藉——第二人格是一种真实。 现在，我颇为惊愕地意识到，《浮士德》对我的意义比我最爱的《圣约翰福音书》还要重要。《浮士德》中有一些东西对我的感觉产生了直接作用。《圣约翰福音书》中的基督在我看来有些奇怪，而其他福音书的救世主给我的感觉则更加怪异。 另一方面，浮士德是活生生的第二人格，我相信他就是歌德对他那个时代作出的回答。 这一洞见不仅慰藉了我，还增加了我内心的安定感，使我觉得自己回归了人类社会。 我不再离群索居，不再只是个怪胎，不再是残酷的大自然的玩物。 我的教父及权威就是伟大的歌德本人。

大约这时期，我做了一个梦，这个梦既使我感到害怕，又给予了我鼓舞。 梦境是在夜里，一个陌生的地方。 我冒着凛冽的寒风，举步维艰，步履迟缓。 四周大雾弥漫。 我双手环作杯状，小心罩着一盏小小的灯，因为它随时可能会熄灭。 一切皆取决于我能否保护好这盏小灯不熄灭。 突然，我感觉身后有什么东西跟了上来。 我回头一看，只见一个巨大的黑影在亦步亦趋地跟着。尽管我很害怕，但那时我意识到，不管发生什么危险，我必须保护好我的小灯,以走过狂风与黑夜。当我醒过来时,我立即意识到,那个黑影就是"布罗肯幽灵①"。那是我自己的影子,是被我手中那盏小小的灯投射在迷雾中形成的。我还知道,这盏灯就是我的意识,是我唯一拥有的一点光。我的理解是我唯一拥有的财富,是我最大的财富。尽管与黑夜的力量相比,这盏灯显得微不足道,弱不禁风,但它仍不失为一点光,我唯一的光。

这个梦给了我很大的启发。我现在终于知道,第一人格就是持灯者,而跟在后面如影随形的就是第二人格。我的任务是保护好那盏灯,不要回头去看那个完成时态的生命,那里显然是不允许进入的另一种光的王国。我必须迎着劲风勇往直前,否则就会被刮回深不可测的黑暗世界中,只能知道背后隐藏着的事物的表面,其他一无所知。在扮演第一人格这个角色时,我必须一往无前——学习、赚钱,负起自己的责任,经历各种纠葛、混淆、错误、逆来顺受和挫折。阻止我前行的风暴就是时间,时间不断地流向过去,永不停歇,正如它永不停歇地追随着我们的脚步一样。它产生一股强大的吸力,贪婪地将所有活着的东西吸为己有,我们只有奋力向前,才能逃过一劫——但也只是一时的。过去是真实得可怕,真实地存在的,谁要是没能以满意的答案来保住自己的血肉之躯,谁就会被席卷而去。

我的世界观再次发生了九十度的转变。我清醒地意识到,我的道路正不可逆转地向外部延伸,进入了三维性的局限与黑暗之中。我觉得亚当当初肯定也是以这样的方式离开伊甸园的:伊甸园成了他的幽灵,而灯就是那块他必须辛勤耕作的满是石头的土地。

我问自己:"这个梦从何而来?"在此之前,我一直想当然地

---

① 布罗肯峰经常出现在传说中,并与女巫和魔鬼联系在一起。歌德将这些故事引入自己的作品《浮士德》中。布罗肯幽灵是这座神秘的山峰的常见现象,是由于登山者的阴影投射在雾上而营造出的怪诞的光学效果。

认为，这样的梦是上帝直接送来的。而现在，在吸收了这么多认知论之后，这种想法发生了动摇。你可能会说，我的见解长期以来一直在慢慢成熟，然后突然从梦中破茧而出。是的，情况的确如此。但这种解释只是在描述。真正的问题是，这个过程为什么会发生，为什么会闯进我的意识。我自己并没有有意识地去推动这样的发展，更何况，我的同情心并不在这一边。因此，一定有什么东西在幕后操纵，那是某种理智的东西，它至少比我本人理智。这是因为，从意识的角度看，内心的光之王国表现为一个巨大的黑影，这样的绝妙主意并非我自己想出来的。我立刻明白了很多之前无法解释的东西——特别是每当我辗转谈到能使人联想到内心世界的事情时，人们脸上所掠过的尴尬和疏远的冰冷阴影。

我必须将第二人格甩在身后，这一点我很清楚。但无论如何我不应对自己否认他的存在，或者宣称他是无效的。这么做无异于自残，更重要的是，这么做我会失去解释梦的来源的可能性。因为我心里毫不怀疑，第二人格与梦的产生是有一定关系的，我很容易会把这种必须的超级智力归功于他。然而，我觉得自己与第一人格越来越等同了，而事实证明，这种状态反过来只是第二人格的一部分，第二人格其实要比这全面得多。正由于这个原因，我再也没觉得自己与第二人格具有同一性。第二人格确实是个幽灵，一个把自己与这个黑暗世界对峙起来的幽灵。这是我在做这个梦之前所没有认识到的，而且即便在此时——我回来想起才敢肯定——我也只是依稀有点意识而已。不过，我的情感使我确凿无疑地知道了这一点。

不管怎么说，我与第二人格之间出现了分裂，结果是"我"被分配给了第一人格，并且在同一定程度上与第二人格分离了开来。可以说，第二人格由此而获得了自主人格。我并不会将此与任何特定的个性联系起来，尽管孤魂野鬼也可能有个性，这样的可能性对于农村出身的我来说并非怪事。在乡下，对于这样的事情，人们会视情况而定，可以信其有，也可以信其无。这一鬼魂具有的唯一特征便是他的历史特征，即他在时间上的延展性或者说他的不受时限性。当然，我并没有费如此多的口舌来告诉自己这些，也没对他的空间存在形成任何概念。他在我第一人格的背后扮演的是要素的角色，从未被明确地定义过，但却是确确实实地存在的。

孩子对于大人们所说的话，反应远不如对周围环境中那些捉摸不透的事物强烈。小孩会在不知不觉中适应这些事物，这样的适应在他身上产生了一种补偿性质的关联。我还很小很小的时候，便有了"宗教"这一概念，这是一种自发的产物，只能理解为我对父母所在环境及那个时代的精神的反应。父亲对宗教的怀疑——他后来不自觉地屈从了这些怀疑——要经历一个很长的酝酿期。这样一种对个人世界的颠覆，对整个世界的颠覆，在前方的道路上埋下了阴影，阴影持续时间越长，父亲的意识大脑就越是拼命地抵抗它们的力量。因此，父亲的不祥之感使他感到忐忑不安，后来又传导到我的身上，也就不足为奇。

我从不觉得这些影响来自母亲。她似乎扎根于幽深的看不见的根基，尽管我从来不觉得这是她对基督教信仰的坚定。对我来说，这与动物、树林、高山、草原、流水这些与她基督教信徒的外表以及她传统的信仰主张格格不入的东西似乎有着某种关系。这一根基与我自己的看法非常吻合，因而不会引起我的任何不安，反倒让我有一种安心的感觉，使我相信这里就是一方坚实的土地，可供我立足其上。我从不觉得这一根基有多么"异教"。那时，父母的传统与我无意识受刺激而产生的奇怪的补充性事物发生了冲突，是母亲的第二人格向我提供了最有力的支持。

现在回想起来，我才发现，我童年的成长中预示了多少未来的事情，为找到适应父亲宗教上的堕落，适应我们今天所看见的关于这个世界的零碎启示的方式做了多少铺垫——这种启示并不是一天一天形成的，而是很早就提前埋下了各种阴影。 虽然我们人类拥有自己的个人生活，但我们很大程度上只是一种以世纪为单位的集体精神的代表，是这种集体精神的牺牲者和推动者。 我们可能终其一生都在认为，我们是跟着自己的感觉走的，殊不知，我们很大程度上只是世界这个大剧院的舞台上的小小配角而已。 这些因素尽管不会为我们所知，却影响了我们的生活，而无意识中的因素则影响更甚。 因此，我们的存在至少有一部分是生活在多个世纪之中的——为了个人使用起见，我将这部分命名为"第二人格"。 第二人格并非个人附属品，这在西方的宗教中得到了证实。 西方的宗教明确致力于研究这一内在之人，两千多年来一直在不懈努力，力求通过人格的先入为主，将其带到我们表层意识中来为我们所认识："不必出去，真理就藏于内在之人中。"

1892年至1894年期间，我和父亲进行过多次激烈的讨论。 父亲曾在哥根廷学习东方语言，并以阿拉伯语版的《所罗门之歌》为蓝本完成了他的学位论文。 他的光辉岁月随着最后一次考试而画上了句点。 从那以后，他忘记了自己的语言天赋。 当上乡村牧师的他陷入了一种多愁善感的理想主义中，对自己辉煌的学生时代无法释怀。 他一直抽学生时抽的长柄烟斗，并沮丧地发现婚姻根本不是自己想象的那么回事。 他一生行善无数——多得过了头——因而总是动不动就发火。 父亲和母亲都竭尽全力，力求虔诚地过日子，却总是时不时就怒目相向。 这些艰难困苦后来粉碎了父亲的信仰，也就不难理解。

那时，父亲的脾气和不满一日甚于一日，这一情况引起了我的担忧。 母亲尽量避免刺激他，尽量不和他争吵。 尽管我知道这是最明智的做法，但我经常按捺不住自己的脾气。 他大发脾气时，我会按兵不动，但当他心情好了点，看似可以接近时，我有时会试着和他搭搭讪，希望能了解他内心的想法以及他对自己的理解。我心里很明白,一定是有什么具体的东西在折磨着他,我怀疑与他的信仰有关。从他无意间透露的许多暗示中,我相信他是因为宗教上的怀疑而痛苦。我觉得,如果必须的体验没在他身上出现过的话,那情况必定是这样了。从我试图展开的讨论中,我发现这一类东西实际上是缺失的,因为不管我问什么,他总是千篇一律给予一个了无生气的神学上的回答,或者无奈地耸耸肩,使我产生了矛盾的心理。我不明白,他为什么不好好抓住这些机会,直面自己的处境。我发现,我那些批判性的问题让他很难过,但我希望我们之间能有一次建设性的谈话,因为我觉得,他竟然从来没经历过上帝的体验,这几乎是难以想象的,上帝的体验可是所有体验中最明显的体验。以我对认识论的了解,我足以意识到,这样的认知是不可证明的,但我也同样知道,如夕阳的美好,黑夜的可怖一样,这是不需要证明的。我笨嘴笨舌,想方设法向他表明这些显而易见的事实,希望能助他一臂之力。命运既已不可避免地降临于他,他就应该承受这样的命运。他必须找人大吵一架,于是他和自己的家人吵,和自己吵。他为什么不找上帝干一仗呢?上帝才是一切造物的黑暗作者,是他一手造成了世间的苦难。上帝肯定会以回答的方式,让他做那些极其深奥的神奇的梦,那些他不闻不问就降临在我身上并由此决定了我的命运的梦。我不知道原因,反正就是这样。是的,上帝还让我窥探了一下他本尊。这是一个伟大的秘密,我不敢也不能向父亲透露。如果他能够领会对上帝的直接体验,我还有可能会坦白告之。但我和他谈话从来没能进行到这一步,甚至从来没进入过这个问题的范围,因为我总是以非精神性和理性的方式开始这个问题,尽可能避免任何感情方面的东西。每次,这种方法都像公牛前面摆红布,一不小心就惹得他大发雷霆,令我百思不得其解。我不明白,一个合情合理的论点,怎么会遭到如此激动的抗拒。

这些毫无结果的讨论把我和父亲惹得一肚子火。最后我们不得不就此罢休,各怀各的自卑感而去。神学疏远了我和父亲之间的距离。我感到自己再次遭到了重大的挫败，尽管我能感觉到，受挫的不只我一人。我有一种隐隐约约的预感，觉得无路可逃的父亲正向命运妥协。他形单影只，没有什么朋友可以谈心，至少我们认识的人当中，没有谁可以信得过，可以说些话帮帮他的。有一次，我听见他在祈祷。他在为坚持自己的信仰而作绝望的挣扎。我顿时震惊不已，因为我可以看出，他是如何绝望地受困于教会及其神学思想中的。这些东西切断了能够直接接触上帝的一切通道，然后又背信弃义地抛弃了他。现在，我明白我早年那次体验的深刻意义了：上帝自己也拒不承认神学以及建立在神学基础上的教会。另一方面，上帝又对神学表示宽恕，正如他对别的很多东西表示出宽恕一样。如果说是人类造就了这样的发展，我又觉得太荒唐。人到底是什么东西？"人和小狗一样，天生又聋又瞎。"我想，"而且，人和上帝所创造的所有生物一样，只具备一点点微弱的光，根本不足以照亮黑暗中摸索前进的道路。"我同样可以肯定，我所知道的神学家中，没有谁曾经见过"黑暗中闪烁的光芒"，因为如果当真见过的话，他们就再也无法传授"神学性宗教"了。这种宗教在我看来是不充分的，因为我们什么也不能做，只能绝望地去相信。这就是父亲曾经勇敢地去尝试的事情。他已经触礁搁浅。甚至，在面对精神病学家荒谬的唯物主义时，他都没能为自己作任何辩解。和神学一样，唯物主义也是一种只能相信的东西，只不过是在相反的意义上罢了。我越发相信，这两者都是缺乏认知上的批判与实践的。

显然，父亲耿耿于怀的是这样的事：精神病学家在人的大脑中发现了某种东西，证明意志本应在的地方只是物质，并没有什么"精神"的东西。我这么说是因为，父亲曾经告诫过我，如果我学医，绝不要成为一名唯物主义者。在我看来，这句警言意味着我什么也不能相信，因为我知道，与神学家笃信神学上的定义一样，唯物主义者笃信的是自己的定义，可怜的父亲真是才出虎口，又入狼窝。我意识到，他的这一著名的信仰对他开了这个致命的玩笑,而且,不仅父亲如此,我所知道的大多数有教养的严肃的人士都被开了这个玩笑。在我看来,信仰最主要的罪孽就在于它抢在经验之前。神学家们是如何知道,上帝故意安排了一些事情,"默许"了另一些事情?精神病学家又怎么知道物质被赋予了人类意志的特性?我还不用向唯物主义低头,但父亲无疑已经四面楚歌。显然,有谁曾在父亲耳边说过什么"联想"的话,因为我发现他在阅读伯恩海姆译的西格蒙德·弗洛伊德关于联想的那本书①。这是一个意义重大的新的开始,因为除了小说和一本偶尔翻读的游记之外,之前从没见父亲阅读过其他方面的任何书籍。所有"聪明"的、有趣的书都是他的禁忌。然而,阅读精神病学的书籍并没使他开心起来。他的郁郁寡欢越来越频繁,越来越严重,他也越来越疑心自己患了病。好些年来,他一直称自己腹部这里不适那里不适,但医生却检查不出任何确切的毛病。然后他又说,他感觉自己"腹部有结石"。很长一段时间,我们都没将此事放在心上。然而,到了最后,医生开始怀疑起来。这时是1895年夏末。

这年春天,我开始了在巴塞尔大学的学习。我人生中唯一令我厌倦的时光——在文理高中上学的日子——终于结束了。各种学科和学术自由向我打开了金碧辉煌的大门。现在,我将会听到有关大自然的真实,至少也能听到大自然最本质的方面。我将会学到所有需要知道的人体结构及生理机能的知识,将会掌握有关疾病的学问。除此之外,我还加入了父亲曾经所属的一个穿红戴绿的大学生联谊会。大一刚开始时,父亲还来参加了我们的联谊活动,我们一起去马克伽芬镇的一个葡萄种植村,在那里,父亲发表了一次即兴讲话。我高兴地发现,他学生时代的快活状态又回来了。我刹那间意识到,原来,大学一毕业,父亲的人生便也戛然而止。学生时代的一段歌谣于是在耳边响起:

---

① 《联想及其治疗作用》(1888年莱比锡和维也纳出版)。——原注

他们垂头低眉,齐齐回归平庸之地
天哪,天哪,天哪
怎会如此沧海桑田,物是人非!

　　这些歌词沉重地砸在我的灵魂上。 曾经,父亲也是一名热血沸腾的大一新生,一如现在的我一样;世界也曾向他敞开胸怀,一如我所在的世界一样;知识的宝藏也曾在他面前无限地展现,一如我面前所展现的一样。 这一切怎地就枯萎凋零,变成了心酸与苦闷? 我没找到答案,或者说找到了太多答案。 那个他就着酒兴发表讲话的夏天傍晚是他最后一次机会,让他得以复活记忆,回到从前,回到从前那个他所应该成为的样子。 此后不久,他病情恶化。 1895年深秋,他病倒在床,再也没能起来。 1896年初,他便撒手人寰。

　　那天,我在课后回了趟家,询问父亲的病情。"唉,还是老样子。 他身子很弱。"母亲说。 父亲在母亲耳边轻轻地说了些什么。 母亲一边复述,一边以眼神示意我他已神志不清。"你父亲问你通过州考了没有。"她说。 我知道自己必须撒谎。"过了,顺利通过了。"父亲舒了口气,闭上了眼睛。 过了一小会,我又进去看他。 母亲到隔壁房忙活去了,他自己一个人躺着。 他喉咙里发出低低的喉鸣,我知道他正处于濒死的痛苦之中。 我站在床边,出神地看着他。 我之前从没见过人死。 突然,他停止了呼吸。 我等啊等,等他再度呼吸。 但他再也没有了呼吸。 这时我想到了母亲,于是跑到隔壁房,发现她正坐在窗边打毛衣。"他快死了。"我说。 母亲随我一同来到床前,发现父亲已经死去。 母亲说:"太快了,一切就这么过去了。"语气似乎颇为惊奇。

　　接下来的日子是惨淡而悲痛的。 这些日子给我留下的印象不多。 有一次,母亲用她的"第二"声音对着我,或者说对着周围的空气,说了这么一句话:"他为了你及时死去的。"意思似乎是说，"你们互不了解，他的存在会妨碍了你。"在我看来，这一看法正吻合了母亲的第二人格。

"为了你"这几个字狠狠地击痛了我。我感觉到，那些旧时光如今已经无可挽留地走到了尽头。与此同时，一丝男子气和自由在心中觉醒。父亲去世后，我搬进他的房间，取代了他在家中的位置。比如，我必须一周一周地拿钱给母亲作家用，因为她不会节俭，也不懂得理财。

去世六个星期后，父亲出现在了我的梦中。他突然站在我面前，告诉我他要度假回来了。他身体康复得很好，现在就要回家了。我以为他会生我的气，因为我住进了他的房间。可他一点也不生气！尽管如此，我还是觉得心中有愧，因为我想象他去世了。两天过后，我又做了同样的梦。父亲康复了，要回来了，我还是很自责，因为我以为他死了。后来，我一直问自己："父亲在梦里回来了，他看起来如此逼真，这意味着什么？"这是一次我一直无法忘怀的体验。它迫使我开始思考人死后的问题。

父亲一去世，关于我如何继续学业的问题也随之出现。母亲的一些亲戚认为，我应该到一家商铺谋一份小职员的差事，这样才能尽快地挣到钱。母亲最小的弟弟表示愿意帮她一把，因为她到手的那点钱几乎不足以维持生计。而父亲这边的一位叔叔则向我伸出了援助之手。到我读完大学时，我欠了他三千法郎。剩下的钱，由我自己当助教以及帮助一名年老的大婶处置她收集的一小堆古玩补上。我一件一件地高价出售这些古玩，获得了一笔非常可观的收入提成。

我永远不会忘记这段穷困潦倒的岁月。贫穷教会了一个人怎样去珍惜简单的东西。我仍然记得有人送我一盒雪茄时，我如获至宝的心情。这盒雪茄我抽了整整一年，因为每到星期天我才允许自己抽一根。

大学时光是美好的。这里的一切都充满了学术气息。而且，大学还是建立友谊的大好时机。在联谊会会议上，我以神学和心理学为话题做了几次报告。我们进行了很多热烈的讨论,而且不仅仅限于医学上的问题。我们讨论叔本华,讨论康德,我们都知道西塞罗的文体细节,我们都对神学和哲学充满兴趣。

大学期间,我获得了不少有关宗教问题的启发。在家里,我有幸能与一名神学家进行交流,他曾经是父亲所在教区的主持。他之所以与众不同,不仅在于他惊人的食量,使我一比之下相形见绌,还在于他渊博的知识。我从他身上学到了许多关于教会神父以及教条的历史的知识。他还向我介绍了新教神学的新的方面。当时,里切尔的神学理论风靡一时。他的历史相对论使我感到气愤,特别是他拿火车作的那个比喻①。在联谊会里,我曾和神学系的学生进行过讨论,发现他们似乎都满足于基督的人生所产生的历史影响这一理论。在我眼里,这种观点不仅愚蠢,而且完全没有生气。我也无法认同那种倾向于将基督推到前面,使他成为上帝和人类这出戏中唯一的决定性人物的观点。在我看来,这绝对有悖基督本人的想法:圣灵,即生他的人,会在他死后取代他在人类中的位置。

我认为,圣灵是那个不可想象的神的一种体现。圣灵的作用不仅庄严神圣,而且带有几分怪异甚至可疑的特性,这种特性是耶和华的行为所特有的。我天真地将耶和华与上帝的基督形象等同了起来,因为我的坚信礼教导中就是这么教的(我这时仍未意识到,确切来讲,魔鬼与基督教是同时诞生的)。对我来说,耶稣毫无疑问是一个人,因此是个会犯错的人物,要不然就只是圣灵的传话筒。这种极其不正统的观点,与神学上的那个观点相去甚远,自然让人完全不能理解。我对此感到失望,渐渐地也就变得漠然,听之任之了。我由此坚定了我心中的信念:在宗教问题

---

① 阿尔布雷特·里切尔(1822—1889)把基督的到来比作一列火车。位于火车尾部的引擎发动后,动力会顺着整列火车传至前面,于是最前面的车厢得以开动。同理,基督所给予的动力也是一代传一代的。——原注

上，体验才是硬道理。

　　大一那年，我发现，科学虽然将我们引向了浩瀚的知识海洋，却很少向我们提供真正的见解，所提供的这些见解大体上都是专业化的性质。我从哲学阅读中知道，是精神的存在导致了这样的情形。没有精神，就不会有什么知识和见解。然而，关于精神，从来没有人提过只言片语。不管在哪里，精神的存在都被默认为理所当然。即便有人提起了精神——如C.G.凯鲁斯就曾提起过——也不会对其有什么真正的了解，他们有的只是一些哲学上的胡猜乱测，猜完了这种猜那种。对于这样的奇怪猜想，我无法弄清头来尾去。

　　然而，第二学期结束时，我又有了新发现，这个发现对我产生了巨大的影响。在一位同学的父亲的藏书室中，我找到了一本描写精神现象的小书，这是一本七十年代的出版物。书中叙述了唯灵论的起源，作者是一名神学者。我当初的疑虑很快烟消云散，因为我发现，书中描述的现象与我自幼在乡下多次听到的故事基本一致。这一资料毫无疑问是真实的。至于这些故事是不是真有其事，书中并没提供令我满意的答案。但可以确定的是，同样的故事，在世界各个地方各个年代都有重复记载。这一定会有什么原因，而且原因不可能是各地宗教思想的千篇一律，因为很明显，各地的宗教并不一样。相反，这一定与人类精神的客观行为有关。然而，关于精神的客观性这个重大问题，除了哲学家所说的之外，根本找不到任何资料。

　　唯灵论者的言论尽管看起来古里古怪，令人生疑，却是我读到的有关客观精神现象的首本著作。一些人的名字如策尔纳、克鲁克斯等等给我留下了深刻的印象。我几乎读遍了这方面所有到手的文献。我自然也向伙伴们提起过这些事，但令我始料不及的是，他们竟然嗤之以鼻，根本不相信，或者紧张兮兮地予以回避。我感到很纳闷，他们一方面把握十足，声称鬼魂以及桌灵转①之事绝无可能，肯定是有人背后搞鬼，而另一方面，在他们的满怀戒备中，又明显表现出一种紧张。我自己也不敢确定这些言论就一定可靠，但我到底觉得，这世上为什么不能有鬼？我们怎么就知道一些事情"没有可能"呢？别的不说，他们的紧张又是什么意思？我倒宁可信其有，我觉得这其中趣味无穷，引人入胜。这样的可能性为我的人生增添了另一个维度，世界在我眼里变得有深度，有城府。比如，梦会不会与鬼魂有关？康德的《通灵者之梦》恰好在此时出现，我也很快发现了卡尔·杜普蕾，他从哲学和心理学的角度评价了这些鬼神之说。我还发现了艾先梅耶、帕萨旺、尤斯蒂努斯·科纳、格雷斯等人，甚至还拜读了斯威登堡的七卷巨著。

对于我的这一兴趣，除母亲的第二人格全力支持之外，其他我认识的人无不明确表示反对。在此之前，我所遇不过是传统观点的砖墙，而现在，我却碰上了人们偏见的钢壁。他们绝对无法对有悖传统的可能性点头称是，就连我最好的朋友也不例外。在他们眼里，我对鬼魂感兴趣比我痴迷于神学要糟糕得多。我感到自己被推向了世界的边缘，所有令我热血沸腾的一切，不仅在他人眼中空洞无物，甚至还引起了他们的恐惧。

他们恐惧什么？我找不到任何解释。这毕竟不是什么荒唐绝伦惊世骇俗的思想，只不过是一些事件可能超越了时间空间和因果关系的有限范畴而已。动物就能够事先感知风暴和地震的到来，这是众所周知的。梦能够预见某些人的死亡，钟会在人死的那一刻停止，玻璃会在紧要关头碎裂。所有的这些，在我童年所处的世界里，都是见怪不怪的。而现在，我明显成了唯一一个曾有耳闻的人。我很认真地问自己，我到底闯入了一个怎样的世界。生活在城里的人，对我们乡下的世界，对那个有着山峰、森林、河流、动物以及"神的思想"（植物和石英）的真实世界，显

---

① 指关亡术，一种通过桌子的非人力转动来表示亡人显灵的手法。

然是一无所知的。这一解释使我宽慰了不少。它至少撑起了我的自尊心，因为我发现，城市人在学识上丰裕，精神上却相当匮乏。懂得这一点反倒成了一种危险，因为它使我不时变得目中无人，胡作批评，寻衅滋事，导致大家都不喜欢我。最后，我又回到了多虑、自卑、沮丧的老毛病中——这样的恶性循环，我决心要不惜一切代价将其打破。我再也不要当遗世独立、受人非议的怪人。

上完解剖学基础后，我成为了一名解剖学助教。到第二个学期，示范教师让我负责组织学的课程——这自然很合我意。我的兴趣主要在于进化论和比较解剖学，此外，我还熟知了新生机论学说。最使我入迷的是广义上的形态学观点。这是与生理学正好相反的一门学科。我异常讨厌生理学，因为这门课程涉及活体解剖，而解剖的目的仅仅是为了示范。我无法不觉得，温血动物是我们的同类，而不仅仅是具有脑力的自动物。因此，一有机会，我就会逃掉解剖示范课。我也知道，他们不得不拿动物来做实验，但这样的实验示范未免太凶残、太野蛮了，完全没有这个必要。对我来说，只需描述一下，我就足以想象出各个示范步骤。我对动物的同情并非源于叔本华哲学的那种佛教式的装点，而是基于一种更为深刻的基础——心灵的原始意向，即无意识状态下与动物的等同。当然，那时的我对这一重要的精神现象还浑然不觉。由于我对生理学无比反感，这一学科的成绩也就好不到哪里去。还好，总算勉强通过了。

接下来的学期是学习临床医学。我忙得不可开交，鲜有空余时间涉足其他与此无关的领域。只有在礼拜天，我才得以研究一下康德。我还孜孜不倦地阅读了艾德华·凡·哈特曼的作品。尼采也曾在我的书单中出现过一段时间，但我一直犹豫着没有展开阅读，因为我还没做好充分准备。那时，哲学系那些据说很有能力的学生对尼采进行过很多讨论，而且基本持否定态度。我从这当中可以推断出，尼采在高等学者中引起了多少敌意。这些反对声中，最高权威当属雅各布·布克哈特，他对尼采的各种批判广为流传。 学校里还有这么一些人，自恃与尼采本人有过接触，到处制造各种流言蜚语。 他们很多人根本没读过尼采的只言片语，于是便不厌其详地对他的外在缺点进行攻击，比如他的绅士架势、他弹钢琴的方式、他浮夸的文风——这些特征把当时巴塞尔的贵人们得罪了。 我当然不是因为他的这些特征才迟迟没拜读他的大作——相反，正是这些特征，使我恨不得一读为快。 然而，一种莫名的恐惧阻止了我，我害怕自己可能会像他，至少在"秘密"上像他，因为他也曾因拥有秘密而与周围的环境格格不入。 也许——谁知道呢——他也曾经历过内心的体验，也曾顿悟过什么，他也曾试图诉与人听，却遗憾地发现无人能懂。 显然，他就是一个行为古怪、被命运玩弄之人——至少在世人眼里如此。 我无论如何也不想成为这样的人。 我害怕被迫承认自己其实也是一个这样的异类。 当然，人家是教授，笔耕过多少巨著，才达到这样的难以想象的高度。 但他和我一样，也是牧师的儿子，只不过他出生在德国，那里国土广袤，一直延伸至海边，而我不过是个瑞士人，诞生于瑞士边境上的小村落中的一所简陋的牧师宅邸里。 他讲的是优美的标准德语，会拉丁文和希腊语，也许还会法语、意大利语和西班牙语。 而我确凿地掌握的只有韦吉斯-巴塞尔方言。 他拥有得天独厚的优势，即便有些古怪也并不碍事，而我却不能如此。 我一定不能让自己看出我在多大程度上与他相似。

尽管惴惴不安，却又难忍心中奇痒，最后我决定放手一读。《不合时宜的沉思》是我所读的第一本他的书。 我热情高涨，忘乎所以，没多久就读到了《查拉图斯特拉如是说》。 和歌德的《浮士德》一样，这本书也是我的一个极佳的体验。 查拉图斯特拉就是尼采的浮士德，即他的第二人格。 现在，我把我的第二人格与查拉图斯特拉对应了起来——虽然这颇有将一座小丘与勃朗峰相提并论之嫌。 查拉图斯特拉毫无疑问是病态的。 难道我的第二人格也是病态的吗？ 这样的可能性使我觉得恐惧，尽管我一直不愿承认，但这个想法总是不合时宜地一再出现，把我吓得冷汗直冒，最后我只得进行自我反省：尼采很晚才发现自己的第二人格，那时他已年过半百，而我自小便知道了我的第二人格；尼采天真地无所顾忌地讲述着这种不可言状的 arrheton[①]、叫不出名字的东西，仿佛这是情理之中的事情，而我却及时意识到了这样做只会招来麻烦。 他才华横溢，还很年轻时就可以到巴塞尔来当教授了，从不怀疑自己前方的路。 他如此杰出，应该能及时意识到有些地方并不对头。 我认为，这就是他病态的误解：他无所畏惧、无所戒备地将自己的第二人格松了绑，丝毫不顾这个世界对此不知情也不理解。 他天真地希望寻找这样的人，能够分享他的狂喜，能够领会他"重新评估一切价值"的思想。 但他只找到了一些受过教育的凡夫俗子——令人既悲又喜的是，他自己正是这样的一个人。 和其他受过教育的凡夫俗子一样，当他一头栽进那无以描述的奥秘中，想要对麻木不仁的、无可救药的大众纵情高歌时，他其实也并不理解自己。 这就是为什么他的作品中出口狂言，暗喻成堆，基调如赞美诗般欢快——只为引起世人的注意。可惜世人已将灵魂出卖，换取了大量互不相连的事实。 于是，他坠入了——他自诩是一名走钢丝者——远非他能应付的深渊之中。他不知道该如何立足于世，所以他如同着了魔般，与其打交道时必须万分小心方可。 在我的朋友和熟人中，我只知道两个人公开表示过自己是尼采的追随者。 这两人都是同性恋，其中一个自杀身亡，另一个本是人才，却不被知遇，最终也零落成泥。 至于其余朋友，与其说他们对查拉图斯特拉现象惊得哑口无言，还不如说他们是不为所动。

浮士德为我打开了一扇门，而查拉图斯特拉却关上了另一扇窗。 后来很长一段时间里，这扇窗户都是紧紧关闭的。 我觉得

[①] 出自柏拉图的《费德罗》。

自己就像那个老农夫，发现自己有两头牛明显着了魔，便把它们的头套在同一个笼头里。"这是怎么回事？"他儿子问。"孩子，这种事情是不能说的。"这位父亲说。

我发现，与人交流时，除非交流对方所知，否则无以为继。天真的尼采并没意识到，与他人谈论他们所不知之事是怎样一种侮辱。他们只容忍作家、记者、诗人作出这种无情的行为。我开始明白，不论是一个全新的观点，还是一个旧观点不寻常的一面，都只能用事实来表达。事实是一直存在的，不会被扫到一边，早晚会有人遇见事实，知道自己发现的是什么。我意识到，我之所以诉之于人，仅仅是因为我想要更好的东西；我应该给出事实，却完全没有事实可以相告。我没有任何具体的东西在手。我发现自己越发变得经验主义了。我开始怪罪那些哲学家，是他们在实践不足时喋喋不休，在需要他们用事实回答时闭口不语。在这一点上，他们全都跟那些浅薄的神学家没什么两样。我觉得，有那么一段时间，我经过了一个满是钻石的山谷，但没有人相信我带回来的标本不只是一颗颗沙砾——甚至，在仔细察看后，我自己也开始不敢相信。

这一年是1898年。这时我开始更加认真地思考我的从医之路。我很快得出了结论，那就是我一定要有所专长。选择似乎有两个，要么是外科，要么是内科。我倾向于前者，因为我在解剖学方面接受过专门训练，而且我更喜欢病理学。如果我有足够的经济条件，我很可能会选择外科作为我的职业。一直以来，为了完成学业，我必须四处举债，这令我感到极度痛苦。我知道，期末考试结束后，我必须尽快开始打工挣钱。我曾想过去某个州立医院当一名助理，因为州立医院比诊所更有可能获得一份带薪的工作。而且，能不能进诊所很大程度上取决于院长是否支持或是否有兴趣。像我这样的名声，这样与人格格不入——这种经历实在太多了——我不敢有任何这方面的奢望。因此，我只好降而求其次，只求在当地的一家医院谋个差事即可。剩下的就看我个人努力，看我的能力和申请如何了。

然而，暑假期间发生了一件事，这件事注定会对我的一生造成深远的影响。一天，我正在自己房间做功课。隔壁房的房门半掩着，母亲正在里面打毛衣。那是我们家的饭厅，里面摆放着一张胡桃木圆形餐桌。餐桌是祖母结婚时的嫁妆，到这时已有七十年之老。母亲坐在窗边，离餐桌大概一码远。妹妹正在上学，女佣在厨房里烧饭。突然，房里传来"砰"一声，像是谁用手枪放了一枪。我猛地跳起来，迅速冲进传出声响的饭厅里。只见母亲正目瞪口呆地坐在扶手椅上，毛线已从手里滑落。"发……发生了什么事？"她结结巴巴地问道，"就是我旁边这里响的！"说完朝那张餐桌望去。我循着她的目光一看，马上明白了怎么回事。只见桌子从中间到边缘裂开了一条缝，但裂缝并非接合之处，而是硬生生地从结实的木板中破裂开去的。我惊愕极了。怎么会这样？一张干了七十年的胡桃实木桌子，怎么会无缘无故裂开了呢？如果是在寒冷干燥的冬天，桌子置于火炉旁边，自行裂开倒也可以理解，可现在是空气湿度相对较高的夏天啊。到底是什么原因导致了这样的崩裂？"一定有什么事情在作怪。"我想。母亲暗暗点了点头。"正是，正是。"她的第二人格说，"这一定意味着什么。"对于此事，我无法不放在心上，却又解释不出个所以然来，心里很是懊恼。

大约两个星期后，我傍晚六点回到家里，发现家里所有人——母亲，十四岁的妹妹以及女佣——全都神色慌张。原来，一个小时之前，家里又发生了一声震耳欲聋的巨响，但这一次并非源于那张已经裂开的桌子，而是从餐具柜的方向传来的，那是一件非常笨重的家具，自十九世纪初起就已经有了。他们整个柜子找了个遍，没发现任何裂痕。我立即动手，把餐具柜及周围的区域都检查了一遍，也都一无所获。然后我又从柜子里面去找，在盛放面包篮的食橱里找到了一条面包，面包旁边放着那把面包刀，刀刃大半已断裂成好几片，刀柄在矩形篮子的一个角里，另外三个角则各有一片刀刃。 这把刀下午四点喝茶时才用过不久，用完后就放了起来，之后也一直没有人到过餐具柜这里来。

第二天，我带着这把破裂的刀找到了镇上最好的刀匠。 他用放大镜检查了裂口，摇了摇头。"这把刀还非常结实。"他说，"钢质还是好的。 一定是有人把它一片一片地折了下来，比如把刀刃塞进抽屉的缝隙里，一次折断一片。 要不就是被人从很高的地方扔到了石头上。 但是，好的钢材是不会炸开的。 有人在和你开玩笑呢。"直到今天，我还小心地保存着这些刀片。

那时，母亲和妹妹正在房里，这一声轰然巨响把她俩吓了一跳。 母亲的第二人格意味深长地看着我，但我无话可说。 我的大脑一片茫然，无法解释所发生的一切。 更为恼人的是，我又不得不承认自己确实对此事难以释怀。 桌子为什么会裂，刀子为什么会碎？ 这是怎么发生的？ 说这是个巧合吧，似乎又太牵强。 假使莱茵河只发生一次倒流，我觉得不可能完全是出于偶然——就这样，其他所有可能的解释都自动排除了。 那么，这究竟是怎么回事？

几星期后，我听说一些亲戚在捣鼓桌灵转，并已进行了好些时日，他们还有一个灵媒，是一个十五岁半的小女孩。 这些人想让我会一会这个灵媒，说她能制造梦游状态和灵异现象。 听到这个消息，我立即想起了发生在家里的奇怪现象，我猜这些东西可能与这个灵媒有关。 于是，我开始每周六晚参加亲戚们定期举行的降神会。 我们的确获得了一些效果，成功地进行了通灵交流，墙壁和桌子也发出了叩击声。 一旦离开灵媒，桌子的转动就令人生疑了。 我很快发现，限制性条件总的来说会对实验结果造成妨碍。 于是，我接受了叩击声是自发的这一显而易见的事实，把注意力集中在交流的内容上。 我还把观察结果写进了博士论文里。 经过两年的实验后，我们都对桌灵转彻底失去了兴趣。 我发现，灵异现象的产生不过是灵媒从中耍了点诡计，于是便退出了实验——这事使我深感遗憾，因为我正是从这个实验中了解到第二人格是如何形成、如何进入小孩的意识并最终使之与自身相融的。这个小女孩就属于那些少年老成的人格之一。二十六岁那年,她染上肺结核去世了。我后来见过她一次,那时她二十四岁。她人格之独立之成熟,给我留下了挥之不去的印象。她死后,我从她家人口中得知,在生命的最后几个月,她的人格一点一点地发生了肢解,最后竟回到了一个两岁小孩的状态。她就是在这样的情形下长睡不醒的。

总的来说,这一次非凡的经历彻底抹去了我此前的哲学观,使我能够获得一种心理学的视角。我发现了关于人类精神的一些客观事实,但由于这次经历的性质如此,我只好再次噤若寒蝉。我不知道可以对谁倾诉这件事情。我只得再次将一个未竟的问题束之高阁。直到两年后,我的论文[①]才对外公开。

在医务所里,弗里德里希·冯·穆勒取代了老依姆曼的位置。穆勒身上有一种理智,这种理智令我非常着迷。他让我看到,一名睿智的智者是如何把握难点、形成问题的,而问题一旦形成,问题本身也就解决了一半。就他而言,他似乎在我身上看出了某些东西,因为学习结束时,他建议我当他的助理,跟他一起去慕尼黑,他已在那里谋了高就。我盛情难却,差点就走上内科医学之路了。若非这时发生了一件事,扫除了我对未来职业的所有疑虑,我早已投身内科。

虽然我听了精神病学的课程,也参加了临床,但当时的精神病学讲师对我起不到什么激励作用,而且,一想起精神病院的经历对父亲造成的影响,我决计对精神病学不会有什么好感。因此,在备考州考时,我把精神病学留到了最后复习。我一点也不看好它,我还记得我打开卡拉夫·艾宾编著的这本书[②]时,心里是

---

① 《从心理学和病理学的角度论所谓超自然现象》,载于《精神病学研究》。——原注

② 《精神病学教本》第四版,1890年。——原注

这样想的："好吧，我们来看看精神病学家是怎么自圆其说的。"我对课堂内容和临床示范毫无印象，医务所里看过的病例也一个都想不起来了。我只记得我当时的不耐烦和厌恶。

我从前言开始看，想知道一个精神病学家是怎么引入话题，或怎么就其存在理由进行抗辩的。必须说明的是，我当时这般傲慢无礼是有原因的。在那时的医学界，精神病学普遍为人们所不齿，没有人真正了解精神病学，也没有哪一种心理学将人视为一个整体或将人体的各种病理变化概括成一幅整图。精神病院院长和精神病人关在同一个精神病院里，而精神病院同样也是隔离开来的，孤零零地立于城市的边缘，那情形就像古代关着麻风病人的传染病院一样，没有谁会朝这里看上一眼。医生几乎和外行人一样所知不多，因此他们的想法和外行人的想法是一样的。精神病是康复无望的，是一件致命的事，这件事给精神病学也蒙上了阴影。在那些日子里，精神病学家就是个怪物，这一点不久后我自己就深有体会。

我从前言开始读了起来。"也许是由于课程的特殊性以及发展的不完善的缘故，精神病学的教科书多少带有点主观色彩。"寥寥数行后，作者表示，精神病是一种"人格疾病"。我的心突然开始怦怦地跳了起来。我只好站起身来，深深地吸了一口气。我激动极了。一念之间，一切都明白过来了。只有精神病学，才是我唯一可能的目标。只有在这里，我的两股兴趣之流才能交汇，汇成一条河来挖掘自己的河床。这里才是我遍寻不着的生物学与精神学交汇的实证领域。我终于找到了这里，一个自然与精神的碰撞成为真实的地方。

当卡拉夫·艾宾提到精神病学课本带有"主观性质"，我的反应非常强烈。如此看来，这本书某种程度上是作者的主观坦白。凭着他特有的偏见以及他的存在的完整性，他以自身经历的客观性为后盾，用自己人格的整体对"人格疾病"作出了回应。在医务所里，我却从未听老师讲过这样的内容。尽管卡拉夫·艾宾的这本书与其他同类书籍并无本质区别，但书中的这几个提示如同灵光乍现，点化了我对精神病学的看法，我于是无可救药地迷上了它。

主意已决。当我把我的想法告诉内科老师时，我从他的脸上读到了惊讶和失望。昔日的伤疤，那种受人排挤、与人不合的感觉，再度隐隐作痛起来，但现在我明白了其中的原因。没有人能想到我会对这种冷门的偏僻学科感兴趣，甚至连我自己也始料未及。朋友们都很震惊，很困惑，他们觉得我是个傻瓜，放着别人求之不得的大好机会不要，放着好好的内科不走，偏偏迷上了精神病学这种不三不四的东西。

我发现，我显然又一次把自己逼进了死胡同。没有人会跟随我，也没有人愿意跟随我。但我知道，没有任何人、任何事能使我偏离这一目标。我已打定主意，这是上天的安排。我仿佛看见两条溪流汇成了一股奔腾的洪流，势不可挡地将我载向了远方的目标。我是"合二为一性"的，这种自信的感觉使我如有神助，在考试中乘风破浪，一路领先。具有典型意味的是，我一路过五关斩六将，却偏偏在我最擅长的科目——病理解剖学上绊了一跤。我犯了一个低级错误，在一块除了各种碎片之外似乎只有上皮细胞的显微镜玻璃片上，我漏看了藏在角落里的一些霉菌。至于其他科目，我甚至猜中了他们会问什么问题。多亏了这一点，我才得以从好几个险恶丛生的暗礁中顺利脱身。然而，我还是阴沟里翻了船，在我最有把握的地方失了手。若非这样，我本可以在这次考试中折桂的。

结果，有一名考生考取了和我同样的分数。他独来独往，性情乖戾，看似是个庸常之人。除了聊聊"本职"，我和他说不到一块去。不管碰上什么事情，他总报以一个诡异的微笑，让我想起埃伊纳岛上那些希腊神像。他表面上看起来盛气凌人，私下里却似乎局促不安，总是不能很好地适应情况。莫非这是一种愚蠢的表现？我摸不透他。他给我的印象中，唯一可以确定的是，他有一种近乎偏执的雄心，他对什么都不感兴趣，唯独对事实情有独钟。几年后，他患上了精神分裂症。我提起这件事，是想以这一典型事例说明事情的相似性。我的第一本书写的是早发性痴呆（精神分裂症）的心理，在这本书中，我那带有偏见或"个人误差"的人格或对应了这里的"人格疾病"。我坚持认为，从最广泛的意义来说，精神病学是患病了的精神与假定是"正常"的医生的精神之间的对话，是患病的人格与治疗师的人格之间达成的一致，两者原则上是同样主观的。我这么说是为了证明，幻觉和错觉不仅是精神病特有的症状，而且还带有某种人的意义。

考完最后一门的那个晚上，我有生以来第一次奢侈了一把——允许自己去看了一场歌剧。我等这一天很久了。在此之前，我的经济状况根本不允许我有这样的奢侈行为。但现在，出售古玩所挣的钱仍有剩余，这些钱不仅让我看了一场歌剧，还允许我去了一趟慕尼黑和斯图加特。

比才①的歌剧听得我如痴如醉。我仿佛徜徉在一片汪洋大海中，身体随着波浪上下起伏。第二天，当列车载着我跨越边境，进入一个更为广阔的世界时，《卡门》的优美旋律仍在耳边回荡。在慕尼黑，我第一次看到了真正的古典艺术，这些艺术连同比才的音乐，将我置身于一种春天般的、婚礼般的心境中，其中的深奥和意味我只能略有体会。然而，从外部环境看，这一周（1900年12月1日至9日）的天气其实相当阴沉。

在斯图加特，我特意向姑妈莱默尔·荣格夫人辞行。她丈夫是一名精神病学家。姑妈是祖父与前妻弗吉尼亚·德·拉索尔所生。她是个可人的老太太，一双蓝色的眼睛一闪一闪的，性情活泼开朗。她似乎沉浸在由各种不可捉摸的幻象和不愿归去的回忆所组成的世界里——这是对一去不复返的过去的最后一息。这次出门，是我对童年时光的挥手作别。

---

① 法国作曲家，歌剧《卡门》的作者。

1900年12月10日，我出任苏黎世比格赫茨利精神病院的助理医师。能在苏黎世工作我很开心，因为多年来，巴塞尔已经变得令我透不过气来。在巴塞尔人眼里，除了他们巴塞尔，其他城市都是不存在的；只有巴塞尔才是"开化的"，出了比尔斯河以北，往外就全是蒙昧之地了。朋友们不明白我为什么离开，以为我一时半会就会回来。但这是不可能的。在巴塞尔，我只能一直背负着保尔·荣格牧师之子以及卡尔·古斯塔夫·荣格之孙的名号。我是一名知识分子，属于特定的社会群体，这样的分类使我反感，因为我不能也不愿意被分门别类。巴塞尔集四海为一家的学术气氛令人艳羡，但其墨守成规的传统也压得我喘不过气来。来到苏黎世之后，我立即感受到了差异所在。苏黎世与世界相连的纽带在于商业而非学术，但这里的气氛是自由的，我一直很看重这一点。在这里，即便你没有深厚的文化背景，你也不会被世世代代以来的浊雾所压倒。时至今日，我还是有思乡的毛病，我怀念巴塞尔，尽管我知道它已经今非昔比。我仍然记得巴霍芬和布克哈特压马路的日子，记得大教堂后面古老的牧师会礼堂，记得莱茵河上那座半木制的老桥。

母亲很难接受我离开巴塞尔的事实。但我知道，我无法让她免受这种离别之痛。她于是勇敢地扛了下来，与妹妹相依为命。妹妹天生体弱多病，无论哪一方面都与我大相径庭。她似乎天生是当老处女的命，一直单身，终生未嫁。但她很有自己的个性，我佩服她的态度。最后，她不得不动手术，手术本来说风险不大，但她没能撑过去。当我发现她事无巨细，全都已经提前安排妥当时，我深为触动。实际上，我一直对她不太熟悉，但我对她敬重有加。我容易意气用事，她却处事不惊，尽管她内心非常敏感。可以想象，和祖父唯一的妹妹一样，她是如何在妇女养老院度过晚年的。

在比格赫茨利入职后，生活变得现实起来，所有意图、意识、义务、责任全都集中到了一起。我进入了这座世界的寺庙中，俯首帖耳，发誓只相信有可能的、平常的、普遍的、意义不大的，摈弃一切异乎寻常的有非凡意义的，将所有不平凡沦为平凡。从今往后，只有表面，没有深沉，只有开始，没有再续，只有单一事件，没有融会贯通。知识缩小到更小的范围，失败自称为问题，视野狭窄得令人压抑，没完没了的工作令人绝望。整整六个月，我大门不出，深居在寺院似的高墙之中，以适应精神病院的生活和风气。我从第一卷开始，连续通读了五十卷《精神病学通志》，以熟悉精神病人的心理状态。我想知道，人的心灵面对自身的毁灭时会作出怎样的反应，因为我觉得精神病学清楚地表达了这一生理反应，告诉我们出现精神疾病时，这一生理反应是如何利用所谓的健康意志的。我对身边同事的兴趣不减于对病人的兴趣。接下来的那几年，我暗暗将我那些瑞士同事的家族遗传背景资料汇编成册，获得了不少启发。我这么做原因有二，一是为了我自己能有所启发，二是为了了解精神病患的心理状态。

不用说，我的一己专注和自我限制使我和同事的关系变得疏远起来。他们当然不知道，精神病学在我眼里多么奇特，我是多么急于深入到它的精髓中去。那时，我对精神治疗的兴趣尚未苏醒，但所谓的正常状态的各种病理变化却深深吸引了我，因为这给了我一个渴望已久的机会，使我得以深入了解普遍的人类精神。

正是在这样的情况下，我开启了我的精神病学生涯——我的主观实验。我的客观生活正是出自这样的实验。我不想也无力置身自己的局外，真正客观地观察自己的命运，那样我会犯自传中常见的错误，要么胡编乱织，觉得应该如何如何，要么写成了"为吾生一辩①"。总之，人是一件不可自我评判的事，不管是好是坏，都应留由他人评说。

----

① 《为吾生一辩》是十九世纪维多利亚时代著名的神学家、教育家、文学家和语言学家约翰·亨利·纽曼的自传。

第四章　精神病治疗

在比格赫茨利那些年是我拜师学艺的日子。我的兴趣和研究中，占主导地位的是这样的迫切问题：精神病患者身上到底发生了什么？就是这一点，令我当时百思不得其解，而我的同事中，也没有谁对这样的问题表示关注。精神病学老师的兴趣不在于病人要说什么，而是在于如何诊断病情，如何描述症状，如何统计数据。以当时流行的临床学观点看，患者的个人人格，即患者的个体，根本不重要。给病人看病时，医生对着一长串事先已有的诊断以及详细列明的各种症状给病人贴上标签，盖上图章，事情差不多就此了结了。精神病人的心理根本没起到任何作用。

在这一点上，弗洛伊德对我具有极其重要的意义，特别是他对人在患癔病①时以及做梦时的心理状态所进行的基础研究。他的观点为我指明了道路，使我得以更深入地调查和理解个体病例。弗洛伊德本人是个神经学家，却将心理学引到了精神病学中来。

我还清楚地记得一个病例。那时，这个病例引起了我极大的兴趣。一名年轻女子得了"抑郁症"，住进了我们医院。她接受了各项常规检查——既往病史，测试，生理检查等等，诊断结果是

---

① 又称歇斯底里症。

精神分裂症,当时的叫法是"早发性痴呆病"。预后是:不良。

这名女子碰巧就在我的部门。起先我并不敢质疑这样的诊断结果。我那时还是个初出茅庐的毛头小伙,不敢贸然提出异议。然而,这个病例使我觉得奇怪,我觉得这不是精神分裂症的问题,而是一般性的抑郁。于是,我决定运用自己的方法诊断。那时,我正致力于诊断性联想研究,于是我对病人实施了一次联想实验[①]。另外,我还和她讨论了她的梦。就这样,我揭开了她的过去,这是她以往的诊断中所没有澄清的。我直接从无意识中获取信息,从而打开了一段黑暗凄惨的往事。

原来,这名女子在结婚之前认识过一个男子。这个男子是一名实业家之子,家财万贯,邻近的姑娘无不对他心生爱慕。她长相出众,觉得自己很有希望得到他,但很明显,人家对她并不感兴趣。于是,她嫁给了别人。

五年后,一位老朋友来访。两人畅聊过往,这位朋友说:"得知你结婚,有人很痛苦呢——你那位某某先生(那个富有的实业家之子)。"就是这一刻!她的抑郁症就是从此时开始的。几星期后,抑郁酿成了大祸。那时,她正给孩子们洗澡,先洗四岁的女儿,再洗两岁的儿子。她住在乡下,生活用水不是十分卫生,他们把纯净的泉水拿来喝,河水的脏水用来洗涤和沐浴。给小女儿洗澡时,她发现女儿在吸海绵里的水,但她没有阻止。她甚至还盛了一杯这种不干净水给儿子喝。当然,做出这些行为时,她是无意识的状态,或只是半意识的状态,因为她的大脑已经笼罩在抑郁症初期的阴影之下。

没多久,潜伏期过后,女儿染上了伤寒,一命呜呼。女儿可是她的命根啊。儿子倒没有受到感染。这时,她的抑郁症到了急性期,于是被送来了精神病院。

---

① 一种重要的精神分析手法。施测时,主试对被试说一个词(刺激词),被试听到刺激词之后,尽可能快地将第一个出现在脑中的单词(反应词)回答出来。

通过联想实验，我发现她是一名杀人犯。我还了解到很多有关她这一秘密的细节。事情立即水落石出，这一切足以说明，她为什么会患上抑郁症。这实质上是一种心因性失常，而不是什么精神分裂。

那么，该怎么进行治疗？目前为止，我们对她注射麻醉剂以对抗失眠，派人专门监视以免她自寻短见，但其他方面什么也没有做。从体质上看，她的状况很好。

我面临着这样一个难题：我是否应该坦白告之？是否应该对她采取主要的治疗？我遇到了职责上的冲突，这是我从未有过的经历。我既要回答良知上的难题，又要独当一面解决这个麻烦。如果我征求同事们的意见，他们可能会这样警告我："万万不可将此事告之。这么做只会使她的疯癫有增无减。"而我却觉得，告诉她，效果可能恰好相反。一般来说，心理学上是不存在什么明确的规定的。一个问题可以这样回答，也可以那样回答，主要看我们是否将无意识因素考虑在内。当然，我也非常清楚我个人所面临的风险：如果病人情况恶化，我的处境将会非常难堪！

尽管如此，我还是决定冒这个险，对这种效果尚不确定的疗法孤注一掷。我将联想实验中所发现的一切如数告诉了她。可想而知，这么做对我来说有多么困难。直截了当地指责一个人是杀人凶手，这绝非什么容易的事情。而且，病人要去聆听，去接受，也很受罪。结果，两周之后，她便得以出院，并且再也没来复诊过。

我向同事隐瞒这个病例，其实是另有原因的。我害怕他们对此评头论足，怕可能会牵扯到法律问题。当然，没有什么证据可以起诉她，但流言蜚语可能会陷她于不利。上天对她的惩罚已经够惨了！我觉得，她应该重新开始生活，在生活中去赎罪，这样才更有意义。出院时，她是带着沉重的思想包袱离开的。她不得不背负这个包袱。痛失爱女对她来说已经够可怕了，她的赎罪自她患上抑郁症，被困于精神病院起，就已经开始。

在很多精神病例中，来诊的患者大都怀有一个他们不会对你说的故事，而这个故事通常是没有人知道的。在我看来，只有调查了这个完全属于个人的故事后，精神治疗才算是真正开始。故事是病人的秘密，是将病人的精神敲碎的大石。掌握了病人的秘密故事，也就掌握了治疗之道。医生的任务就是找出获取这一信息的方法。多数情况下，仅仅探讨意识中的素材是不够的。有时，联想实验可以为治疗铺平道路，解梦或耐心地与病人进行长时间的接触也同样有效。在精神治疗中，问题总是在于病人整体，而不仅仅在于症状本身。我们必须刨根问底，深入病人的人格全部。

1905年，我成了苏黎世大学的一名精神病学讲师。同年，我被任命为精神病医院的高级医师。我在这一职位上干了四年，然后于1909年辞了职，因为此时我的工作已经多得无法应付。那些年，我手头上有了大量的私人病例，根本无暇顾及职务上的事。但教授一职我一直保留到1913年。我讲授精神病理学，当然也讲弗洛伊德精神分析的基础，讲原始人的心理。以上就是我的主讲科目。头几个学期，我主要讲授催眠术以及雅内和弗勒诺的学说。到后来，弗洛伊德的精神分析问题成了我的讲课重点。

在催眠课上，向学生作催眠示范时，我往往深入探究病人身上的故事。其中一个案例我至今还记忆犹新。

一天，一位明显带有某种宗教倾向的中年妇女出现在我们面前。她年届五十有八，拄着拐杖，在女佣的陪同下前来。十七年来，她由于左肢瘫痪，一直饱受痛苦。我将她安置在一张舒适的座椅上，让她给我讲一讲她的故事。她开始娓娓道来，那是何其可怕的故事啊——她对自己如何成疾的整个经过极尽其详。最后，我打断了她，说道："好了，我没有时间听你细说了。现在，我要对你进行催眠。"

话音刚落，她便闭起双眼，陷入了深深的催眠状态——根本不需要任何催眠！我惊愕不已，但并没有打扰她。她继续滔滔不绝地说了下去，提到了她那些奇特的梦——梦代表着很深的无意识深处的体验。这一点我是几年之后才明白过来。当时，我还以为她发生了某种精神错乱。渐渐地，这一情形令我难堪起来。要知道，当时可是有二十多名学生在场，等着我向他们示范催眠术呢！

半个小时后，我再次试图唤醒病人。但她并没有苏醒过来。我警觉起来，意识到我可能无意间深入到病人的隐性精神病中去了。我花了十来分钟，好不容易才把她弄醒。自始至终，我都没敢让学生发现我的紧张情绪。病人醒来后，头晕目眩，一脸茫然。我对她说："我是医生，一切都没事儿的。"不料她却大叫起来，"我好了！"说完把拐杖一扔，自己走起路来。我满脸通红，窘迫不已，只好对学生说："现在，你们该知道催眠有着怎样的功效了吧！"事实上，我一点也不明白这是怎么回事。

以上就是促使我放弃催眠治疗的一个经历。我不明白到底发生了什么事情，可这位女士确已痊愈，离开时精神百倍。我要求她回去后与我保持联系，因为我预计最迟二十四个小时内会旧病复发。然而，她的病并没复发。尽管心里很怀疑，但我还是不得不接受她确已痊愈这个事实。

第二年夏季期的第一节课上，她又出现了。这一次，她表示自己背部剧痛，还说是最近才开始的。我下意识地想到，这会不会与我回来上课有什么关系？也许，她从报纸上知道了这门课的开课消息。我向她询问背痛开始的时间及原因。她说她完全想不起来何时发生过何事，也无法做出哪怕是一丁点的解释。最后，我推断出一个事实：背痛正好是从她看到报纸上这则消息的那一天那一刻开始的。这一事实证实了我的猜想，但我还是不明白，她奇迹般的痊愈是怎么回事，因为我再次对她实施了催眠——也就是说，她又一次自发地进入了催眠状态——然后，背痛就不治而愈了。

课后，我将她留了下来，以便更多地了解她的情况。 原来，她有一个低能儿子，就在我的部门接受治疗。 我对此并不知情，因为她用的是第二任丈夫的名字，而这个儿子是她与前夫所生。 他是她唯一的孩子，自然希望他长大后聪明伶俐，事业有成，不想他小小年纪便得了精神病，这实在是一个不小的打击。 那时，我还是一名年轻医师，代表着她对儿子的所有期盼。 因此，她一颗望子成龙的殷切之心便系在了我身上。 她认我为养子，逢人便夸我如何妙手回春医好了她。

　　我在当地的"巫师"美誉，实际上全得益于她。 故事很快流传开去，为我迎来了第一批私人病人。 我对她心存感激。 我的精神治疗得以实践，竟然是从一名老妇把我看成她的弱智儿子而起！ 当然，我详尽地向她解释了整件事情。 她接受了我的解释，并且病情也再没有复发过。

　　这就是我第一次真正意义上的治疗经历——应该说，这是我第一次精神分析。 与那位老妇说过的每一句话，如今我都言犹在耳。 她是个很有智慧的人，对我非常感激，感激我将她的事放在心上，感激我对她以及她儿子的命运表示关心。 这对她来说是莫大的帮助。

　　一开始，我在私人行医中也采用催眠术，但没多久就放弃了，因为使用这一方法不过是在黑暗中摸索，你永远不知道病人的改善或治愈能维持多久。 在这样的不确定性中去工作，我总是觉得心中有愧。 我也不喜欢自己决定病人应该怎么去做。 我更关心的是，怎么从病人身上得知他的自然倾向会将他引向何方。 要找出这一点，对梦境及无意识的其他表现的细心解读就必不可少。

　　1904 年至 1905 年期间，我在精神病医院开设了一间实验性精神病理学实验室。 我带着一些学生，在实验室里展开"精神反应"（即联想）的研究。 弗朗茨·瑞克林是我的合作伙伴。 路德维格·宾斯万格当时正在写他的博士论文，内容是与心理电流反应①相关的联想实验，而我正致力于我的论文《论对事实的心理诊断》②。我们的队伍中不乏美国人，其中包括弗雷德里克·彼得森和查理斯·里克什。他们的论文发表在美国的期刊上。由于这些联想研究，我后来得以在1909年被邀请到克拉克大学，就我自己的研究工作进行演讲。前来演讲的还有弗洛伊德，他也单独受到了邀请。我们同时被授予了荣誉法学博士的头衔。

我在美国的声誉主要得益于联想实验和心理电流实验。不久，很多美国人慕名前来求治。第一个病例我至今历历在目。一名美国同事介绍了一位病人过来，病人随附的诊断结果写着"酒精性神经衰弱"，预后是"不可治愈"。因此，我的同事同时建议病人去看柏林的一位权威神经学家，以防万一，因为他怕我的精神治疗会不起作用。病人前来就诊时，我才和他交谈几句，便发现他患有一般性神经官能症，但他对自己精神上的病因只字未提。我对他进行了联想实验，发现他患有可怕的恋母情结。他出身豪门望族，有一位讨人喜欢的妻子，生活无忧无虑——至少表面上如此。但他酗酒成性。他借酒消愁，拼命地麻痹自己，为的是忘却自己的压抑处境。当然，这一招并不管用。

他母亲是一家大公司的老板，而她才华出众的儿子在公司中担任要职。他本来早该脱离压抑的苦海，不再在母亲麾下唯命是听，但他又下不了决心，舍不得丢掉自己的美差。于是，他一直受母亲的牵制，因为是母亲给他安排了这样的职位。每当他与母亲相处，每当母亲对他的工作百般干预，而他只能忍声吞气时，他就借酒精麻醉自己或释放自己的情绪。在一定程度上，他并不真的希望离开这温暖舒适的安乐窝，因此，他不惜违背自己的意

---

① 心理电流反应是指大脑兴奋导致的汗腺活动会使皮肤上的电阻发生瞬时性明显弱化的现象。

② 载于《精神病学研究》1905年第28期，813—815页。——原注

愿，甘愿在金钱与安乐中沉沦。

经过短时间的治疗，他终于不再喝酒。他以为自己已经治愈，但我告诉他，"如果你回到你之前的处境，我不敢保证你不会旧病复发。"但他并不相信，精神抖擞地回国去了。

一回到母亲的势力之下，他又开始酒不离口。这时，他母亲前来向我咨询，其时她身在瑞典。她是一名精明的女性，但确实"太强势"。可以想见，他儿子面临的是怎样的对手，他根本没有反抗的能力。而且，从体质上看，他儿子也羸弱不堪，根本无法与母亲抗衡。于是，我决定采取强制性处理。我背着他偷偷给他母亲开了诊断书，大意是她儿子酒精中毒，不符合工作上的要求，建议辞退。我的建议得到了采纳——当然，他儿子也因此对我心生怨恨。

一般认为，作为一名医者，我这样的行为是有悖伦理的。但我知道，为了病人自身的利益，我不得不出此下策。

后来的情况呢？自从脱离母亲的束缚后，他的人格便得到了解放。他非但没有因为我下了猛药而一蹶不振，反而因为这个原因在事业上干得风生水起。为此，他妻子对我感激涕零，因为她丈夫不仅戒掉了酗酒的恶习，而且走出了自己的人生，获得了巨大的成功。

尽管如此，多年来我一直良心不安，觉得自己有愧于这个病人，因为我背着他偷偷开了诊断书，尽管我很确定，我只有这么做才能将他解救出来。果然，他一旦获得自由，神经衰弱症便消失了。

行医过程中，我一直深有感触的是，人的精神会对无意识中犯下的罪行作出怎样的反应。毕竟，那位年轻女士原本并没意识到是她亲手杀死了自己的孩子，但她却处于一种似乎意识到自己的罪大恶极的状态中。

类似的情况还发生过一次，那是我毕生难忘的一个病例。一位女士来到我的诊所。她不愿透露姓名，称自己只想就诊这么一次，姓名无关紧要。显然，她属于上流社会人士。她说，自己曾经是一名医生。她要对我讲的其实是她的自白：二十多年前，她出于嫉妒，杀了人。她毒死了自己最好的朋友，因为她想嫁给她的丈夫。她本以为，只要不被发现，她就可以高枕无忧。想要嫁给她丈夫，最简单的方法就是除掉她。她觉得，道德方面的考虑对她来说不重要。

结果呢？她确实和这个男人结了婚，但男人很快撒手人寰，英年早逝。接下来的几年里发生过好几件奇怪的事情。她与这个男人育有一女，女儿一长大，便千方百计地离她而去。女儿年纪轻轻就嫁为人妻，消失在她的视线中，后来越走越远越走越远，直至与她完全失去了联系。

这位女士热衷于骑马。她有几匹骑乘马，对它们疼爱有加。一天骑马时，她发现这些马变得紧张不安，就连她最疼爱的那匹马，也都连连后退，把她从背上甩了下来。最后，她只好放弃了骑马。从那以后，她把心思转移到她的狗身上。她有一条非常漂亮的狼狗，视其为心肝宝贝。事有凑巧，这条狗后来也瘫痪了。这一来，她终于崩溃了。她觉得自己在道德上彻底完蛋了。她必须向人坦白，于是她找到了我。她是一名杀人犯，但她杀害他人的同时也杀害了自己，因为，犯下如此恶行，也就摧毁了自己的灵魂。这名杀人犯已经自己对自己判了刑。如果在行凶时被抓，凶手会受到法律上的制裁，但如果是暗中行凶，而道德上意识不到，并且凶案一直未被发现，惩罚也会自己降临，正如我们的病例所示的那样。惩罚最后总会出现。有时候，似乎连动植物都"知道"些什么。

由于杀了人，这位女士陷入了无法忍受的孤独之中。甚至连动物，也都对她退避三舍。为了摆脱孤独，她让我知晓了此事。她必须找一个不会杀人的人倾诉她的秘密。她希望有一个人，能够不带偏见地接受她的自白，因为这么做能使她重新获得类似于人与人的关系那样的东西。这个人只能是医生,不能是专门听取忏悔的牧师。如果由牧师来听取她的忏悔,她会心存疑虑,因为以牧师的天职,他们不会根据事实情况来接受,而是会从道德上加以判断。她已经见识过,人也好,动物也好,都是怎样对她避而远之的。这种无言的判决使她苦不堪言。她再也无法承受更多的谴责。

我一直没弄清她是谁,也无法证明她的故事是否真实。有时我会想,她后来变得怎样了,因为这绝不会是她孤独之旅的终点。也许,她最终被迫自杀了。我无法想象,她是如何在这种孤独的煎熬中生存下去的。

临床诊断之所以重要,是因为它给医生指明了一定的方向,但对病人本身却并无作用。病人的故事才是最关键的。只有通过故事,病人所处的背景、所经历的痛苦才会浮出水面。只有在这时,医生的治疗才会发挥作用。其中一个病例就有力地说明了这一点①。

女病室中有一位年老的病人。她约摸七十五岁,卧床不起已四十年。差不多五十年前,她就已经住进了我们医院,但现在已经没有人记得她入住时的情形,当时在场的所有人也都已经不在人世。只有一名在这里工作了三十五年的护士长还能想起这位病人的一些事情。这位老太太不会说话,只能吃流质或半流质食物。她用手指进食,让食物沿着手指滴入口中。她有时喝一杯牛奶几乎要花两个小时。不吃东西的时候,她的手和胳膊会有节奏地作出一些奇怪的动作,我不明白这些动作意义何在。精神病竟会引起如此程度的破坏,我实在深为触动,但又找不到任何可能的解释。上临床课时,她经常被用来示范紧张性精神症,即精神分裂症的一种表现形式。但这对我来说并没有什么意义,因为这些词对了解那些奇怪动作的意义和起因起不到任何帮助。

---

① 见《精神病的心理机制》第 171—172 页。——原注

这个病例给我的感想代表了这一时期我对精神病学的反应。当我成为助理医师时，我觉得自己对于何谓精神病学毫不理解。站在主治医师和同事们身旁，我感到无所适从，因为人家一副气定神闲的样子，我却在黑暗中茫然不知所向。因为我认为，精神病学的主要任务是了解生病的大脑中所发生的事情，而我对这些事情仍然一无所知。我自己从事的职业，我却一点都不通门路！

一天夜里，我从那个病室走过，发现这位老太太还在做那些神秘的动作。我的疑惑又来了："为什么一定是这样的呢？"于是，我找到我们的老护士长，问她那位病人是否总是这样。"是的，"她回答说，"但上一任护士长告诉我，她是做鞋子的。"我于是再次翻看她那已经发黄的病历，果不其然，上面写着她有模仿鞋匠动作的习惯。过去鞋匠做鞋时，常常把鞋子夹在两膝之间，然后在皮革上穿针引线，那位病人所做的正是这样的动作。（现在乡下也仍然可见鞋匠这样做。）没多久，这位病人去世了，她哥哥前来吊唁。"你妹妹为什么会神志失常呢？"我问。他告诉我，她曾经与一名鞋匠坠入爱河，但由于某些原因，鞋匠并不想娶她为妻。当鞋匠最后拒绝了她，她便"失常"了。做鞋的动作表明她与自己心爱的人的等同性，这种等同性至死不渝。通过这个病例，我得以初见有关精神分裂症的心因的端倪。从那以后，我开始全身心地研究精神病中那些具有意义的联系。

还有一个病人，她的故事向我揭示了精神病的心理背景，最重要的是，它向我透露了各种"无意义"的妄想背后的心理。精神病人的话向来被认为是没有意义的，但我从这个病例中首次明白了精神病人所说的话。病人名叫芭贝特，姓不详，她的故事在别处已有发表[①]。1908年，我曾在苏黎世市政厅就她的例子发表

[①] 见《精神病的心理机制》中《精神分裂症的心理》和《精神病的内容》二文。——原注

过演讲。

她来自苏黎世老城区,那里的街道又窄又脏,她在极度贫困的情况下出生,在卑微低贱的环境中长大。妹妹是个妓女,父亲是个酒鬼。三十九岁那年,她死于妄想型精神分裂症,这种病症的特征是狂妄自大。我见到她时,她已在这所医院里住了二十多年。她被用作医学课的实物教材,为几百名学生观摩过,学生们从她的身上可以看出精神分裂的神秘过程,她是一个很典型的例子。她已经彻底精神错乱,喜欢说些没有意义的疯言疯语。我竭尽全力,想方设法理解她那些艰深的话语,比如,她会说:"我就是罗蕾莱①。"这是因为,医生们在试着理解她的病情时,总是会说这样的话:"我不明白什么意思。②"或者,她会哀嚎着说:"我是第二个苏格拉底。"我发现,她这么说意在说明,"我和苏格拉底一样,蒙受了不白之冤。"她还会爆出一些非常荒谬的话来,比如,"我是绝无仅有的双重性理工学校","我是以玉米粉为底的葡萄干蛋糕","我是特甜的奶油中的日耳曼和赫尔维希亚","那不勒斯和我必须向世界供应面条",这些话意味着她对自己提高了评价,也就是说,这是她对自己自卑心理的一种补偿。

对芭贝特及其他类似病例的关注使我相信,我们一直视为没有意义的话,大多并不像看起来的那么癫狂。我不止一次地发现,即便是这样的疯子,他们背后也有着绝对可以说是正常的人格。也就是说,这一人格在一旁看着。时不时地,这个人格还会——通常以说话或做梦的方式——说出一些合情合理的言论和异议。甚至,在出现精神疾病时,这一人格会再次从幕后移至幕前,使病人看起来几乎与常人无异。

有一次,我给一名患精神分裂症的老妇人治病,就曾清楚地

---

① 德国民间文学中传说的女妖,出没莱茵河岩石上,以美貌及歌声诱惑水手使其船触礁。

② 海涅著名诗歌《罗蕾莱》中的第一句:"我不明白什么意思。"——原注

发现她背后的"正常"人格。她的病情无法治愈，只能多加照料。毕竟，不管哪一位医生，总会遇到些治愈无望的病人，医生所能做的只是铺平他们通向死亡的道路。这位老妇人总是听见散布在她整个身体里的各种声音，而位于胸口处的声音便是"上帝的声音"。

"我们一定要抓住这个声音。"我对她说。我惊讶于自己的勇气。这个声音通常会说出一些相当合理的话，借助于这一点，我很好地处理了病人的情况。有一次，这个声音说："让他拿《圣经》考考你！"于是她带来了一本因翻阅过多而破旧不堪的《圣经》。我每次探房都布置她看一章，然后在下一次探房时考她，每两星期一次，就这样一直坚持了七年。一开始，我感觉扮演这样的角色很怪异，但一段时间后，我发现了布置任务的意义所在：只有这样，她才能保持注意力的清醒，才不会在破碎不堪的梦中越陷越深。结果，六年后，这种声音从全身减少到身体左半部分，而右半部分的声音已经完全消失。而且，左半部分的现象并没有双倍地加重，而是与过去相差无几。因此，我们绝对可以断定，病人的病已经治愈了——至少是治愈了一半。这一次成功实在出人意料，因为我没想到这些记忆训练会有如此疗效。

通过对病人的治疗，我发现偏执狂的念头和幻觉含有一定的意义。精神病的背后，隐藏着病人的人格、身世、希冀与渴求，如果我们未能理解，那就是我们的过错。我在此时第一次认识到，人格的总体心理隐匿于精神病之中，而且即便在精神病中，我们也遇到了以往的人性的冲突。病人可能看起来呆滞而冷漠，甚至完全是个傻子，但他们的大脑比表面看来要活跃得多，有意义得多。实际上，我们在精神病里遇到的，并不是什么新的未知的发现，而是我们自己本性的基层。

我常常觉得诧异，精神病学竟花了这么长的时间来研究精神病的内容。没有人会关心幻觉所包含的意义，没有人会思考为什么这个病人是这样的幻觉，那个病人是那样的幻觉。比如，一个病人幻想自己被耶稣会会士处死，一个病人幻想犹太人想毒害他，而另一个病人幻想警方在追捕他，这到底意味着什么？那些日子里，医生对这样的问题似乎毫无兴趣。他们只是将幻觉放在一起，给它们取一个通用名称，如"迫害性妄想"。同样令我觉得怪异的是，我那时的调查成果，如今几乎已经被人遗忘。早在本世纪初，我就已经开始用心理疗法医治精神病人，因此这样的疗法并不是什么刚刚才有的发现。然而，人们却花了相当长的时间，才将心理学引入精神病学，

以前还在诊所时，给精神分裂症患者治病必须极为谨慎，否则就会招来异想天开的罪名。大家都认为，精神分裂症是无法治愈的，如果谁在精神分裂症的案例中有所进展，那答案肯定是这个病不是真的精神分裂症。

1908年，弗洛伊德到苏黎世来见我，我给他看了芭贝特这个病例。后来，他对我说："荣格，你在这个病人身上的发现很有意思，这是肯定的。但日夜对着这个奇丑无比的女人，你怎么会受得了呢？"我当时一定是瞪了他一眼，因为这样的念头我从未有过。我倒觉得，这个女人不失为一个讨人喜爱的老家伙，因为她有着如此可爱的妄想，说着如此有趣的话语。即便她疯了，她的人性还是透过她的胡言乱语呈现了出来。芭贝特在治疗上并没有什么进展，她病得太久了。但在其他病人身上，我确实发现，如此深入病人的人格去加以照料是有持续疗效的。

我们从表面上看，只看见精神病人悲剧性的毁坏，很少看到他们精神这一面的生活，因为这一面与我们是相背的。表面上的东西通常是欺骗性的，我在一名患紧张性精神症的年轻病人身上惊讶地发现了这一点。这位病人十八岁，出身于有文化的家庭。十五岁那年，她被自己的哥哥诱奸，还遭到一名同学的虐待。自十六岁起，她便退缩回自己的世界中。她把自己藏起来，谁也不见，最后只剩一条恶狗与她还有感情关系。这是别人家的狗，她

一直想把它夺过来。渐渐地,她变得越来越古怪,并于十七岁那年被送进了精神病医院,在这里待了一年半的时间。她出现幻听,拒绝进食,并且完全喑哑(即不再开口说话)。我第一次见她时,她正处于典型的精神紧张的状态中。

数周过去后,我渐渐地才说服她开口说话。在越过心里的道道坎后,她告诉我,她曾经生活在月亮之上。月亮上似乎是有人居住的,但一开始她只看见了男人。他们立即将她带走,把她放置在月表下面的一间房舍中,那里住着他们的妻子和儿女。这是因为,月亮的高山上住着一个吸血鬼,专门绑架并杀害儿童和妇女,使月亮上的人民面临着灭绝的威胁。这就是为什么占人口半数的女性会居住在月表之下。

她决心要消灭吸血鬼,为月亮上的人民做点事。经过长时间的准备,她在一座塔的天台上静候着吸血鬼的出现。这座塔是特意为了这个目的而建造的。她等了好几个晚上,终于看见这只魔头从远处飞来,像一只巨大的黑鸟在展翅。她拿出杀人用的长刀,藏在衣服中,等待吸血鬼的到来。突然,吸血鬼站在了她的面前。他身上长着好几双翅膀,脸部以及整个人都在羽翼的覆盖之下,除了羽毛,什么也看不见。她惊奇不已。好奇心促使她想一睹他的真容。于是,她向前走去,手按在长刀上。这时,翅膀猛然张开,眼前出现了一个绝世美男子。他的翅膀犹如铁铸铜浇,牢牢地把她拥在怀中,使她再也无法挥刀。不管怎样,她已经被吸血鬼的美貌迷得神魂颠倒,不可能对他下得了手。他把她从天台上抱起,带着她飞走了。

一番吐露后,她又可以畅所欲言了。这时,她表示出了抗拒,似乎是我阻止了她返回月球,导致她再也不能逃离地球。她说,这个世界并不美好,但月亮上却是美好的,那里的生活充满了意义。后来,她的紧张症再度复发,我只好把她放到疗养院去。有一阵子,她疯得很厉害。

大约两个月后,她从疗养院出来,我才又可以与她对话。渐渐地，她意识到，地球上的生活是逃不过的。她很绝望，对这样的结论及后果奋力抵抗，结果又被送回了疗养院。有一次，我到她的病房去探视，对她说了这样的话："这样对你没有任何好处。你是不可能回到月亮上的！"她默默地记在了心里，表面上却非常漠然。这一次，她没多久便出了院，从此顺应天命。

有一阵子，她在一家疗养院当护士。那里的一名助理医生有一次对她态度强硬了点，她竟拿手枪对他开了一枪。幸好，那位助理医生只是轻伤，但这件事却说明，她不管去哪都带着一把手枪。在这之前，她还有过一把上了膛的步枪。最后一次见面，也即治疗即将结束时，她把枪交给了我。我很吃惊，问她用枪来做什么，她回答说："你要是让我失望，我就一枪打倒你！"

枪击风波平息后，她回老家结婚生子去了。她经历东部的两次世界大战而幸存，并且紧张症再也没有复发过。

对于这样的幻想，我们可以作何解释？一个姑娘家遭到了乱伦，觉得自己在世人面前抬不起头，但在幻想的国度里，她找回了自己的尊严。她被转移到一个神秘的王国里，因为在传统意义上，乱伦是皇族和神明的特权。结果，她完全与世界脱离开来，陷入了精神错乱的状态中。可以说，她变得"超凡脱俗"，与人类失去了联系。她进入宇宙深处，进入外太空，遇见了带翅的魔鬼。在治疗过程中，她将魔鬼的形象投射到我的身上，正如这一类事情经常发生的那样。这时，我自然会受到生命的威胁，因为不管谁规劝她回归常人的生活，她都会以死相逼。将故事告诉我之后，她在某种意义上已经出卖了魔鬼，投靠了一个地球人。因此，她才得以重新生活，甚至还步入了婚姻的殿堂。

从那以后，我开始以不同的眼光看待精神病人的痛苦，因为我已经体会到他们内心体验的丰富性和重要性。

人们经常问起我的心理疗法或分析疗法，对于这样的问题，我无法给出明确的回答。每一个病例的治疗方案都是不一样的。如果一个医生说他严格遵守某种疗法，我怀疑他不会收到很好的疗效。治疗方法应该是自然产生于病人身上的，但关于病人抵抗的叙述如此之多，倒像是医生在强迫病人去做什么。心理治疗和心理分析是随人类个体的变化而变化的。对于每一位病人，我都尽可能个别地去对待，因为问题的解决方法总是个别的。我们对万能法则只能以保留的态度去看待。在心理学上，只有可以逆转的真理，才是有效的真理。一个方案在我这里可能行不通，在另一个人身上却可能刚好适用。

当然，医生对所谓的"方法"必须要了然于心，但要杜绝落入任何具体的程式化的方法中。总之，我们一定要杜绝任何理论性的假设。今天可能是这样的假设管用，明天却轮到另一种假设管用了。理论假设在我的精神分析中是没有地位的。我故意一点也不循章法。在我看来，要处理好个体，只有个别地了解个体，才能行得通。针对不同的病人，要说不同的话。这个分析我说的可能是阿德勒，那个分析我说的却是弗洛伊德。

最关键的一点是，面对病人时，我把它当作是一个人面对着另一个人。精神分析是一个对话，需要双方共同参与，分析师与病人相向而坐，四目相对，医生固然有话要说，但病人同样也要发言。

由于心理治疗的本质并非对某种方法的运用，因此，光有精神病学的学习是不够的。我自己就工作了很长时间，才具备了心理治疗的资本。早在1909年，我便已意识到，对于隐性精神病，如果不了解它们的象征意义，便无从治好这样的病。我就是在这时开始了对神学的研究。

对于有文化有头脑的病人，精神病学家需要的不仅仅是专业知识。他们必须撇开一切理论上的假设，找出发病的真正原因，否则就会引起病人不必要的抗拒。毕竟，我们要的不是某个理论是否得到了求证，而是病人是否能够掌控了自己这个个体。但如果不参考集体的角度，这是无法做到的，医生应该对集体角度有所知才对。因此，仅仅接受医疗培训是不够的，人的精神包容万千，其范围远比医生的诊室这方寸之地要大得多。

身体的复杂性和可及性明显不如精神。也就是说，精神是世界的一半，这一半只有我们意识到时，它才会存在。因此，精神不仅是个人的问题，更是世界的问题，精神病学家要处理的是整个世界。

今天，我们前所未有地看到，威胁着我们所有人的危险并非来自大自然，而是来自人类，来自个体和集体的精神。人的精神失常就是这危险。一切都取决于我们的精神是否运作良好。当今时代，一旦有人昏了头，一颗氢弹就会爆炸。

然而，精神病学家不仅要了解病人，了解自己也同样重要。因此，必要条件就是对分析师的精神分析，这种分析叫训练分析。也就是说，医治病人，首先要从医生开始。医生只有懂得如何应付自己和自己的问题，才能将之教给病人。也只有这时，他才能做到这一点。进行训练分析时，医生必须学会认识自己的精神并重视它。如果医生做不到，病人也就学不了。病人会丧失一部分精神，就如医生会丧失掉他没能了解的那部分精神一样。因此，训练分析只掌握系统性概念是不足够的。接受精神分析的人必须认识到，精神分析关系到他自身，是现实生活的一小部分，而不是一种死记硬背就能掌握的方法。学生在自己的训练分析中如领会不到这一点，将来是要为此付出惨重代价的。

尽管有一种疗法叫"副心理疗法"，但在所有彻底的精神分析中，病人和医生的整个人格都是要被调动起来的。在很多病例中，医生自己不插足，就无法治好病人。在重要的关头，医生是设身处地地入戏，还是摆出医生的架子，结果会很不一样。在性命攸关的重要时刻，是生存还是死亡都成了问题，小小建议是起不了什么作用的。这样的话，医生的整个身心都会受到挑战。

治疗师必须时刻留意自己以及自己对病人作出的反应，因为我们的反应并不只是在有意识的状态下作出的。此外，我们必须时刻提问自己：我们的无意识对这一情形有着怎样的体验？因此，我们一定要像对待病人那样，仔细观察自己的各种梦，密切注意自己并加以研究。否则，整个疗程就会偏离正轨。下面，我将举例说明这一点。

我有过一个病人，是一位智商很高的女士，由于多种原因，她引起了我的怀疑。起先，精神分析进行得相当顺利，但没多久我便开始觉得，对于她的梦，我怎么也得不出正确的解释，而且我发现，我们的对话变得越来越肤浅了。我于是决定和她谈一谈这个问题，因为她不可能意识不到其中的不对劲。和她谈的前天晚上，我做了下面这个梦。

我沐浴着午后的阳光中，沿着公路往下走。公路穿过一个山谷，右边是一座陡峭的山，山顶上有一座城堡，城堡最高的塔楼上，一名女子正坐在栏杆上。我必须把头使劲往后仰，才能把她看清楚。醒来后，我的颈背一阵痉挛。甚至在梦里，我也能认出，那名女子就是我的病人。

我立即明白了这个梦的解释。如果在梦里，我要这样仰头去看那位病人，那么在现实中，我可能一直低头看她。梦终究是对意识姿态的补偿。我把梦和我的解释告诉了她，情况立即有了好转，治疗再次走上了正轨。

作为医生，我总是不停地问自己，病人向我带来了什么样的信息？病人对我意味着什么？如果病人对我没有意义，我也就没有下手之处。只有医生自己受到了影响，医生才能成为医生。"只有受伤的医生，才能医好伤者。"但如果医生把自己的人格当成盔甲来武装自己，他便没有了医生的作用。我用心地对等我的病人。也许，我和他们一样面临着一个问题。经常有这样的情况，即病人就正好是医好医生痛处的良方妙药。由于情况这样，医生也会遇到艰难困阻——更准确说，这些艰难困阻是专为医生而来的。

每一位治疗师都应该有一个第三者来控制，这样他才能听到另一种观点。即便是教皇，也有自己的忏悔师。我总是这样建议精神分析师："找个听取忏悔的神父或神母吧！"女人天生特别适合扮演这样的角色。她们往往拥有敏锐的直觉，犀利的批判性见解，能知道男人葫芦里卖的什么药，有时还能洞悉男人无意识中的诡计。她们能看见男人看不见的方面。这就是为什么女人从不相信自己丈夫是个超人类的原因！

不难理解，一个人如果得了精神病，是应该进行心理分析，但如果他觉得自己正常，他不会强迫自己这样去做。但我可以肯定地说，对于所谓的"正常"，我曾有过一些令人咋舌的经历。我遇到过一名完全"正常"的学生。他是一名医生，经一位老同事力荐，才来到我的门下。他曾经是那位同事的助理，后来接替了他的位置。其时，他拥有正常的医业，获得了正常的成功，有正常的妻子和儿女，住在正常的小镇的一间正常的小房子里，享有正常的收入，也许饮食也是正常的。他想成为一名精神分析师。我对他说："你知道这意味着什么吗？这意味着你必须首先学会认识自己。你自己就是工具。如果连你都走不对，你怎么能使病人走对？如果连你自己都不相信，病人又怎么可能信服于你？你自己必须是真材实料。如果不是，上帝都帮不了你！你会把病人引入歧途。所以，你自己必须首先接受精神分析。"他点头称好，但随即又说："我没有什么问题可以奉告的。"这应该是对我的提醒。我说："很好，那我们来检查你的梦吧。""我不做梦。"他说。"你很快会有梦的。"我回答说。换成是其他任何人，那天晚上很有可能是做了梦的。可他一个梦也想不起来。情况就这样持续了两个星期。我开始对整件事感到不安起来。

最后，他终于做了一个印象深刻的梦。我之所以要写下来，是因为这个梦说明了，在实际的精神病中，理解梦的含义是多么重要。他梦见自己坐火车出行。两小时后，火车在某个城市暂作停留。由于他不认识这个城市，想出去看看，于是，他向市中心走去。在市中心，他发现了一幢中世纪的建筑，可能是市政厅。 他抬步走了进去。 他沿着长长的走廊往下走,看见了一些华丽的房厅,房厅的墙上整齐地挂着古画和精美的织锦,各种名贵的古董随处可见。 突然,他发觉天色暗了下来,太阳已经落山。 我必须回车站去了。 他想。 这时,他发现自己迷了路,怎么也找不到出口在哪。 他慌了,立即意识到这栋建筑里一直没见过半个人影。 他感到不安起来,立即加快了脚步,希望能碰见什么人。 但他一个人也没碰见。 这时,他来到一扇大门前。 他如释重负,心想:这便是出口了。 他打开门,发现自己闯进了一个巨大的房间里。 房间很大很暗,甚至看不见对面的墙。 惶恐中,他穿过这巨大的空荡荡的房间,希望能在另一边找到出口。 这时,他看见房间正中央的地上有一个白色物体。 他走近一看,只见一个两岁左右的疯小孩,正坐在一个便壶上,浑身涂满了自己的粪便。 这时,他大叫一声,从梦中醒了过来,一脸的惊恐。

现在,我要知道的全知道了:这是一个隐性精神病人! 不得不承认,引他走出这个梦时,我着实出了一身汗。 我不得不将之轻描淡写,极力掩饰所有的危险细节。

这个梦说的大概是这样的意思:他出行是要到苏黎世去,但他只在那里作短暂停留。 房间中央的那个小孩正是他自己,一个两岁的小孩。 在年幼的孩子中,如此邋遢的行为似乎不太常见,但也还是有可能的。 粪便有颜色,有特殊气味,可能会引起小孩的兴趣。 在城市环境长大、家教可能较严的小孩,很容易会对自己这样的过错感到愧疚。

然而,做梦的那位医生并不是小孩。 他是个成年人。 因此,房间中央的那个意象是一种不祥的象征。 当他告诉我这个梦时,我意识到,他的正常是对这种不祥的补偿。 我的发现恰逢其时,因为他的隐性精神病险些发作,险些变成了显性。 这一点必须阻止。 最后,在他另一个梦的帮助下,我成功找到了一个可以接受的借口,结束了这次精神分析训练。 我们彼此都很乐意结束这一切。 我没有将诊断结果告诉他,但他可能已经意识到自己正濒临极度恐慌的边缘，因为他做了一个梦，梦见自己被一个危险的疯子穷追不舍。分析一结束，他立即回家去了。他后来再也没有搅动过自己的无意识。他移情作用①的正常性反映出他那不可能再发展的、面对无意识时破碎不堪的人格。隐性精神病是精神治疗师们最不愿接手的病例，因为这样的病情通常很难辨认。

这样一来，业余精神分析的问题出现了。我赞同非医学人士学习并实施心理治疗，但治疗隐性精神病时，他们有可能会犯下危险的错误。因此，我赞成业余人士担当精神分析师，但要在专业医师的指导下进行。业余分析师一旦感觉到哪怕是一丁点的不确定，都应该咨询自己的指导医师。即便是业内医生，也难以分辨出隐性精神分裂症并实施治疗，更何况业外人士。不过，我已经不止一次地发现，一些从事心理治疗多年，并且自己也接受过心理分析的业余人士，他们头脑聪明，能力过硬。何况，现在从事心理治疗的医生还远远不足。要从事这样的治疗，长期而彻底的训练是不可或缺的，而且知识面必须比绝大多数人要广。

医生与病人之间的关系会引起超心理现象，尤其是在病人发生移情或医生与病人在无意识上多少有些等同的情况下。我经常遇到这样的情况，其中一个例子令我印象特别深刻。这是一名心因性抑郁症患者，在我的帮助下，他已经摆脱抑郁，回家结婚去了。但我很不喜欢他的妻子。第一次见她时，我就感觉很不自在。她丈夫对我很是感激，但我却觉察到，她因为看不过我对她丈夫的影响，将我视为眼中钉肉中刺。女人如果对自己的丈夫没有真爱，就会心生妒忌，破坏他们之间的感情，这样的事情常有发生。她们希望丈夫完全属于自己，因为她们自己不属于丈夫。一切嫉妒的症结均在于缺乏真爱。

妻子的态度对病人造成了巨大的负担，使他不堪承受。结婚

---

① 移情作用亦称"感情移入"，审美活动中主体情感移置于对象,使对象仿佛有了主体的情感并显现主体情感的心理功能。

一年后，他不胜压力，旧病复发，陷入了一种新的抑郁状态中。我早料到会有这一天，因而吩咐过他，让他一旦发现自己情绪低落，便立即与我联系。结果，他没把这事放在心上，部分原因是因为他的妻子，她经常对他的情绪嗤之以鼻。我一直没听到他的任何消息。

那时，我在某地有一个演讲。回到酒店时，已是午夜时分。演讲完毕后，我和几位朋友小坐了一会，便上床休息，但一直无法入睡。大约两点时分——我一定是刚刚睡着——我突然被惊醒，然后感觉有人走了进来。我甚至还有种门被匆忙打开了的感觉。我立即开了灯，眼前却空无一人。一定是有人走错了门，我想。我朝走廊看去，可走廊也是死一般的寂静。"奇怪了，"我想，"明明有人进来了呀！"我于是努力回想所发生的一切，发觉自己是被一阵钝痛痛醒的，似乎有什么东西先击中了额头，然后又击中了后脑勺。第二天，我收到一份电报，说这位病人自杀身亡了。他开枪结果了自己。后来，我又听说，那颗子弹穿过他的头部，停在了后颅壁上。

这次经历是一次真实的共时性①现象。这种现象的出现通常与某种原型状况——在本案例中，原型状况是死亡——有关。通过无意识中时间和空间的相对化，我很有可能感知到了一些事情，而这些事情实际上发生在别的地方。这种集体无意识是人所共有的，是古人所说的"万物相怜"的基础。在这个案例中，无意识获悉了那位病人的情况。事实上，整整一晚，我都一反常态，一直处于一种紧张不安的奇怪状态中。

我从不劝病人改信别的宗教，也从不强人所难。我最看重的是病人对事情是否形成了自己的看法。在我的治疗下，异教徒仍是异教徒，基督徒仍是基督徒，犹太人仍是犹太人，要看命运为

---

① 荣格对巧合现象的一种解释。

他作了怎样的安排。

我还清楚地记得一位病人,那是一名失去了信仰的犹太女子。事情起于我的一个梦。我梦见一名素未谋面的年轻姑娘前来向我求诊。她大概介绍了一下她的病情,她讲的时候,我心里想,"我根本不明白她的话。我不明白她说的是怎么回事。"但我忽然想到,她必定有着非同一般的恋父情结。这就是那个梦。

第二天,我的预约簿上显示四点有一次预约门诊。一名年轻女子出现了。她是犹太人,是一名富有的银行家的女儿,漂亮,时尚,聪慧过人。她进行过一次心理分析,但医生却对她发生了移情,最后只得求她别再来了,因为如果她再来,那意味着他的婚姻将毁于一旦。

这个女子多年来一直饱受着严重的焦虑性神经症的折磨,而这次经历自然对她的病情更是雪上加霜。我首先看了她的既往病史,没发现什么特别之处。她适应能力很强,是个被西化了的犹太人,她的开明已经深入骨髓。起初,我根本看不出她有什么毛病。这时,我突然想起了那个梦。"天哪,这么说这就是我梦里的那个姑娘。"我想。但由于我没在她身上发现任何恋父情结的蛛丝马迹,我便问起了她祖父的情况。这是我在诊治这一类病人时的习惯。有一小会,她闭上了眼睛。我立即意识到,这就是问题的核心所在。于是,我让她把她祖父的情况告诉我。她说,祖父是一名拉比①,属于犹太教的一个派别。"你指的可是哈西德派②?"我问。她说是。我继续追问:"如果你祖父是拉比,那么他是一名圣徒咯?""正是,"她回答,"人们都说他是圣人,说他有第二视力。但那是胡扯。根本没有这样的事!"

我据此推断出了她的既往病史,明白了她患神经症的过程。

---

① 指受过正规宗教教育,熟悉《圣经》和口传律法而担任犹太教会众精神领袖或宗教导师的人。

② 犹太教正统派内分三个支派,分别是极端正统派、现代正统派和哈西德教派。

我向她解释说:"现在,我要告诉你一些你可能无法接受的事。你祖父是个圣徒,而你父亲成了犹太教的叛徒。他出卖了秘密,背弃了上帝。你患神经症是因为对上帝的恐惧已经渗入你心。"一番话如五雷轰顶,使她震惊不已。

第二天晚上,我又做了一个梦。家里正举办一个招待会,看,那个姑娘也在场呢。她走到我跟前,问我:"您有伞吗?外面雨太大了。"我果真找来了一把伞,摸索了半天才将伞打开,正要递给她时,你猜怎么着?我竟然双膝跪地,双手奉上,仿佛她是天神。

我把这个梦告诉了她,一个星期后,她的神经症消失了①。这个梦表明,她并非一个浅薄的小女孩,她的外表下隐藏着一名圣徒的潜质。她没有什么神学的观念,所以她本性中最根本的特性得不到表达。她的意识行为全部导向了调情、打扮、性,因为除了这些,她别无所知。她只知道理性,过着没有意义的人生。实际上,她是上帝的孩子,她的命运是完成上帝的秘密旨意。她属于必须要有精神活动的那一类人,我必须唤醒她身上的神学观念和宗教观念。就这样,她的人生变得有意义,她的神经症也消失无踪。

在这个病例中,我没施用任何"疗法",只是感受到了"内在指导精神"的存在。我向她解释后,她便不治而愈。在这里,治疗方法并不重要,"害怕上帝"②才是关键。

我常常看见,人们苟且于对人生这一问题的不足或错误的回答,因而出现精神疾病。他们一味追求地位、婚姻、荣誉,追求外在的成功或金钱,即便已经得偿所愿,也依旧闷闷不乐,从而

---

① 该病例治疗过程简单,因而有别于荣格的大多数病例。——原注
② 见《象征性生活》,牧师心理学公会演讲,第 80 号(1954 年伦敦)。——原注

神经失常。这样的人,他们的心灵视野往往非常狭隘。他们的人生缺乏充实的内容,充实的意义。如果他们能发展出更宽广的人格,他们的神经症一般来说都会消失。因此,发展的理念对我来说总是最重要的。

我的病人中大部分都不是信徒,而是些失去信仰的人。前来求治的人都是迷途的羔羊。即便在今天,在这个年代,信徒也仍有机会在自己的教堂里过上"象征性的生活"。我们只消想一想弥撒、洗礼、效法基督(imitatio Christi)以及宗教的其他很多方面的体验,便可知道。然而,体验和实践象征要以信徒的重要参与为前提,这往往是今人尤为缺乏的。精神病人则更甚,几乎总是缺乏。在这样的情况下,我们必须知道,无意识是否会自发地引出一些象征来填补空缺。但这样的话,这个问题仍然存在:一个有着象征性的梦或幻觉的人,是否同时能够明白其中的含义,并接受发生在自己身上的后果?

比如,我在《集体无意识的原型》①中提到过一位神学家的例子。这位神学家经常重复做同一个梦,梦见自己站在山坡上俯瞰一个很深的山谷,山谷里树茂林密,美不胜收。在梦里,他知道树林中央有一个湖,他还知道,什么东西一直在阻止他,不让他到那里去。但这一次,他想一探究竟。当他来到湖边时,气氛变得神秘起来,忽然,一阵轻风拂过,湖面上荡起了黑暗的涟漪。他吓得惊叫醒来。

起初,这个梦看似难以理解。但作为神学家,他应该记得那个被一阵突如其来的风搅动池水的"池子",也即病人泡在水中治病的那个池子——毕大士池②。天使下来触动了池水,池水于是获得了治病的功效。那阵轻风便是那"随意地吹③"的圣灵,这吓

---

① 见《原型及集体无意识》第17页—18页。——原注
② 传说中耶路撒冷附近的池子,据说池水可治百病。
③ 出自《约翰福音》第3章。

着了我们的做梦者。这里暗示了一种看不见的存在，一种我行我素的内在精神，它的存在令人不寒而栗。这位神学家不愿意将梦里的水池与毕大士池联系起来。他对这个池并无需求，因为这样的东西只在圣经中出现，或顶多在礼拜天早上作为布道的主题而谈起，与心理学根本扯不上关系。圣灵偶尔提一提是不错，但绝不是什么可以体验的现象！

我知道，我们的做梦者应该克服心中的恐惧，或者说克服心中的慌乱。但如果病人不愿意按已经向他揭示的方向去走并接受后果，我也决不强求。我不赞成随随便便说治疗不顺只是病人普通意义上的抗拒使然这种做法。抗拒——尤其是病人顽固不化时——才值得我们注意，因为抗拒常常就是警钟，容不得我们忽视。良方也可能是毒药，并非人人适用，手术如果出现禁忌症候，也可置人于死地。

一旦触及内心深处的体验，触及人格的核心，多数人会吓破了胆，很多人会落荒而逃。那位神学家正是这样。我当然知道，与其他人相比，神学家们的处境要艰难得多。一方面，他们与宗教更加接近，而另一方面，他们又更加受缚于教派教规。大多数人对内在体验的危险、精神层次的探索终究是陌生的。内在体验可能具有精神现实，这样的可能性令他们觉得反感。如果它能有一个超自然性或至少"历史性"的基础，当然是非常好的。但，精神性？与精神这个问题面对面时，病人通常会表现出一种不怀疑但深深鄙视的态度。

当今的心理治疗通常要求医生或精神治疗师"顺从"病人及病人的情绪。我认为，这样的做法并不总是正确的。有时候，医生主动介入也不无必要。

有一次，一名贵族妇女找我问诊。她有掌掴雇员的习惯，连她的医生都不能幸免。她有强迫性神经症，曾在一所疗养院接受治疗。当然，住院没多久，她便给了那里的主治医师一记"必须的"耳光。 在她眼里，他不过是个高级男仆而已。 她可是花了钱的，不是吗？ 那位医生把她放到另一家疗养院，但同样的情景再次上演了。 她并非真的发疯，但明显需要谨慎处理，于是那位倒霉的医生将她送到了我这里。

她脸相威严，气势逼人，身高足有六英尺——我敢说，她扇起人来可不是盖的！ 她刚来时，我们相谈甚欢。 后来，我终于有一次说了一些让她不爽的话。 她勃然大怒，一跃而起，就要扇我耳光。 我也跳了起来，说："行啊，你是女士，你先打，女士优先嘛！ 但我要还回去的！"我是当真要打的。 她跌坐回躺椅里，在我面前消了气。"还从来没人对我说过这样的话！"她断然说道。 从那一刻起，治疗开始有了成效。

这位病人需要的是刚性的反应。 在本案例中，如果一味"顺从"，就会大错特错，不仅帮不了病人，反而还会害了她。 她之所以有强迫性神经症，是因为她没法以道德约束自己，这样的人必须要有其他形式的约束——于是她出现了强迫性症状。

很多年前，我曾对所经手病例的治疗结果作过粗略统计，其中的数字我已记不太准，但据保守估计，三成病人完全得治，三成有明显好转，三成并无实质效果。 然而，最难评价的正是那些没有改善的病例，因为很多东西直到多年以后才为病人所意识和理解，而只有到这时，这些东西才会生效。 多少病人曾写信告诉我："当初问诊，却在十年之后，才真正明白这一切是怎么回事。"

我碰到过一些病人弃治的例子，但我极少遇到不得不将病人打发回家的情形。 即便有那么几个，其中也不乏后来向我作了积极反馈的。 这就是为什么治疗的成与不成总是如此难下定论的缘故。

显然，在行医过程中，医生也会遇到对自己有重大影响的病人。 医生会遇到一些这样的人，他们从未引起过公众的任何关注，不管这是好事还是坏事。然而，或许正是由于这样的原因，他们拥有一些异乎寻常的特质，或者说，他们的命中注定要经历前所未有的发展和灾难。他们有时候是奇人异才，能鼓动另一个人为自己豁出性命，但这样的奇能根植在如此怪异、如此令人不悦的精神性格里，我们很难说得清这是天赐其才的问题，还是发育不完全的问题。在这片没有可能的瘠土里，也会有罕见的精神之花时常开放，这是我们在社会的平原里从来不曾见过的。精神治疗要取得成效，需要有亲密的和谐一致的关系，亲密到医生对病人的水深火热无法视若无睹为止。毕竟，这样的关系在于两个相互对立的精神现实在辨证对峙的过程中不断比较，相互理解。如果由于某种原因，这些共同印象没有影响到双方，那么精神治疗过程还是无效的，并没有产生什么变化。除非医生与病人彼此成为对方的问题，否则是解决不了问题的。

我们今天所谓的精神病人，若放在别的年代，大多都不是精神病——即自我分裂。如果他们生活在这样的时期和环境里，那里的人仍然通过神话与先人的世界，也因此与自然——真正体验过的，而非只是从外部看到的那个自然——联系在一起，他们就能让自己幸免于这样的分裂。我这里指的是这样的一些人，他们既无法忍受神话的失去，又找不到通往一个只有外部性的、以科学为视角的世界的路，也无法满足于一种遣词弄句的智力，因为这样的智力与智慧根本不是一回事。

在我们这个时代，精神分裂患者所患的不过是选择性精神病而已。自我与无意识之间的鸿沟一旦弥合，他们表面的病症就会慢慢消失。亲身体会过这种分裂的医生，能够更好地理解无意识的心理过程，还能避免心理医生容易出现的自我膨胀。医生如果未能从自己的体验中获知原型的圣秘[①]，在诊病中遇到这样的情形

---

① 《论神圣》中使用的术语，意为一种无法言述的、神秘的、令人恐怖的、直接体验的神圣性感觉。

时，负面效应几乎就很难避免。他要么高估要么低估，因为他只有理性的观点，没有经验上的标准。疗治中出现的危险偏差正是从这一点开始的，这种偏差首先表现为试图以理性主宰一切，以达到一种不为人知的目的：使医生和病人与原型作用，从而与真正的体验保持着安全的距离；取代精神现实，换成一个看起来稳固的、人为的、但只有二维性的概念世界。在这个世界里，生命的真实覆盖在各种所谓的明确概念之下。体验被剥去了实质，取而代之的只是各种名称。从此，名称便取代了真实的位置。没有人对概念负有任何义务，概念性为什么如此受青睐，原因就在于它保证人们可以不受体验的侵扰。精神并不存在于概念中，而在于行动，在于事实。空有词句是于事无补的。然而，如此无用的做法，人们却在无休止地重复。

因此，在我的治疗实践中，最难对付、最不领情的，除了撒谎成性的骗子外，要数那些所谓的知识分子。对他们来说，左手永远不知道右手在做什么①。他们培养出一种"间隔心理"，什么东西都可以通过智力来解决，而智力是不受情感控制的——但如果情感得不到发展，他们还是会受到神经病的折磨。

从我与病人的接触中，从源源不断地展现在我面前的各种精神现象中，我学到了很多很多——不仅仅是知识，最重要的是我对自己本性的所有见解。错误和失败教会我的东西也绝对不少。我的病人主要以女性居多，她们以极大的责任感、理解力以及聪明才智进入我的工作。主要是由于她们，我才得以在精神治疗上开辟出新的道路。

一些病人成了我最初意义上的门徒，他们将我的思想带向了世界，其中一些人还和我建立了经久不衰的友谊。

我的病人拉近了我与人类生活的现实的距离，使我不知不觉

---

① 这句话出自《圣经》，原文是："你施舍的时候，不要叫左手知道右手所做的，要叫你施舍的事行在暗中。"

地从他们身上学到了一些实质性的东西。接触了这么多不同类型、不同心理层面的人,他们对我的重要性,远不是与名家零零碎碎的对话可以比得上的。我的一生中,最美好最有意义的交谈,乃是与无名氏的交谈。

第五章　西格蒙德·弗洛伊德[①]

我成为一名精神学家，开始了学术发展的探索之旅。初涉职场的我通过临床诊断，从外部开始观察精神病人，发现了具有显著特性的精神过程。我将这些东西做好记录分好类，尽管我对其中的内容毫不理解。人们认为这些东西已经过充分认证，将其视为"病理性"而拒之。随着时间的推移，我的兴趣越来越集中在一些能使我体验到某种我所能理解的东西的病例上——即妄想狂、躁郁性精神病以及心因性失常。踏入精神病学之初，我便研究了布鲁尔、弗洛伊德以及皮埃尔·让奈的著作，从中获得了极大的激励和启发。最重要的是弗洛伊德的析梦和解梦的技巧，我发现，他的这些技巧为精神分裂症的各种表达形式提供了有价值的线索。早在1990年，我就已经拜读过弗洛伊德的《梦的解释》[②]，但那时还无法读懂，只好暂时搁置一旁。二十五岁时，

[①] 本章算是对荣格所著的有关弗洛伊德的诸多文章的补充。他的这些文章中，最重要的几篇已收录在《弗洛伊德与精神治疗》中；剩下的两篇参见《论人类、艺术、文学中的精神》中的《历史背景下的西格蒙德·弗洛伊德》（1934年）和《纪念西格蒙德·弗洛伊德》（1939年）。——原注

[②] 在为弗洛伊德写的讣告（1939年）中，荣格称这本作品是"划时代的"、"也许是有史以来最大胆的尝试，他在实证主义这明显坚固的基础上，试图解开关于无意识精神的种种谜团。对于我们，对于年轻一代的精神病学家，它是……启发灵感的源泉。然而，在我们老一辈的同行的眼里，它是被嘲笑的对象。"——原注

由于缺乏相关的经历，我仍旧无法赏析弗洛伊德的学说。直到后来，我才经历了一些东西。1903年，当我再次捧起《梦的解释》，我发现书中的内容与我自己的想法竟然是相通的。最令我感兴趣的是，《梦的解释》将压抑机制的概念应用到了梦中，而压抑机制是由精神症的心理所引起的。这一点很重要，因为我在做词语联想实验时，经常遇到病人出现压抑的情况。面对特定的刺激词，病人要么回答不出联想词，要么反应迟钝，耗时过长。后来，我发现，每当刺激词触及病人精神上的创伤或冲突时，病人都会出现这样的中断。多数情况下，病人对此并无意识。当被问及为何中断，他们给出的答案往往特别不自然。读了弗洛伊德的《梦的解释》后，我终于明白，这其实是压抑机制在起作用。我所观察到的事实，与弗洛伊德的理论正好相符。就这样，我得以确证了弗洛伊德的观点。

说到压抑的心理内容，情况可就不大一样了。在这一点上，我无法同意弗洛伊德的看法。他认为压抑的原因是病人受过的性创伤。然而，据我自己的实践，在我所熟悉的许多神经病病例中，性欲问题的作用是次要的，起主导作用的是一些别的因素——如社会适应问题、因人生的悲剧性事件而引起的压抑、名声方面的考虑等等。后来，我将这些病例呈给弗洛伊德，但他拒不认同除性之外的其他起因。此举使我大为不满。

一开始，要将弗洛伊德在生命中摆放恰当，或者说，要采取正确的态度看待他，对我来说并不容易。熟悉他的作品时，我正为我的教学生涯作规划。为了能进大学里教书，我要完成一篇论文。但那时，弗洛伊德在学术界臭名昭著，与他扯上任何关系对于科学界的人来说都是有害的。对于他，"重要人物"顶多在暗中提及，开会时人们也只在过道里讨论，从不摆上台面。因此，发现联想实验与弗洛伊德的学说一致，绝不是什么值得高兴的事情。

一次在实验室里，我又在思考这些问题。这时，魔鬼在我耳边说，我大可发表我自己的实验结果和结论而不必提到弗洛伊德。毕竟，早在弄懂他的作品之前，我就已经得出了这些实验结果。但这时，我的第二人格发话了："如果你真这样假装自己不知道弗洛伊德，你就是在作弊。你的人生可不能建立在一个谎言上。"有了这句话，问题解决了。从那以后，我公开成为弗洛伊德的拥护者，处处维护着他。

我第一次站出来为弗洛伊德说话是在慕尼黑的一次会议上。当时，一名发言人在会上讨论了强迫性神经症，却故意对弗洛伊德的名字避而不提。1906年，我就这件事在《慕尼黑医学周报》上写了一篇文章①，文中提到弗洛伊德的精神病理论，说该理论对理解强迫性精神症作出了巨大贡献。这篇文章得到了两名德国教授的回应，他们写信提醒我，称如果我继续支持弗洛伊德，继续袒护他，我的教学生涯将不保。我回信说："只要弗洛伊德说的是真相，我就会支持他。如果事业一定要建立在限制研究、掩盖真相的前提下，这样的事业，我宁可不要。"就这样，我继续为弗洛伊德及其学说辩护着。然而，根据我自己的研究，我仍然无法认为一切神经症均由性压抑或性创伤引起。个别情况确实如此，但并非尽然如此。尽管这样，弗洛伊德开辟了一条新的研究路径，却遭到了当时的一片骂声，这在我看来实在是很荒唐的。②

我在《精神分裂症的心理》一书中所表达的观点并没得到多少认同。实际上，我遭到了同行的冷嘲热讽。不过，因为这本书，我开始与弗洛伊德相识。他邀请我到维也纳做客，于是，

---

① 文章是《弗洛伊德关于癔病的理论：给阿沙芬堡的回信》，载于《弗洛伊德与精神分析》。——原注

② 1906年，荣格给弗洛伊德寄去《诊断性联想研究》（1906年，英译，关于荣格在实验性研究方面的贡献）后，两人开始有书信来往，一直延续到1913年。1907年，荣格向弗洛伊德寄去了他有关精神病的心理发生的专著《精神分裂症的心理》。——原注

1907年3月，我们有了第一次见面。我们下午一点见，一见面便滔滔不绝地聊了十三个小时。弗洛伊德是我遇到的第一个真正重要的人物，在此之前，我还没遇到过任何能与之媲美的人。他的态度是容不得半点琐屑的。我发现他极其聪明，极其机敏，是个十分出色的人物。不过，我对他的第一印象一直有些纠结，不知如何看待他才好。

他对自己的性学说的解释确实使我印象深刻，但他的话无法消除我心中的犹疑。好几次，我都试着提出我的保留意见，但他每次总将我的意见归因于我的经验不足。他说得对，那时的我确实没有足够的经验来支撑我的反对。看得出，他的性学说对于他，无论是从个人上还是从哲学上，其重要性都是巨大的。这一点我印象很深，但我无法确定，他这样过分地强调性，到底多大程度上源于他的主观偏见，多大程度上基于有案可稽的经验。

首先，弗洛伊德对精神的看法非常值得怀疑。不管是一个人身上还是一件艺术品身上，只要有灵性（理性上而非超自然意义上的）表达出来，他便质疑这种表达，并旁敲侧击地指出这是性压抑的表现。不能直接以性解释的，他称之为"心理的性"。我反对这样的假设。按这样的逻辑，得出的有关文化的结论将是毁灭性的，文化将变成一个大笑话，变成性压抑这种病的结果。"对，"他肯定地说，"正是这样。这是命运的诅咒，我们无力反抗。"我决不会表示同意，也决不会就此作罢，但我觉得自己还没有能力与他抗辩到底。

这次见面还有一件事引起了我的注意。直到我们的友谊破裂后，我才想通了与这件事相关的一些东西。弗洛伊德对自己的性学说的感情投入程度非同一般，这绝对不假。每当谈起性学说，他的语气就会变得急促，几近于焦急，他常有的批判和怀疑的态度就会消失不见，脸上会出现一种感动不已的奇怪表情，至于其中的原因，我也茫然不明所以。强烈的直觉告诉我，性于他而言是一种圣秘般的存在。这一点在三年后（1910年）再聚维也纳时的谈话中得到了证实。

我至今仍清楚地记得弗洛伊德当时对我说的话:"亲爱的荣格,答应我,永远不要放弃性学说。这是最最基本的。我们要使它成为教条,成为不可动摇的堡垒,"他说这些话时情绪非常激动,用的是父亲对孩子的那种语气。"还有,我亲爱的孩子,答应我一件事:每礼拜天必上教堂。"我不禁一愣,问:"堡垒?抵挡什么?"他回答:"抵挡泥泞的黑潮——"说到这里,他犹豫了一下,然后加了一句:"神秘主义的黑潮。"首先,"堡垒""教条"这样的用词让我感觉很不安。教条,也就是说,他要设立的是一种不容置疑的信条,目的只为了彻底地压制各种怀疑的声音。但这样一来,就再也谈不上什么科学判断,一切都只受个人权力的驱使。

这便是我们的友谊中如鲠在喉的地方。我知道自己绝无可能接受这样的观点。弗洛伊德所说的"神秘主义",似乎指的是包括现在方兴未艾的超心理学在内的哲学和宗教所了解到的有关精神的一切。我倒觉得,性学说也一样神秘,也就是说,与其他很多推测性的观点一样,性学说也是个未经证实的假设。依我之见,我觉得科学真理是适合于一时的假设,而不是一直要遵守的信条。

我当时对此还不甚了解,但在弗洛伊德的身上,我能觉察到他无意识中的宗教因素在喷薄。显然,他希望我能帮他筑起一道屏障,以对抗这些处于无意识中的威胁性内容。

这次谈话给我的印象更增添了我的困惑。在此之前,我从不认为性是一种处境危殆的珍贵的思想,是我们必须一直忠于的思想。性对弗洛伊德的意义,明显要比其他人重要得多。对他而言,性是某种应该从宗教上去加以恪守的东西。面对如此深刻的信念时,人一般会变得胆怯,不敢有所言。我好几次想开口,却嗫嚅着说不出话来。谈话很快画上了句号。

我不知所措,窘迫不已。我感到自己窥见了一个新的未知世界，那里的新思想正向我蜂拥而来。 有一件事是清楚了的：以前总是大肆利用自己的非宗教性的弗洛伊德，现在却自己构筑了一个教条；或者更确切地说，他以另一个醒目的意象，即性，来代替他已经失去的那个妒忌的神①。 比起原来的神，这一意象同样坚决、苛刻、专横、吓人，同样有道德上的矛盾。 正如精神上较强的那个因素被赋予"神圣"或"恶魔"的属性一样，"性欲"也接管了隐匿的神或隐身的神（deus absconditus）的角色。 显然，这种转变的好处在于，弗洛伊德能够认为这种新的圣秘法则在科学上是无可指责的，是不带任何宗教色彩的。 但实质上，这种圣秘性，即在合理性上不具可比性的两个对立面——耶和华与性——的心理特性，却仍然是一样的，只不过换了个名称而已。 当然，随着名称的改变，看法也会不一样：失去的神如今不是从上面去找，而要从下面去找。 然而，如果较强的那个因素一会被冠以这个名字，一会被冠以那个名字，那最终又有什么区别？ 假使不存在心理学，只存在具体实物，一方就会被另一方所毁灭或代替。然而，在现实中，即在心理体验上，没有任何一丁点东西在急切、焦虑、强迫等等上的程度是更轻的。 于是，问题仍然存在：如何克服或避免我们的焦虑、亏心、负疚、强迫、无意识及本性。如果从光明的唯心主义的一面我们做不到这一点，那么，改从黑暗的生物学的一面来解决这个问题，也许会更有希望。

这些想法如同突然燃起的火焰，猛地闪现在我的脑海里，很久以后，当我回想起弗洛伊德的性格时，这些想法才彰显了它们的意义。 他有一个重要的特点，一直盘踞在我脑海里：痛苦。第一次见面时，我便已留意到这一点，只不过一直无法做出解释。 直到后来，我发现他的这个特点与他对待性的态度有关，我这才明白过来。 对弗洛伊德来说，性无疑是一种圣秘，但他的术

---

① 《圣经》十诫提到，耶和华是妒忌的神。 这证明，基督教既认同犹太教所顿悟的"神就是爱"，也接纳"妒忌的神"这一不调和的宗教观念。

语和理论却似乎只把性当作一种生理功能。 只有谈及性时他所饱含的感情，才会透露出他身上激荡着的一些更深刻的因子。 大体上——至少我是这么认为的——他是想教导我们，从内部来看，性包括灵性，性有着固有的意义。 但他那具体化的术语如此狭隘，根本表达不出这种观点。 他给我的印象是，他实质上是在与自己的目标对着干，与自己对着干，毕竟，没有什么比自己成为自己最大的敌人更为痛苦了。 用他自己的话来说，他觉得自己受到一股"泥泞的黑潮"的威胁——他比任何人都更想探一探这样的黑潮。

弗洛伊德从不关心自己为何一谈起性便滔滔不绝，为何会如此受性的思想的控制。 他一直没意识到，他这"单调的解释"体现了他对自己的逃离，或者说，对自己另一面的逃离。 这一面也许可以称为是神秘的。 只要他不承认这一面的存在，他便永远无法与自己握手言和。 他一叶障目，看不到无意识内容的矛盾与歧义，不知道出自无意识的一切都是有上限和下限、里面和外面的。 每每说到外面——这便是弗洛伊德所做的——我们只会想到整体的一半，从而导致无意识中产生了一种反作用。

对于弗洛伊德的这种片面性，我们实在无可奈何。 也许，他自己的一些内心体验曾为他打开视野，只不过他的理性将所有的这些体验都贬为"纯粹的性"或"心理的性"。 他一直受害于自己所认识到的那一面，因此，我觉得他是一个悲剧形象。 他是一个伟大的人物，却又是一个被自身魔鬼控制的可怜人。

经过维也纳的第二次交谈，我还明白了阿尔弗雷德·阿德勒的权力假说。 而在此之前，我很少对他的这一学说予以关注。 和大多数人一样，阿德勒从"父亲"身上学到的不是他的言辞，而是他的行为。 一瞬间，爱（厄洛斯[①]）与权力的问题沉沉地压

[①] 希腊神话中的爱神。

在了我的心头。弗洛伊德本人曾告诉过我，说他从未读过尼采的作品。现在看来，也就是说，弗洛伊德的心理学是理性历史上的一次敏捷行动，是对尼采奉权力法则若神明的补充。显然，这个问题得换种说法，应该说"弗洛伊德VS尼采"，而不是"弗洛伊德VS阿德勒"。因此，我觉得这不仅仅是精神病理学领域的内部纷争。这样的想法使我意识到，性欲和权欲某种意义上可能就像同一父亲的两个意见不合的儿子，或者是同一具有激发性的精神力量的两个不同的产物。从实证方面看，精神力量如同正负电荷一样，表现为两种互为相反的形式，性欲是正，权欲是负，或者权欲是正，性欲是负。性欲对权欲需求极大，权欲对性欲也一样。没有了其中一种欲望，另一种欲望还怎么存在？人一方面屈服于这种欲望，一方面又企图将其驯服。弗洛伊德体现的是客体如何屈从于欲望，而阿德勒体现的是人如何运用欲望，以便将自己的意愿强加在客体身上。尼采被命运玩弄于股掌却无能为力，只好为自己创造了一个"超人类"。对于弗洛伊德，我的结论是，他深受性欲的力量的影响，甚至希望将性欲上升为教条——像宗教上的神那样永恒（aere perennius）的信条。"查拉图斯特拉"①是某种信仰的宣扬者，这早已不是什么秘密。弗洛伊德也想超越教会，奉某种理论为神明。可以肯定的是，他并没有太高调地进行此事。相反，他怀疑我想当一名先知。他提出他那悲剧性的声明的同时，又推翻了这种声明。这就是人们对待圣秘性时常有的表现，而且理当有这样的表现，因为这些圣秘性从一方面看真实，另一方面看却并不真实。圣秘的体验抬高了你的同时，也羞辱了你。如果弗洛伊德能多一点考虑到这个心理现实，考虑到性是圣秘的——既是神又是魔，他就不会一直受限于一个生物学的概念无法自拔。如果尼采能够更加坚定地坚守人类存在的根基，他就不会由于自己的理性过度而被世界边缘化。

---

① 拜火教创始人。尼采著有《查拉图斯特拉如是说》。

精神因某种圣秘的体验而发生激烈震荡时,人所悬于其上的绳子就会出现断裂的危险。绳子一旦断裂,有人会跌入一种绝对的肯定中,也有人会跌入一种同样绝对的否定中。东方人对此的补救措施是无争无斗(Nirdvandva)。这一点我一直没有忘记。心灵的钟摆往返于意义与无意义之间,而非正确与错误之间。圣秘性之所以危险,是因为它引诱人们走向极端,把一个小小的真实当成那个真实,一个小小的错误当成致命错误。一切都会过去——昨天的真相是今天的谎言,昨天的谬论可能是明天的启示。心理学上的情况尤为如此。心理学上的事情,即使事实已经说出来,我们也仍然知之甚少。我们还远远没能明白下面这句话的意思:除非一些小小的意识——啊,太短暂了——已经察觉到什么,否则,什么都是不存在的。

与弗洛伊德的交谈使我发现,弗洛伊德害怕自己对性的见解这一圣秘之光会被一股"泥泞的黑潮"所熄灭。于是,一种神学的情形诞生了:光明与黑暗之间的斗争。这解释了其圣秘性,解释了弗洛伊德为什么要把他的教条当作一种宗教手段来捍卫自己。我的一本书《力比多的转变与象征》[①]写的是英雄为自由而斗争,而弗洛伊德的奇怪反应促使我在这本书中进一步研究了这一原型题材及其神学背景。

多年来,一边是性的解释,一边是教条的权欲,在这两者的引导下,我开始考虑象征主义的问题。研究精神的极性及动力是非常有必要的。此外,我还着手调查了长达几十年的"神秘主义的泥泞的黑潮"——也就是说,我试着去理解我们当代人的心理中潜在的有意识和无意识的历史性假设。

我很想听一听弗洛伊德关于预知学和超心理学的一般看法。

[①] 1912年出版,英译本为《无意识心理学》(1917);再版为《转变的象征》(1952)。——原注

1909年，我到维也纳拜访他时，曾就这些事情问过他的看法。由于他存在唯物主义上的偏见，他驳斥了这一全然复杂的问题，称完全是子虚乌有。他所依据的实证主义是如此浅薄，我几乎难以抑制嘴边的话，差点就反驳了他。好几年后，他才认可超心理学的真实性，承认"神秘"现象确有其事。

弗洛伊德这样说着时，我有一种奇怪的感觉，似乎我的横膈膜是铁铸的，正变得越来越炽热，成了一个红光灼灼的拱形。就在这时，我们正右方的书架发出一声巨大的爆裂声，我们都惊得站了起来，担心书架会在我们头顶坍塌。我对弗洛伊德说："看，这就是所谓催生性外化现象的一个例子。"

"怎么会呢，"他叫道，"根本就是胡扯。"

"这不是胡扯，"我回答说，"是您弄错了，教授先生。为了证明我的观点，现在我预计，待会很快还会有一声巨大的爆裂声！"果然，我话音刚落，书架又发出了同样的爆裂声。

直到今天，我也仍然不明白，我当时何以如此肯定。但我一点也不怀疑这一声爆裂声还会再来。弗洛伊德只是一脸吃惊地看着我。我不知道他心里在想什么，他的神情有何意味。总之，这件事引起了他对我的不信任，我总觉得自己做出了忤逆他的行为。我后来也再没和他讨论过这件事。

1909年是我们友谊的决定性的一年。我受邀到马萨诸塞州伍斯特市的克拉克大学，就联想实验进行演讲。弗洛伊德也单独收到了邀请，于是我们决定一同前往。我们在不来梅碰面，其时费伦齐[①]也加入了我们的队列。在不来梅时，发生了广受众议的弗洛伊德晕厥事件。我对"泥炭鞣尸"的兴趣，间接导致了这件事情的发生。我知道德国北部的某些地区发现了这些所谓的泥炭尸体。这是些史前人类的尸体，他们不是溺死在沼泽里，就是被人埋在沼泽里。泥炭水富含腐殖酸，尸体浸于其中，骨骼被腐

---

① 匈牙利心理学家，早期精神分析的代表人物之一。

蚀，皮肤被鞣化，因而皮肤和头发得以保存完好。这实质上是一种自然木乃伊化的过程，在这个过程中，尸体在泥煤的重压之下变得扁平。在荷兰、丹麦、瑞典，不时有挖泥煤的人挖出了这样的尸骸。

在不来梅时，我向他们说起自己读过关于这些泥炭鞣尸的报道，但当时有点犯浑，将这些鞣尸与不来梅市的铅窖干尸混淆了。我的兴致引起了弗洛伊德的不安。好几次，他都这样问我："你为何对这些尸体如此关注？"他对这整件事表现出了不同寻常的恼怒。一次，我们一起吃饭，席间又谈起了这样的内容，这时，他突然晕了过去。后来他告诉我，我和他谈论这些尸体，使他相信我的话中有希望他死的意味。听到这个解释时，我着实吃了一惊。他的幻想力之强使我感到警觉——如此强烈，无怪乎会晕倒在地。

还有一次出现了弗洛伊德在我面前晕倒的类似情况。那是在1912年慕尼黑国际精神分析大会上。会上，有人将话题转到了阿蒙诺菲斯四世[①]（埃赫那顿）上。他表示，阿蒙诺菲斯四世凿毁了其父碑上的皇名圈，是因为他对父亲持一种否定态度。他创立一神教的壮举的背后，潜藏着他的一种父亲情结。这样的言论惹恼了我。我试着反驳他，说阿蒙诺菲斯是一个富有创造力的人，他有着深刻的宗教信仰，他的行为是不能以他个人对父亲的反抗来作出解释的。我说，他其实一直纪念着他的父亲，他热衷毁图，只是针对阿蒙神这个名字而已，不管什么地方出现这个名字，他都会消灭殆尽。所以，他把父亲阿蒙-霍特普的皇名圈也凿了出来。再说，其他法老还不是自己替换了墓碑和雕像上的前人或前神的名字。他们觉得，自己是该神的化身，完全有权利这么做。我还说，这些神根本没开启任何新的风气，也没创立起任

[①] 古埃及第十八王朝法老，在位时期以宗教改革为名，强制推翻对阿蒙神的崇拜，转而崇拜太阳神。

何新的宗教。

这时,弗洛伊德从椅子上滑落下来,不省人事。大家围了过来,不知如何是好。我将他从地上扶起,抱到隔壁房间,放在沙发上躺着。抱他的时候,他恢复了一半知觉。他虚弱地看着我,那眼神像在看自己的父亲。我永远也不会忘记他的眼神。这次晕厥也有可能是其他原因造成的——当时气氛很紧张——但不管怎样,弑父臆想是两次晕厥共有的现象。

那段时间,弗洛伊德频频向我暗示,要把我当作他的继承人。这些暗示让我感觉很尴尬,因为我知道,我永远不可能很好地支持他的思想,也就是说,我不可能做到他所想的那样。而另一方面,我的批评意见又还没完善到足以对他有所影响的地步。我对他如此尊敬,强迫他与我的想法交锋,实为我所不愿。我对担任某个派别的领袖毫无兴趣,这样的担子实在是超出了我的能力。首先,这样的东西不是我的本性所在;第二,我不能牺牲我在学术上的独立性;第三,这样的光彩我实在很不喜欢,它只会使我偏离了我的真正目标。我关心的是真理的探求,而不是个人荣誉的问题。

1909年从不来梅前去美国的这次旅行为期七个星期。我们朝夕相伴,相互析梦。那时,我做了好些重要的梦,但弗洛伊德却说不出什么来。我并没有因此而对他形成不好的印象,因为就算是最好的分析师,也有解不开一个梦的谜底的时候。人总会有失败,我决不会因为这样的原因而不愿和他继续解梦。相反,这些分析对我来说非常重要,而且我发现,我们之间的关系是难能可贵的。我将弗洛伊德视为比我成熟、比我有经验的长辈,从这一方面上看,我感觉自己是他的儿子。但这时发生了一件事,这件事对我们的关系造成了严重的打击。

弗洛伊德做了一个梦。这个梦中涉及的问题,我觉得还是不公开为好。我尽我所能地解释好这个梦,而且补充说,如果他能向我提供更多有关他私人生活的信息，我还可以作出更多的解释。 听到这句话，弗洛伊德向我投来了奇怪的一瞥，眼神里充满了怀疑。 然后他说:"我可不能拿我的权威冒险！"那一刻，他已经权威尽失。 这句话深深地烙在我的脑海里，它预示着我们的关系走到了尽头。 原来，在弗洛伊德眼里，个人权威是凌驾于真理之上的。

正如我前面所说，弗洛伊德对我那时所做的梦要么解释不完全，要么完全解释不出来。 这些梦具有共同的内容，包含着大量的象征性素材。 其中一个梦对我十分重要，是它第一次将我引向了"集体无意识"的概念，为我的书《力比多的转变与象征》奏响了序曲。

这个梦是这样的。 我身处一间陌生的房子里，房子有两层。 这是"我的房子"。 我所在的地方是第二层，那里有一间客厅，内有洛可可式的精美的古式家具，墙上挂着一些名贵的古画。 我觉得这应该是我的房子。"还不错。"我心里想。 但这时我想起自己并不知道楼下是什么样子。 我下了楼，来到底层。 底层的一切要比楼上古旧得多，我意识到，房子的这一部分肯定可以追溯到十五世纪或十六世纪。 室内陈设是中世纪风格，地板由红砖铺就，到处一片阴森。 我一间房一间房地走，心里想，"这间屋子，我要好好地探究一番才是。"我来到一道重重的门前，开了门，门后是一条通往地窖的石阶。 我拾级而下，发现自己来到了一间有着漂亮拱顶的房子中，房子看起来极其古老。 我仔细地观察四壁，发现普通的石块中嵌有砖层，砂浆中也嵌有砖屑。 我一看就知道，这些墙壁是罗马时代的。 我于是兴趣大增。 我更加用心地观察地面。 地面是石板铺成的，在其中一块石板中，我发现了一个圆环。 我就着圆环往上拉，石板被提了起来，我看见了另一道窄窄的石阶，一直通往地下深处。 我同样走了下去，进入了岩石凿成的石洞中。 只见地上满是厚厚的尘土，尘土中凌乱地散布着人骨和破碎的陶器，看似是原始文明的残骸遗迹。 我发现了两个骷髅头，显然已有很长历史，骨架已经碎作一半。这时，我醒了过来。

弗洛伊德对这个梦的兴趣主要是在那两个骷髅头上。他总是一再地回到这个话题上，催我赶快找出我对此有什么相关的意愿。我对这些骷髅头作何感想？这些骷髅头是谁？他的言下之意，我当然再清楚不过：这个梦隐藏着希望他人死亡的愿望。"但他到底以为我会干什么？"我暗自思忖。我对谁有死亡愿望？这样的解释引起了我的强烈反感。对于这个梦的真正含义，我也已经有了一些头绪，但我那时不相信自己的判断，想听一听弗洛伊德的看法。我想向他学习。于是，我顺着他的意愿，说是"我妻子和小姑"。毕竟，我得点一些值得我有这个愿望的人啊！

我那时新婚燕尔，心里非常清楚，自己根本不可能有这样的意愿。但我无法做到既能向弗洛伊德说明自己对这个梦的解释，又不会引起他的茫然不解和强烈反对。我觉得自己争不过他，而且我担心，如果我一味坚持自己的观点，我可能会失去他这个朋友。另外，我还想知道，如果我为了迎合他的说辞而故意说假，他将如何看待我的回答，将作出怎样的反应。就这样，我对他撒了谎。

我很清楚，我这么做也并非无可指摘，但在什么处境，就应该做什么事。我不可能做到让他洞悉我的精神世界。我与他之间的鸿沟太大了。实际上，听了我的回答后，弗洛伊德感到甚为宽慰。由此可见，在处理某种特定的梦时，他完全无能为力，只能从自己的信条中寻求庇护。我意识到，这个梦的真正含义要靠我自己去发现了。

在我看来，这个房子显然指代了某种精神意象——也就是说，指代了我当时意识状态，以及目前为止所增加的无意识。客厅代表的是意识，尽管年深日久，却透露着有人居住的气息。

房子底层象征着无意识的第一层。我越往下走，眼前的景象就越变得陌生和幽暗。在洞穴里，我发现了原始文明的遗迹，也就是说，这里是我心中那个原始人的世界，是意识所无法到达或无法照明的世界。 人类的原始精神近似于动物灵魂的生命，就好比那些史前洞穴在人类占据之前，通常是动物的栖息地一样。

这段时间，我开始意识到，我是如何强烈地感觉到自己与弗洛伊德的学术态度的差异的。 我成长于十九世纪末巴塞尔浓郁的历史氛围中，读过一些老哲学家的思想，对心理史有一定的了解。 在思考梦和无意识的内容时，我从不忘在历史中去作比较。 上大学时，我一直在使用克鲁格的那本老哲学字典。 十八世纪和十九世纪初期的作者尤其为我所熟悉，他们所在的世界，正是构成了我梦里一楼客厅的气氛的那个世界。 通过对比，我能感觉到，弗洛伊德的学识史始自毕希纳、摩莱萧特、杜布瓦·雷蒙以及达尔文等人。

这个梦表明，我方才所描写的意识状态其实还存在着更大的范畴：从杳无人迹的长长的中世纪风的一楼，到罗马式的地窖，最后到史前洞穴。 这些景象意味着意识过去的时代和阶段。

这个梦出现之前，有几个问题好几天一直在我心头萦绕不去。 这些问题是：弗洛伊德心理学到底基于怎样的前提？ 属于哪一个范畴的人类思想？ 他那几近于排他的人格至上主义与一般的历史假设有着怎样的关系？ 我的梦向我回答了这些问题。 显然，这个梦指的是文化史的基础——意识那层层相接的历史。 我的梦因而构成了一幅人类精神的结构图，它假设有某种完全不具人格的本性潜藏在这一精神之下。 就像英语里说的，这个梦"clicked（点化）"了我，成为了我的一幅引导图，并在随后的日子里得到了证实，其程度是我一开始完全没有想到的。 这是我最初对先天性地存在于个人精神之下的一种集体性的一点模糊概念。 一开始，我以为这是早期的机能方式的痕迹。 后来，随着经验的增长，有了更可靠的知识作为基础，我才意识到，这原来是本能的形式，即原型。

我无法认同弗洛伊德的观点。 他认为，梦是一种"表面"，梦的背后隐藏着其真正意义，这种意义是已知的，只不过被梦恶意地扣了下来，不让意识知道而言。而我认为，梦是本性的一部分，梦绝对无意欺骗我们，它只会最大限度地去表达，就像植物生长、动物觅食那样，都是尽其所能的。这样的生命形态，也无意欺骗我们的眼睛，但我们却会自己欺骗自己，因为我们视力不好。又或者说，我们可能会听错，因为我们的耳朵很背，但这并不是我们的耳朵想要欺骗我们。早在与弗洛伊德见面之前，我便认为，无意识以及梦，即无意识的直接表达，是一种自然过程，任何独断的行为，尤其是阴谋诡计，均不能归咎于此。我不知道我们有什么理由去假定，意识中的欺诈可以延伸到无意识的自然过程中来。相反，日常经验告诉我，无意识对意识大脑的趋向所表现出的抗拒是何等地强烈。

梦见这间屋子产生了一种奇妙的效果，它重新点燃了我对考古学的兴趣。回到苏黎世后，我阅读了一本关于巴比伦考古发现的作品，还看了各式各样的神话读物。在阅读的过程中，我无意间发现了弗雷德里克·克罗伊策的《古代民族的象征主义与神话》。我的热情瞬间被点燃了！我发疯般读了起来，还带着极大的兴趣通读了大量神话资料，然后又阅读了诺斯替教①的作品，最后在一片茫然中结束了这次阅读。我发现，我所陷入的这种困惑，与我在精神病院时为了设法理解人脑的精神状态的意义而产生的困惑非常相似。我仿佛正置身一间假想的疯人院中，正着手治疗和分析克罗伊策的书中所出现的半人马、仙女、天神和女神，仿佛他们是我的病人。这样沉浸其中时，我不由自主地发现了古代神话与原始人心理之间的密切关系，这促使我对原始人心理进行了大量的研究。

---

① 先于基督教的一种神秘主义宗教，认为物质和肉体都是罪恶的，只有领悟神秘的"诺斯"（希腊文 gnosis，意为"真知"、"灵知"），才能使灵魂得救。

埋头于这些研究时，我偶然间读到一位美国年轻姑娘米勒小姐的幻想。我与她素不相识，这些材料由我的一位德高望重的朋友西奥多·弗卢努瓦发表在日内瓦的《心理学档案》上。我立即被这些幻想所具有的神话特征震慑住了。我的思绪本来堆积如山，一团乱麻，如今仿佛加上了一剂催化剂。渐渐地，在这些想法以及我所获得的神学知识的孕育下，我的作品《力比多的转变与象征》得以成形。

撰写这本书时，我做了一些梦，这些梦是我与弗洛伊德即将决裂的前兆。其中，最重要的一个梦的场景是瑞士奥地利交界处的一个山区。时值黄昏，我看见一位老人，穿着奥地利帝国时期的海关官员的制服。他背有点驼，径直从我身边走过，看都没看我一眼。他看起来很生气，很愁，很懊恼。在场的还有其他人，有人告诉我，这个老头并非真的存在，而是一位死了多年的海关官员的鬼魂。"他就属于那些仍然死不得其所的人。"以上便是这个梦的第一部分。

我开始着手分析这个梦。一想到"海关"，我立即联想到了"审查"一词。至于"交界"，我的联想有二，一是意识与无意识之间的分界，二是弗洛伊德与我之间的分界。我认为，边境上极其严格的海关审查暗示的是分析。在边境，行李要打开检查，以防走私，而在检查的过程中，无意识的假设被发现了。至于那名年老的海关官员，很明显，他的工作带给他的快乐与满足太少，使得他对这个世界充满了怨念。不得不承认，这一点与弗洛伊德很像。

那时，弗洛伊德的权威对我来说已经所剩无几。但在我眼里，他仍然是一位长者，我在他身上投射的是父亲的形象。这个梦出现时，这种投射还远远没有消失。只要有这种投射存在，我们便客观不起来，我们会一直处于一种意见不合的状态中。我们一方面相互依赖，一方面又互相抵触。这个梦发生时，我仍然非常敬重弗洛伊德，但同时又对他感到不满。这种分裂的态度表明，我对这种情况还没有意识，还没有下定任何决心。这是一切投射的共同特征。这个梦迫切要求我阐明这种情况。

在弗洛伊德的人格的影响下，我总是尽量抛开自己的判断，强压心头的异议。这是与他合作的先决条件。我总是告诉自己，"弗洛伊德比你明智得多，老练得多。现阶段你必须好好听他的话，好好向他学习。"然后，令我惊讶的是，我竟然梦见他变成了一名面带愠色的奥地利帝国的官员，一具已经作古却仍然游荡于世的海关稽查员的鬼魂。这会不会是弗洛伊德所暗示的我希望他死的愿望？我没发现自己身上任何一处可能会有这样的愿望。我不惜一切代价，希望与他携手共进，非要坦白我的一点私心，那便是我希望能够分享他的经验。我们的友谊对我来说十分重要，我没有理由希望他死。但也有可能这个梦可以看作是一种矫正剂，是对我意识中对弗洛伊德的高度评价和景仰的一种补偿或矫枉。所以，这个梦建议我对弗洛伊德采取一种更具批判性的态度。这令我非常震惊，尽管梦中最后一句话似乎暗示了弗洛伊德潜在的不死性。

海关官员这一幕并不是这个梦的结束。隔了些时日后，我又做了第二个梦，这个梦比第一个梦更加不寻常。梦中，我身处意大利的一个城市，时间是中午，大概在十二点到一点之间。烈日炎炎，炙烤着狭窄的街道。城市建于山坡之上，这让我想起巴塞尔的一个地方——科伦伯格。窄窄的街道通向伯西格塔尔山谷，山谷横穿城市，街道的一部分是阶梯步级。在梦里，有一条这样的阶梯向下一直通往巴弗瑟广场。这座城市是巴塞尔，但它同时又是一座意大利城市，有点像意大利的贝加莫。时值仲夏，烈日当头，万物均笼罩在炽热的白光中。人潮向我汹涌而来，我知道，各大商店打烊了，人们正赶回家吃饭。人潮中有一名全副武装的骑士，正拾级向我走来。他戴着一顶头盔，那是一种叫轻钢盔的头盔，眼睛处留有窄缝。他身穿锁子甲，外面还套着一件白色的束身大衣，大衣前后均缝有一个大大的红十字。

在一个现代城市里,在人潮拥挤的中午,突然看见一个十字军向你走来,其中的感受你很容易能猜出来。令我尤为震惊的是,到处都有人在走,却没有一个人注意到他的存在。没有人回过头来看,也没有人在后面盯着,似乎除了我之外,他在所有人眼里都是隐形的。我问自己:这个幽灵到底意味着什么?然后似乎有人回答了我的问题(但那时并没有人在说话):"对,这是一个幽灵。它是这一带的常客。很长时间以来(据我推算,有好几个世纪),这个骑士总会在十二点和一点之间经过这里,这是大家都知道的。"

这名骑士和那位海关官员是两个反差很大的人物。海关官员是缥缈的,是一个"仍然死不得其所"的人——一个正在消逝的灵魂。而这名骑士却充满了生命的活力,是完全真实的。第二个梦是极其神圣的,而第一个梦所出现的边境上的一幕却平凡无奇,它本身并不起眼,只不过我后来回想起来时,才为其所震撼。

这些梦出现后,有一段时间,我对骑士这个神秘人物进行了大量的思考。但直到过了很久,我在这个梦上思考了很长时间以后,我才略得要领。我在梦里就已经知道,这名骑士来自十二世纪,而炼金术正是始自这一时期,寻找圣杯①也是发生在这一时期。自我十五岁第一次读了圣杯的故事起,这些故事便对我产生了极其重要的意义。我隐约感觉到,这些故事的背后仍然隐藏着一个巨大的秘密。因此,这个梦使人联想到圣杯骑士及其寻杯之旅这个世界,在我看来是再自然不过的事情。这是因为,从最深刻的意义上讲,这是我自己的世界,它与弗洛伊德的世界几乎没有任何关系。我的整个存在都在寻找仍然未知的事物,使庸常的生活变得有意义。

---

① 十字军东征时期,很多参与战争的骑士、农民在当时的宗教领袖煽动下,疯狂地在圣地寻找各种圣物,其中包括耶稣在最后的晚餐上用过的"圣杯"。

令我深感失望的是，我苦苦思索，付出了艰辛的努力，换来的显然并非精神深处的发现，而更多的是太过常见、"太过人类"的局限。我来自农村，在农民中长大，牛棚马厩中学不到的，我得以在拉伯雷①式的幽默以及我们民俗传说那信马由缰的幻想中学到了。对我来说，乱伦和性变态都不是什么特别新鲜的事儿，不需要进行特别说明。这些行为和其他犯罪行为一道，构成了生活阴暗面的一部分。阴暗面破坏了生活的趣味，因为它们使我再清楚不过地看到，人类存在是多么地丑恶与无意义。白菜茁壮于粪肥之中，在我看来从来都是天经地义的事情。坦白说，我在这样的认识中并没发现什么有用的见解。"只不过他们都是些城里人，他们不了解大自然和人的畜舍。"我想。我实在受够了这些丑陋的事情。

不了解自然的人，当然会患神经症，因为他们无法适应现实。他们就像小孩，太幼稚，有必要告诉他们生命的事实——也就是说，要让他们明白，他们和其他所有人一样，都是人类。但并不是说，这样提点一下就能治好他们的神经病。只有爬出庸常的泥潭，他们才能恢复健康。但他们又太喜欢留恋他们先前压制的东西。当理论将他们牢牢束缚，仅仅向他们提供那个理性或"合理"的劝诫，劝他们摈弃这一种幼稚时，如果分析师没能让他们意识到一些不一样的更好的东西，他们又怎么会爬出庸常？这正是他们所无法做到的。如果他们没发现可以立足的东西，他们又怎么能做到这一点？一种生活方式是不能轻易地放弃的，除非另有一种方式可以替换。至于说全然理性的生活之道，经验告诉我们，这是不可能的，尤其是对于那些其本性与神经病人一样不可理喻的人。

现在我终于知道，我为何会对弗洛伊德的个人心理产生如此强烈的兴趣。我急于知道他的"合理办法"背后的真相，为了获

---

① 文艺复兴时期法国最杰出的人文主义作家之一，写作风格粗俗而诙谐。

得答案，我已经做好了作出重大牺牲的准备。 现在，我感觉我追到答案了。 在前往美国的途中，我发现，弗洛伊德自己也有神经病，他的病无疑是可以诊断出来的，而且他的症状极为棘手。 当然，他曾经教导我，每个人都有一定程度的神经症，我们必须力行宽恕。 但我一点也不喜欢满足于这样的说法，相反，我想知道，人要怎样才能避免得精神症。 显然，如果连弗洛伊德这样的大师都无法处治好自己的神经症，那么，弗洛伊德和他的弟子都不可能明白，精神分析的理论与实践到底意味着什么。 于是，当弗洛伊德宣称要确定某种理论和方法，将它们变成某种教条时，我便再也不能与之合作了。 除了退出，我别无选择。

在快要完成《力比多的转变与象征》这本书中《祭献》一章时，我便已事先知道，此书要出版，代价将是我与弗洛伊德之间的友谊，因为我打算把自己对乱伦——即性欲概念的重大转变——的看法以及各种与弗洛伊德相左的意见写进书中。 我认为，只有在极少数例子中，乱伦才意味着个体的复杂性。 通常情况下，乱伦有着极具宗教意味的一面，由于这个原因，几乎在所有宇宙起源说和众多神话故事中，乱伦这一主题都扮演着决定性的角色。 但弗洛伊德却死抓其字面意思不放，领会不到乱伦作为一种象征在精神方面的意义。 我知道，在这个问题上，弗洛伊德永远不会认同我的任何观点。

我向妻子说明了此事，告诉了她我的顾虑。 她试着安慰我，说虽然弗洛伊德有可能会不认同我的观点，但以他的宽宏大量，他是不会提出反对的。 我自己也相信，他不可能会这么做。 整整两个月，我都在作痛苦的思想斗争，根本无法下笔。 我到底应该保留自己的想法，还是将如此重要的友谊豁出去？ 最后，我决定继续完成本书的写作——果不其然，我失去了我与弗洛伊德的友谊。

与弗洛伊德决裂后，所有的朋友和熟人也渐渐疏远了我。 我的书被称作是一纸废话。 我是个神秘主义者，这解决了问题。

只有里克林和梅德这两人表示支持我。不过，我早就预料到自己会被孤立，我那些所谓的朋友会作出何种反应，我早已不抱任何幻想。在这一点上，我事前已经彻底考虑过。我本就知道，我已赌上自己的一切，我也知道，我必须表明自己的立场。我意识到，《祭献》这一章指的其实是我自己的祭献。即使我明白，我的想法将得不到理解，但有了这样的洞见，我便得以继续执笔。

现在回想起来，可以说是我独自一人从逻辑上追索了弗洛伊德最感兴趣的两个问题：古代遗迹和性。人们普遍认为，我看不到性欲的价值，这是大错特错的。相反，性欲作为精神整体的一种本质表现——但并非唯一表现——在我的心理学中发挥了重大作用。但我主要关心的是在性的个人意义和生物机能之外，去研究性的精神层面及其神秘意义，由此解释令弗洛伊德如此着迷却又把握不住的这个问题。对于这个问题，我的观点写在《移情心理学》和《神秘的融合》[1]这两本书中。作为地下精神的一种表现，性具有极其重要的意义。这种精神是"上帝的另一张脸"，是上帝意象的阴暗面。自从我潜心于炼金术的世界以来，地下精神这个问题便占据了我的心灵。从根本上说，这一兴趣是与弗洛伊德早期的那次谈话所唤起的，当时，我对弗洛伊德为性的现象所深为感动而感到困惑。

弗洛伊德最大的成就可能在于他能够认真地对待精神病人，能够深入他们的个体心理中去。他勇于让案情自己说话，从而能够深入病人真实的心理。也就是说，他用病人的眼睛去观察，因而对精神病获得了更深入的了解，而这种了解放在以前是绝无可能的。在这一方面，他不偏不倚，以一己之勇，成功地克服了大量偏见。他就像《旧约》中的先知，一手推翻了虚假的众神，撕开了大量不诚实和虚伪的面纱，无情地将当代精神的腐败暴露在

---

[1] 载于《精神治疗实践》。——原注

光天化日之下。这样一种首创性的举动，免不了要遭冷眼，而他却从未动摇。他推动了文明的进程，这种推动力源自他发现了一条通往无意识的途径。梦是无意识过程最重要的信息来源，通过析梦，原本看似已经无可挽回地失去了的工具，又被他交回了人类手中。他以实际经验为根据，证实了无意识精神的存在，而在此之前，这种精神仅仅作为一种哲学假设而存在，特别是在哲学家C.G.凯鲁斯和艾德华·凡·哈特曼的笔下。

可以说，尽管现代人与无意识打交道已经五十年有余，但当代文化意识却仍未将无意识的概念及其所有含义纳入一般性哲学中。要使精神生活具有两极性这一基本认识得到同化，未来的担子还很重很重。

第六章　直面无意识

　　与弗洛伊德分道扬镳后，很长一段时间内，我的内心都无法感到确定。这样的状态，用迷失方向来形容，也毫不为过。我感觉自己完全悬在半空，因为我尚未找到立足之处。最重要的是，我觉得有必要用一种新的态度对待病人。我决定暂时不将任何理论性的前提加在病人身上，而是静观其变，看看他们自己会说些什么。我的目的是要让事情变得顺其自然。这样做的结果是，病人总会自发地向我汇报他们的梦和幻想，而我则只需问"发生了什么与此相关的事情？"或"您这么说是何用意呢？""这是怎么来的呢？""您怎么看待这件事情？"这些解释似乎可以从病人的回答和联想中自发产生。我避免一切理论性的观点，不运用任何规则和理论，仅仅帮助病人自己去理解他们梦中的意象。

　　我很快发现，我这样以梦作为解释的基础是正确的，因为梦的意图正是解释。梦是事实，我们必须以梦为出发点。很自然的是，这一方法引出了如此多的方方面面，以至于标准的制定变得越来越紧迫。几乎可以说，我们需要的，乃是一个初始定位。

　　大约在这一时期，有那么一瞬间，我的头脑变得异常清晰，这使我得以回顾了我一路走来的历程。我对自己说："你现在掌握着神话之门的钥匙，你可以打开无意识精神的所有大门。"但这时，内心有声音在悄声说："干吗要打开所有的门？"于是，一个问题立即出现了：我到底都做了些什么？我解释了过去人们的神话，写了一本关于英雄的书，而英雄就是人类一直生活在其中的神话。但今天的人，又生活在怎样的神话里？答案可能是基督神话。"你生活在基督神话中吗？"我问自己。说实话，答案是否定的。对我来说，基督神话并不是我赖以为生的东西。"难道，我们就再也没有神话了吗？""正是。显然我们再也不会有任何神话了。""可是，那你的神话是什么呢？你生活在怎样的神话里？"此时，我的自问自答变得不太舒坦了，于是我停止了思索。我陷入了死胡同。

接着，1912年圣诞节前后，我做了一个梦。我梦见自己在一个富丽堂皇的意大利长廊中，长廊有柱子，有大理石地面和大理石栏杆。我坐在一把文艺复兴时期的金椅中，身前放着一张美丽绝伦的桌子，桌子由绿色石头做成，看起来如同翡翠一般。我坐在那里，举目远眺，因为长廊建在城堡的塔楼上，位置很高。坐在桌前的还有我的孩子们。

突然，一只白色的鸟儿飞了下来，优雅地落在桌面上。那是一只小海鸥或鸽子。我示意孩子们别动，以免吓跑了这只漂亮的白色鸟儿。忽然，鸽子摇身一变，变成了一个小女孩，大概八岁的模样，长着一头金色的长发。她和孩子们一同跑开，在城堡的柱廊间嬉戏起来。

我陷入了沉思，沉思自己刚才经历了什么。小女孩又折了回来，用胳膊轻轻搂住了我的脖子。这时，她突然消失了，变回了鸽子的模样，我听见它用人的声音慢吞吞地说："只有入夜后前面几个小时，我才能变身为人类，因为这时那只雄鸽子正忙着对付那十二个死人。"说完她飞走了，消失在蓝蓝的天空中。这时，我醒了过来。

我久久不能平静。一只雄鸽子，与十二个死人之间能有什么瓜葛？说到那张翡翠桌子，我倒想起了炼金术师霍尔梅司·托利司梅吉思托司的故事。据说，他死后曾留下过一张桌子，桌子上用希腊文刻着炼金术智慧的基本原理。

我还想到了十二个门徒,十二个月份,十二个星座等等,但还是解不开这个谜,最后只得作罢。我唯一能肯定的是,这个梦表明了无意识的一次不寻常的活化。然而,我并不知道有什么方法,可以深入自己的内在进程的底部,因此,除了干等,我别无他法。我继续着我的生活,并密切注意自己的幻想。

有一个幻想总是一再地出现:一些东西明明死了,却又还是活的。比如,尸体刚扔进焚尸炉,却发现竟然还活着。这些幻想达到了尖锐化,然后一并消散在同一个梦中。

梦里,我身处一个像阿尔勒附近的阿里斯岗[1]那样的地方,那里有一条雕花大理石棺形成的小巷,石棺可追溯到梅罗纹加[2]时代。在梦里,我从城市走来,看见前面有一条类似的小巷,一排长长的坟墓列于其上。坟墓是石板基座,尸体躺在石板上。这让我想起了老式的教堂拱形墓穴,那里身披铠甲的骑士正是四脚朝天地躺着的。在梦里,死人就这样躺着,他们身着古代的服饰,双手扣在一起,不同的是,他们并不是石头凿成的,而是怪模怪样地木乃伊化了。我在第一个墓前站定,看着墓上的尸体,死者是十八世纪三十年代的人。我正兴致勃勃地观察他的衣服,这时,他的身子动了动,竟然死而复生了。他松开了两只手,但这仅仅是因为我看着他。我感到极为不快,但继续挪步,来到了另一个尸体面前,死者属于十八世纪。这时,同样的事情又发生了:我一看着他,他就会活过来,动了动他的手。我整列挨个走下去,最后来到了十二世纪的尸体前——也就是说,这是一名身穿锁子甲的十字军战士,他双手紧扣地躺在那里,那模样像是木头里刻出来的。我看了他好一会,以为他真的死了。突然,我

---

[1] 中世纪的亡灵之城,位于阿尔勒城门之外。
[2] 梅罗纹加是法国封建社会六个王朝的第一个,欧洲中世纪的黑暗历史正是从梅罗纹加王朝开始的。

看见他左手的一个手指开始轻轻地动了起来。

当然,我本来坚持的是弗洛伊德的观点,认为无意识中存在着古人经历的痕迹①。然而,这样的梦以及我对无意识的实际体验告诉我,这些内容并不是死的过时的形式,而是属于我们活着的存在。我的研究已经证实这一假设,并且多年来从中发展出了原型理论。

然而,这些梦并不能缓解我迷茫的感觉。相反,我似乎总生活在一种持续不断的心理压力中。有时候,这种压力实在太重,以至于我怀疑自己身上出现了精神障碍。因此,我两度回顾了自己的一生,把所有细枝末节都想了一遍,并对童年时期的记忆加以了特别关注,因为我觉得,以前可能会有一些我没看出来的东西,这些东西可能会是精神障碍的原因。可惜,这次回顾除了使我再一次承认自己的无知之外,别无所获。我只好对自己说:"既然我什么都不懂,那我干脆想到什么就做什么。"于是,我有意识地让自己顺着无意识中的冲动去走。

脑海中浮现的第一件事是童年时期的记忆,其时大约十岁或十一岁。那时的我,有一阵子特别喜欢玩积木。我清楚地记得我那时建小房子,建城堡,用瓶子做门的两侧和拱顶。后来,我改用普通的石头,用泥巴做砂浆。这样的构筑使我迷恋了很长时间。令我惊奇的是,伴随着这一记忆而来的还有大量的情感。"哈哈,"我对自己说,"这些东西还有生命力。那个小男孩还在,他拥有我所缺乏的创造性的生命。但是,我怎样才能到那里去呢?"因为,作为一个成年人,把当前的我与十一岁时的我连通起来,我觉得是不可能的。然而,如果我想和那一时期重新建立联系,我没有其他办法,只能回到那个时期,回到那时的孩童生活,玩起那些幼稚的游戏。这一刻是我命运的转折点,但在遇到没完没了的抵触,感觉到无奈之后,我放弃了,因为我发现,除

---

① 弗洛伊德曾说起过"古代遗迹"一事。——原注

了玩一玩孩时的游戏,我根本什么也做不了。 这对我来说是一种痛苦而羞辱的体验。

不过,我开始收集一些合适的石子,石子有些来自湖边,有些来自湖里。 我开始建农舍,建城堡,建整个村庄。 这些东西里还少了个教堂,于是我搭建了一个方方正正的建筑,顶部有一个六边形的鼓,还有一个圆顶。 教堂还要有祭坛,但我犹豫着没有建。

就在我为如何完成这一任务而焦头烂额时,一天,和往常一样,我沿着湖边,边走边从岸边的砾石中挑着石子。 突然,我看见了一块红色的石子,呈四面金字塔状,约1.5英寸高。 那是一块石头碎片,由于湖水的作用而磨成了现在这个模样——一件浑然天成的产物。 我立即明白,这就是祭坛! 我将这块石子置于圆顶之下的正中位置。 这么做的时候,我想起了儿时梦见的那个地下阳具。 这样的关联使我感到十分满意。

每天午饭过后,只要天气允许,我都会继续我的搭建游戏。 我一吃完饭就开始玩,一直玩到病人来诊为止。 如果下午的工作完成得早,我也会回去继续我的搭建。 在游戏的过程中,我的思绪变得清晰起来,从而领会了我依稀感觉存在于我身上的那些幻想。

当然,我也会思考我这么做的意义,并且自问:"你现在到底在做什么? 你在建一个小镇,像是在进行一种仪式!"我无法回答自己的问题,但我的内心非常确定,我正走在发现我自己的神话的路上,因为搭建游戏只是个开始,它释放出了大量的幻想,这些幻想后来被我详细地记录了下来。

这一类事情与我一直是一致的。 在我晚年的岁月里,每当我碰到难以逾越的障碍时,我就会画一幅画,或者凿石头。 每一次这样的经历,都证明是对后来紧跟着出现的思想和工作的一种入门仪式。我今年①和去年写的所有书,即《未发现的自性》、《飞碟:一个现代神话》、《从心理学的角度看良知》,均源自我在妻子去世后②所作的雕刻品中。她生命的终结、事情的结束以及我从中意识到的东西,将我狠狠地甩出了我自己。我费了好大的劲,才重新找回了立足点,而与石头的联系帮助了我。

将近1913年秋时,我内心似乎觉得我所感到的压力正在向外转移,空气中似乎有什么东西。我确实觉得,周围的气氛比之前暗了许多,似乎那种压迫感不再只是源于某种精神状况,而是源于实实在在的现实。这种感觉开始变得越来越强烈。

同年十月,我独自出行,旅途中,一种强烈的幻觉突然铺天盖地而来。我看见了洪水滔天,把北海与阿尔卑斯山之间的整个北部地区和低洼地带变成了一片海洋。洪水淹到瑞士时,我看见山峰变得越来越高,将我们的国家保护起来。我意识到,一场可怕的灾难正在上演。我看见了滚滚浊流,人类文明的瓦砾到处漂浮,溺亡者不计其数。接着,整片大海变成了茫茫血海。这一幻觉持续了约一个小时。我又是困惑又是恶心,并为自己的虚弱而感到羞愧。

两周后,幻觉又出现了,还是同样的情形,只是画面更加逼真,血色更加明显。我听见内心有个声音在说:"好好看看吧,这是千真万确的,事情将会是这样。这由不得你怀疑。"那年冬天,有人问我对不久的将来世界政治的发展形势怎么看。我的回答是,我对这个问题没有什么想法,但是我看见了血流成河。

我问自己,这些幻觉是否表明了一场改革的到来。但我又想象不出任何这方面的可能。我于是得出结论,认为这些幻觉与我自己有关,我一定正面临着神经症的威胁。我压根没想过战争

---

① 1957年。——原注
② 1955年11月27日。——原注

的事。

不久，1914年春天与初夏期间，我做了一个梦，这个梦反复出现了三次。 我梦见仲夏的天却出现了北极严寒，将大地变成了冰窟窿。 比如，我看见整个洛林地区及其运河全都结了冰，人们全已弃城而逃，整个地区一片荒凉，所有绿色植物均死于严寒霜冻。 这个梦最先出现在四月和五月，最后一次出现在六月。

在第三次梦中，可怕的严寒再度从天而降，但这一次的结局却出乎意料。 梦中有一棵树，树上长着叶子，但没有果实（这是我的生命之树，我想）。 在霜冻的作用下，树叶变成了一颗颗香甜多汁的葡萄，葡萄的汁具有治疗的功效。 我摘下葡萄，递给一大群等着的人。

1914年7月底，应英国医学学会的邀请，我在亚伯丁的学术会议上作了一篇题为《论无意识在精神病理学中的重要性》的报告。 我做好了有事情发生的准备，因为这样的幻觉和梦境是上天安排的。 以我当时那样的精神状态，那样的恐惧缠身，此时竟要我就无意识的重要性发表意见，这不能不说是天意。

8月1日，世界大战爆发了。 至此，我的任务是什么已经很明白了：我必须设法理解所发生的一切，弄清我自己的经历与全人类的经历在多大程度上一致。 因此，我的首要任务就是要深入探索我自己的精神深处。 我已经起了个头，那就是玩搭建游戏时，我把出现在我身上的幻想记录了下来。 这项工作比其他所有事情都要重要。

幻想接连不断地释放。 我尽量不让自己冲昏了头，并想办法理解这些奇怪的东西。 我站在一个陌生的世界前，完全不知所措。 这里的一切看起来都很困难，都很难理解。 我生活在一种持续紧张的状态中，时常觉得巨石正一颗颗从头上砸下，暴雷正一个个在耳边轰鸣。 我渡过这些暴风雨，靠的是一股野蛮的劲。其他人已经被这些困难击溃——尼采、荷尔德林以及其他很多人。 但我身上有一种魔鬼般的力量。 从一开始，我心里就非常肯定，我一定要找出我在这些幻想中所体验到的东西的意义。当我忍受着无意识的这些袭击时，我心中有一个坚定的信念：我正在顺从于一种更高的旨意。这种信念一直在支撑着我，直到我掌控了这项任务为止。

我经常神经兴奋，需要做一定的瑜伽来控制自己的情绪。但由于我的目的是了解我身上正在发生什么，因此，只有在我足够冷静，可以重新回到我的无意识研究中去时，我才会做这些运动。一旦感觉回到了我自己，我就会解除对情感的束缚，让意象和内心的声音重新说话。在印度，情况却恰好相反，他们练瑜伽是为了彻底消除精神中的众多内容和意象。

一旦能够将情感译成意象——也就是说，找出隐藏在情感中的意象——我的内心就会安静下来，进入放松状态。如果我任由那些意象隐藏于情感中，我可能已经被它们撕成碎片。我也许能够成功地将它们分离开来，但这样的话，我势必落得个精神病的下场，最后不管怎样都会被它们毁掉。我的实验结果告诉我，从治疗的角度来看，找出情感背后所隐藏的特定意象，其作用是何其强大。

我尽可能详尽地记录下每一次幻想，并极尽努力地分析这些幻想产生时所处的精神状态。但我只能以笨拙的言语写下来。首先，我按照自己所观察到的样子，将事情表达出来，而且经常用一种"夸张的语气"，因为这样符合了原型的风格。原型所用的词藻极其华丽，甚至可以说是浮夸。这样的风格让我感到难堪，就像有人用指甲划过石灰墙或用小刀刮着金属那样令人抓狂。然而，由于我并不了解正在发生的事情，我只能按无意识自己所选的风格，老老实实地将一切写下来。有时，我的耳朵似乎能够听得到它；有时，我的嘴巴可以感觉得到它，我的舌头似乎在组织语言；有时，我听见自己在出声地咕哝。在意识的阈域之下，一切都洋溢着生机。

从一开始，我便将自发地面对无意识想象成一种科学实验。

我亲自进行了这项实验，对实验结果也寄予了莫大的兴趣。今天，我同样可以说，这是一项在我身上进行的实验。对我而言，最大的困难在于对付我的消极情绪。我让自己自发地跟着情感走，但我并不认可这样的情感；我记录下各种幻想，却常常觉得幻想很荒谬，从而产生强烈反感。只要我们不理解其中的意义，这些幻觉就是神圣与荒谬的邪恶混合。我历尽万难才走过了这些幻觉，但我却受到了命运的挑战。在付出了艰辛的努力后，我最终才得以逃出了这一迷宫。

我知道，要领悟自己内心"底下"那些令人不得安宁的幻想，就必须让自己坠入这些幻想中去。我对此不仅十分抗拒，而且还感到明显的恐惧，因为我害怕自己失去自控，变成这些幻觉的俘虏——作为一名精神病学家，我非常清楚这意味着什么。但在犹豫良久之后，我发现没有别的路可走。我必须赌上一把，必须设法驾驭在它们头上。因为我知道，如果我不驾驭它们，它们就会反过来驾驭我。我作出这样的尝试，背后有着令人信服的动机：我坚信，我自己不敢做的事情，我不能指望我的病人去做。说什么有人在旁边提供帮助，这样的借口是说不过去的，因为我非常清楚，这个所谓的"有人"——即我自己——根本帮不上忙，除非他能从自己的直接体验中知道病人的幻想素材。但目前为止，他拥有的不过是一些其价值令人怀疑的理论偏见而已。我投身于一项危险的事业，不仅仅是为我自己，还为了我的病人，怀着这样的信念，我得以渡过了好几个危急阶段。

1913年基督降临节期间——准确来说是12月12日——我决定迈出这决定性的一步。我再次坐在书桌前，将思维放在我的恐惧上，然后让自己往下沉。突然，脚下的大地仿佛为我让了路，我坠入了黑暗的深渊中。我无法抑制心中的恐慌。然后，在一个不太深的深度，我的脚突然落在了一种软绵绵黏糊糊的物体上。我大大地松了一口气，尽管周围明显一片黑暗，那种暗很像深深的夜幕色。一会儿后，我的眼睛适应了这种暗。我的前面是一个入口，通往一个幽暗的洞穴，洞里站着一个矮人，肤如皮革，像是一具干尸。 入口很窄，我从他身边挤过，蹚过没膝的冰水，来到了洞的另一端。 在一块突出的岩石上，我看见了一颗熠熠闪耀的红色的晶石。 我抓住晶石往上提，发现晶石下面有个洞。 一开始，我什么也没看出来，但后来，我看见有水在流动，一具尸体从水里漂了过去。 那是一名年轻人，满头金发，额前有个伤疤。 紧随其后的，是一只巨大无比的黑色圣甲虫①。 紧跟着，从幽深的深水中，又升起了一轮火红的朝阳。 我被眼前的光芒刺得眼花缭乱，正想把晶石放回洞口，这时，一股液体从洞中喷出。 那是血。 一大股血液喷射出来，使我恶心至极。 我似乎觉得这股血持续喷涌了很长时间，长得令人不堪承受。 最后，血涌终于停止，幻觉结束了。

这个幻觉令我目瞪口呆。 我当然意识到，这是一个英雄神话或太阳神话，是一场死亡与重生的戏剧，重生的象征便是那埃及圣甲虫。 最后跟着的，本来应该是新一天的曙光，却出现了不堪忍受的血浆喷涌——这在我看来完全是一种不正常的现象。 但后来，我想起了这年秋天我所出现的那次血的幻觉，于是打消了进一步去理解的念头。

六天后（1913年12月18日），我做了下面这个梦。 我梦见自己和一个褐色皮肤的陌生人——那是一个蛮人——在一起，地形是荒凉的岩山。 天将破晓，西边的天际已经泛白，星星正渐渐隐去。 这时，我听见齐格弗里德②的号角在山头回荡。 我知道，我们必须将他干掉。 我们手持步枪，伏在岩石间的一条狭窄的小路上静候他的到来。

这时，齐格弗里德披着清晨的第一缕阳光，出现在高高的顶峰上。 他驾着一辆死人骨做成的二轮战车，沿着陡峭的山坡飞奔

---

① 古埃及人将圣甲虫作为图腾之物，将其刻于石头上作为护身符。
② 德国民间史诗尼贝龙根之歌中的英雄人物。

而下。他拐弯的时候，我们朝他开了枪。他应声而倒，中弹身亡。

消灭了如此伟大而美好的事物，我的内心充满了厌恶和悔恨。我害怕东窗事发，于是夺路而逃。这时，一场大雨倾盆而下，我知道，雨水会冲走死者一切的痕迹。我躲过了被发现的危险，继续存活于世，但内心一直有一种难以忍受的罪恶感。

梦醒后，我仔细地思考这个梦，却无法领会它的意思。于是，我试着再次入睡，但心中有个声音在说："你必须理解这个梦，必须！现在！"内心的紧迫不断加剧，终于，可怕的时刻来了。那个声音对我说，"要是理解不了这个梦，你必须开枪把自己打死！"我床头柜的抽屉里就放着一把上了子弹的手枪。我吓坏了，于是开始继续思考。突然，我茅塞顿开，明白了那个梦的意思。"哎呀，这不就是世界上正在上演的问题嘛。"我认为，齐格弗里德代表的是德国的雄心，代表他大施其意、大行其道的英雄之举。"有志者，事竟成！"我曾经也想这样去做，但现在再也不可能了。这个梦表明，齐格弗里德这位英雄所代表的态度不再适合于我，因此这种态度必须消灭。

事后，我的心中充满了悲悯，好像是我自己被击毙了一样——这个迹象表明了我暗中将自己与齐格弗里德的等同，也表明了一个人被迫牺牲自己的理想和意识态度时所感到的痛苦。这样的等同以及我那英雄式的理想主义必须摒弃，因为存在着比自我的意志更高的事物，我们必须向这些事物低头。

这些思考暂时已足够，我于是再度进入了梦乡。

那次枪杀其实是和我一起的那个褐色皮肤的小蛮人带的头。他代表的是原始人的阴影。那场大雨则表明，意识与无意识之间的紧张关系正在缓解。尽管当时除了这么一些暗示之外，我还领会不到梦的含义，但我身上所释放出来的新的力量，却帮助我在无意识的实验上得出了结论。

为了抓住幻想，我经常想象自己在急速下沉。我甚至好几次尝试过一沉到底。第一次，我到达了似乎有一千英尺的深度；第二次，我发现自己正濒临宇宙的深渊，那感觉就像奔向月球或落入虚空。最先出现的意象是一个火山口，使我感觉自己正置身阴曹地府，那里的气氛是另一个世界的气氛。在一块岩石的陡坡附近，我看见了一老一少两个人影：一个胡子花白的老头和一个漂亮的小姑娘。我鼓起勇气向他们走去，仿佛他们是两个大活人，并仔细倾听他们对我说的话。当老人告诉我他就是以利亚①时，我吃了一惊。但更令我震惊的是那个小姑娘，因为她竟然说她就是莎乐美②！她是个瞎子。以利亚与莎乐美，多么怪异的一对夫妇。但以利亚很确定地告诉我，他和莎乐美自古以来就在一起了。我完全惊呆了……与他们一同生活的还有一条黑蛇，这条黑蛇无疑很喜欢我。我紧挨着以利亚，因为他看上去是这三者中最合理的一个，而且他有着清晰的理智。至于莎乐美，我表示明显的怀疑。以利亚和我聊了很久，但我一句也不明白。

圣经中的人物出现在我的幻想中，到底怎么解释才算合理？当然，我也想过这会不会是我父亲是牧师的缘故。但这根本解释不了什么。老头意味着什么？莎乐美意味着什么？他们为什么会在一起？直到多年以后，我懂的东西比当时多得多了，老头与小姑娘的关系在我眼里才显得自然起来。

像这样在梦中漫游时，人经常会碰到老头身边伴着年轻姑娘的情形。这种老夫少妻的例子在很多神话中都可以找到。比如，根据诺斯替教的传说，西门·马吉斯③的交往对象是妓院里结识的一位年轻姑娘。这位姑娘名叫海伦，她被认为是特洛伊中的

---

① 希伯来先知。
② 《圣经》中古巴比伦国王希律王之女，貌美无比，由于向施洗约翰求爱被拒，愤而请希律王将约翰斩首，莎乐美也由此成为了爱欲的象征。
③ 公元一世纪持诺斯替主义的撒玛利亚人，他在圣经中有零星记载。一些基督徒认为他是基督教异端，称他为行邪术的西门。

海伦转世。克林索尔和孔德里，老子和舞女，均属此类。

我曾说过，我的幻想中除了以利亚和莎乐美之外，还有一个第三者：大黑蛇。在各大神话中，蛇经常与英雄对等，关于蛇与英雄相似的描述有很多。比如，英雄有一双蛇一样的眼睛；英雄死后变成了蛇或被尊为蛇；蛇是英雄的母亲等等。因此，在我的幻想中，蛇的出现意味着这是一个英雄神话。

莎乐美是一个阿尼玛形象。她的眼睛是瞎的，因为她看不到事物的意义。以利亚是一个睿智的老先知形象，代表着理性和知识的因素。而莎乐美则代表了爱欲的因素。你也许会说，这两个人是人格化了的逻各斯和厄洛斯①。但这样的定义太理性了。让这些形象做他们自己——即出现各种事件和经历——反而更有意义。

这次幻想才过不久，又一形象从无意识中出现了。这个人物是以利亚的形象发展而来的。我称他为腓利门。腓利门是一名异教徒，他带来了一种具有诺斯替色彩的埃及-希腊式的气氛。他形象的第一次出现是在下面这个梦中。

天空很蓝，蓝得像大海，天上飘着的不是白云，而是一块块扁平的褐色泥土。泥土似乎正碎裂开来，土块与土块间露出了蓝蓝的海水，但海水不是海水，是蓝天。突然，右方出现了一个长着翅膀的人，从天空横渡而过。我能看出，那是一个长着牛角的老头。他拿着一串钥匙，钥匙共有四把，他手里捏着一把，似乎就要去开锁似的。他长着翠鸟的翅膀，颜色是翠鸟特有的颜色。

我不明白梦中的这一意象，于是将其画了下来，以便牢记在心。忙于作画的那些日子里，我竟在我们湖边的花园里发现了一只死去的翠鸟！我惊呆了。翠鸟在苏黎世这一带极为罕见，而且我后来再也没发现过死的翠鸟。这只鸟刚死不久——顶多两至

---

① 逻各斯，希腊语中的理性之意。厄洛斯，希腊神话中的爱神。二者分别代表了理性和性爱。

三天——身上并无受伤的迹象。

腓利门以及幻想中的其他形象使我获得了一个关键性的认识:精神中存在着某些东西,这些东西并非我所产生,而是它们自己产生,它们有着自己的生命。 腓利门代表了一种力量,这种力量并非我自己。 在那数次幻想中,我和他进行过交谈,他所说的东西并非我意识中所想的东西。 因为我清楚地看到,说话的是他,不是我。 他说,我对待想法就像是我自己把它们生出来的一样,但在他眼里,想法就像林间的动物,屋中的人,天上的鸟,"如果你看见屋中的人,你不会认为是你造了这些人或者你对他们负责。"是他,教给了我精神的客观性,即精神的现实。 通过他,我自己与我的思维对象之间的区别变得明晰起来。 腓利门以一种客观的姿态面对我,使我明白,我身上存在着某些东西,这些东西会说出一些并非我知道也并非我想知道的事,甚至,这些东西的矛头直指向我。

从心理学上说,腓利门代表着一种更高的洞见。 他在我眼里是一个神秘的形象。 我有时觉得他很真切,仿佛他是一个活生生的人。 我和他一起在花园里走上走下,将他视为印度人所说的那种古鲁①。

每当有新的人格化形象露面,我都觉得这几乎是一种个人的失败。 它意味着:"这就是其他的一些你直到现在还不知道的东西!"于是,恐惧悄然袭上心头。 我害怕这些形象会没完没了地连续出现,害怕自己会在无知的无底深渊中迷失了自己。 我的自我感觉到了地位不保——尽管我在世事方面的成就能给我带来一些慰藉。 我最希望的莫过于我的黑暗中(《旭日东升》②有言:"清洗我们心灵中那可怕的黑暗")有一位活生生的真实的古鲁,他拥有卓越的知识和超强的能力,能为我理清我想象中自发产生

---

① 印度教等宗教中的宗师或精神导师。
② 托马斯·阿奎那的一部关于炼金术的著作。 ——原注

的各种东西。这一任务被腓利门这一形象承担了下来。在这一点上,不管我愿不愿承认,他都是我的精神导师。事实上,他的确为我指点了很多迷津。

十五年后,一位修养很高的印度老人前来拜访我。他是甘地的一位朋友。我们谈起了印度教育,尤其谈到了古鲁和信徒之间的关系。我欲言又止地问,能不能对我说一说他自己的精神导师是怎样的人,性格如何。这时,他如实地对我说,"可以啊。他就是商羯罗查尔雅①。"

"莫非你指的是给《吠陀经》作解的那位商羯罗?他死了几百年了啊。"我问。

"是的,正是他。"他的回答令我惊讶。

"难道你指的是某个灵魂?"我问。

"当然,就是他的灵魂。"他答道。

这时,我想起了腓利门。

"幽灵导师也是有的,"他接着说,"大部分人的导师是活人,但总有一些人,他们拜鬼魂为师。"

这一消息既点拨了我,也慰藉了我。显然,我还没有真正跳出人类世界,我只是经历了那种东西,而这种东西也会发生在其他做出了类似努力的人身上。

后来,随着又一形象的出现,腓利门被相对化了。我将这一形象称为Ka②。在古埃及中,"国王的Ka"是指他在世间的形式,是具形化了的灵魂。而在我的幻想中,Ka这一灵魂来自下面,来自尘世之外,像从一口深井中出来的那样。我为Ka画了像,将他在世间的样子表现为一尊头像方碑,基底是石头,上面是青铜。画像中位置很高的地方有一只翠鸟翅膀,翅膀和Ka的头之间漂荡着一团呈圆形的泛光的星云。Ka的表情里很有些魔

---

① 印度经院哲学家。
② Ka在古埃及语中是"灵魂"或"精神"之意。

鬼的意味——你也可以说是墨菲斯托般的意味。他一手拿着一个像彩塔或圣骨盒那样的东西,一手用一支铁笔在圣骨盒上写着。他在说:"我就是那个把众神葬在金子和宝石里的人。"

腓利门瘸了一条腿,但他是一个带翅的鬼魂。而 Ka 代表的是一种地魔或金属魔。腓利门是精神层面,又或者说是"意义"。而 Ka 是自然之魂,与古希腊炼金术中的那个金属人①一样(那时我对炼金术尚不熟悉)。Ka 就是将一切变成真实的人,但他同时又模糊了那个翠鸟鬼魂(即意义),或以美这一"永恒的映像"来取代了它。

通过研究炼金术,我得以及时将这两个形象结合在了一起。

写下这些幻觉时,我曾问过自己:"我到底在做什么?显然,这与科学并无关系。但那又是什么?"这时,我听见心里有声音说:"这是艺术。"我惊呆了。我从没想过自己正在写的东西与艺术有什么关系。于是我想,"也许,我的无意识正在塑造一个人格,这个人格不是我,而是一个非要出来表达的人。"我很确定,那声音出自一个女人。我认得出这是我的一名病人的声音。她是一名聪明的精神病患者,对我发生了强烈的移情。她变成了我心里的一个活着的形象。

我手上做的显然不是科学。那么,除了艺术,还能是什么呢?这一问,倒像是世界上只有这么两个选择似的。这就是女人的思维方式。

我对这个声音强调说,我的幻想与艺术无关。这时,我感到内心有一种强烈的抗拒,但并没有声音传出来。我于是继续写。这时,第二次声音袭来,还是那句坚持:"那是艺术。"这一次,

---

① 该金属人是一个小矮人,属于侏儒的一种,出现在帕诺波利斯的佐西摩斯的幻觉中。佐西摩斯是公元三世纪的一位重要的炼金大师。金属人所在的团体中还有地精、古典时期铁的发现者和最早加工者达克堤利,以及炼金术士们的胎儿。作为水银的灵魂,炼金术中的摩丘利亚斯也是一个金属人。——原注

我抓住她不放，说："不！那不是艺术！那分明是自然。"我做好了舌战的准备，但这样的舌战并没出现。我这才想起，那个"我心中的女人"并不具备我那样的语言中枢。于是，我建议她用我的中枢。她采纳了我的建议，传了一通很长的话出来。

这激起了我极大的兴趣：一个女人，竟然从内心来干涉我。我的结论是，她一定是原始意义上的那个"灵魂"。我开始思考，灵魂为什么要冠以"阿尼玛"这样的名称？为什么要将它想成是女的呢？后来，我才知道，这一内在的女性意象在男人的无意识中扮演的是典型的或原型的角色。我将她称为"阿尼玛"。相应地，女性无意识中的男性意象称为"阿尼玛斯"。

一开始，我印象最深的是阿尼玛消极的一面。我有点怕她，那种感觉就像屋子里有一种看不在的存在。后来，一个新的想法出现了：我为了分析而写下的这些素材，其实是在给阿尼玛写信，也就是说，我正在以不同于我意识中的看法的另一种看法写信给我自己的一部分。我得到了一个不同寻常且出人意料的人格的回话。我就像一个病人，而对我分析的是一个鬼魂和一个女人！每天晚上，我都一丝不苟地写，因为我觉得，如果我不写下来，我便没有办法让阿尼玛来到我的幻想中。而且，将幻想写出来，阿尼玛就没有了将它们扭曲成阴谋的机会。想说什么和实际说了什么，两者是有着天差地别的。为了尽可能对自己坦诚，我将所有的一切都仔细写了下来，末了还加了句古希腊格言："舍弃所有，方可得到。"

记录幻觉的时候，我经常会有一些特有的反应，使我的记录出了差错。渐渐地，我学会了如何将自己和解释区分开来。每当出现了情感上粗俗或平庸的东西，我就会对自己说，"我以前确实有些时候是这么想和这么感觉的，但现在，我用不着有这样的想法和感受。我没有必要永远接受我的这种平庸。这样的耻辱完全没有必要。"

如何通过人格化，将无意识中的内容与自身区分开来，并使之与意识产生关系，这才是最关键的地方。 这就是夺去它们的力量的技巧。 将它们人格化并不困难，因为它们通常具有一定程度的自主性，即它们自己的独立身份。 要适应它们的自主性，才是最难受的一件事情。 然而，正因为无意识以这样方式来表现自己，我们才获得了将其掌控的最佳手段。

阿尼玛所说的那句话在我听来满是狡黠的意味。 如果我将无意识中的这些幻想当作艺术，那么，这些幻想就像在放电影一般，带来的只是视觉上的感知，而不再是坚定的信念，而我对它们也不再负有道义上的责任。 这样的话，阿尼玛很容易会诱我相信，我是一个被误解了的艺术家，我所谓的艺术天性赋予了我忽视真相的权利。 如果我听信了她的话，很有可能有一天，她会这样对我说："你以为，你写的那些胡言乱语真的就是艺术？ 做梦吧。"这样，阿尼玛——即无意识的传话筒——的暗讽就会将一个人彻底毁掉。 归根到底，决定性因素总归是意识，因为意识能够理解无意识的各种表现并对它们采取一定的立场。

但阿尼玛也有其积极的一面。 是她，将无意识中的意象传导至有意识的大脑。 我看重她主要在于这一点。 几十年来，每当我觉得情感行为受到了烦扰，或者无意识中聚集了什么东西，我都会求助于阿尼玛。 我会这样问她："你现在做什么？ 你看见了什么？ 我想知道答案。"抗拒几次后，她会定期生成一个意象。 意象一出现，我的不安和压迫感就会消失，这些情绪的全部能量就会转化为对这个意象的兴趣和好奇。 我会和阿尼玛谈起她所传递给我的那些意象，因为我要像理解梦那样尽可能地去理解它们。

今天，我再也不必这样去和阿尼玛进行对话了，因为我已经没有了那样的情感。 但如果我有，我一定还会这样去处理。 今天，我能直接意识到阿尼玛的想法，因为我学会了接受无意识中的内容并理解这些内容。 我知道这些内在意象必须怎样去对待。 我可以从我的梦中直接读取它们，因此不再需要媒介来进行传达。

这些幻觉原先记录在"黑书"上,后来被我转移到"红书"里。 我在"红书"里也饰以各种绘图①,我的曼荼罗②图大部分包含在这本书里。 在"红书"里,我试图从美学上去阐述我的各种幻想,但却从来没有完成过。 我开始意识到,我还没找到那种对的语言,我还是只能将其翻译成其他东西。 因此,我及时放弃了对美学的偏好,转而追求理解过程的严谨。 我知道,这么多幻觉需要坚实的基础来作支撑,我必须首先完全回到现实中去。 对我而言,现实意味着科学的理解。 我必须从无意识所提供的洞见中得出明确的结论,而这一项任务将会成为我毕生的事业。

我的实验中几乎每一步都遇到了同一个精神素材,而这一精神素材是精神病的实质,是出现在精神病患者身上的东西。 作为一名精神病学家,这当然是很讽刺的。 这个素材储藏着令精神病人产生致命性惑乱的各种无意识意象,但同时,它也是已经从我们的理性时代中消失的一种创造神话的想象力的本源。 这样的想象力虽然随处可见,却是一种禁忌并为人们所惧怕,以至于连将踏上一条通向无意识深处的不确定的路,都显得像一种危险的实验或一次可疑的冒险。 这样的路被认为是一条错误之路,含混之路,误会之路。 这让我想起了歌德的一句话:"现在,让我们勇于敞开这扇门/穿过这人类从不曾涉足的地方。"③《浮士德》第二部也不仅仅是一部文学作品。 它是"黄金链"④中的一环。 从哲学

---

① "黑书"由六本黑色皮制小本组成。"红书"是一本红色皮制对开本,里面记录着与"黑书"一样的幻觉,文风精巧,措辞精细,按中世纪手稿的方式以哥特式字体写就。 ——原注
② 佛教和印度教修法地方的圆形或方形标记。 一些东方国家把佛、菩萨像画在纸帛上,亦称曼荼罗。
③ 出自《浮士德》第一部。 ——原注
④ 炼金术中的"黄金链"(或"荷马链")是一连串圣哲,为首者是将天和地链接起来的赫尔墨斯·特利斯墨吉斯忒斯。 ——原注

炼金术和诺斯替主义的问世,到尼采的查拉图斯特拉,"黄金链"都一直存在。 尽管它不得人心,模棱两可,危险重重,却是对世界另一极的一次探索之旅。

致力于研究幻想的这一时期,我特别需要在"这个世界"找到一个支撑点。 可以说,我的家人和我的职业研究便是我的支撑点。 对我来说,在现实世界里过着正常的生活,以此与那个陌生的内心世界抗衡,是至关重要的。 我的家人和我的职业一直是根基的所在,我可以随时回来,以向自己保证我是一个真实存在着的普通人。 无意识内容可能会让我失去理智,但我的家人以及这样的认识——我拥有瑞士某大学的医学文凭;我必须帮助我的病人;我有妻子和五个孩子;我住在古斯纳特住宅区西斯特斯公寓228号——这些现实对我有要求,它们一次又一次地向我证明,我是真实存在的,我和尼采不一样,并不是一张在精神的疾风中蹁跹的白纸。 尼采失去了他脚下的大地,因为他拥有的仅仅是自己的想法这个内在世界——与其说他拥有这个世界,还不如说这个世界拥有他。 他被连根拔起,飘荡在大地的上空,因此他向夸张和非现实低了头。 在我看来,这样的非现实是最可怕的,因为我的目标毕竟是这个世界和这里的生活。 无论我如何沉迷如何自大,我总是知道,我所经历的一切最终都会指向我的这种现实生活。 我要履行生活的义务,实现生活的意义。 我的口号是:这里就是罗德岛,要跳就在这里跳吧!①

所以,我的家人和我的职业从来都是一种愉快的现实,是我也能拥有正常的存在的一种保证。

慢慢地,一种内在变化开始在我内心显现出了轮廓。 1916

---

① 出自伊索寓言《说大话的人》。 这故事说明,用事实容易就近证明的事,说得再多都是多余的。

年，我感到了一种必须将某种东西付诸有形的冲动，似乎我的内心逼迫我去组织并表达腓利门可能说过的话。于是，文字怪异的《对死者的七次布道》①诞生了。

一开始，我感到焦躁不安，但不知道这意味着什么，或者"它们"要我做什么。我的四周弥漫着一种不祥的气氛。我有一种奇怪的感觉，觉得空气中充满了幽灵般的实体存在。接着，屋子似乎开始闹起鬼来。大女儿看见过一个白色的影子从屋里走过。二女儿也有自己的经历，称夜里睡觉时她的被子曾两次被人夺走。同样是那个晚上，九岁的儿子做了一个焦虑的梦。早上起来，他问他母亲要笔，平常从不画画的他，此时竟将他的梦画了出来。他称这幅画为"渔夫图"。画的中间是一条河，一名渔夫手持钓竿立在河岸。他已经钓到一条鱼。渔夫头上是一根烟囱，正冒着熊熊火焰和滚滚浓烟。魔鬼正从河的另一边腾空飞来。他破口大骂，说渔夫偷走了他的鱼。但渔夫上方悬着一个天使，天使说："不能动他，他只是抓了坏鱼！"。

儿子作画的那天是星期六。下午五点左右，大门的门铃疯狂地响了起来。那天是一个晴朗的夏日，两个女佣都在厨房里，可以看得见门外的空地。大家立即跑去看谁来了，却一个人也没看见。我坐的地方离门铃很近，不但听见了铃声，还看见了门铃在动。大家面面相觑。气氛开始浓厚起来。这绝对不假！这下，我意识到有事要发生了。整间屋子似乎被挤满了，密密麻麻的全是鬼魂，一直挤到了大门口，空气浓重得几乎无法呼吸。我浑身发抖，心里问："天，这到底是什么东西？"这时，他们异口同声地喊："我们从耶路撒冷回来了，那里找不到我们要找的东西。"这便是《七次布道》的开头。

接着，我将满腔思绪泻于纸上，三个晚上后完成了本书的写

---

① 《对死者的七次布道》属私人出版，副标题"对死者的七次布道，作者巴西里德，亚历山大市人，亚历山大市乃东西方接壤之地"为假标。——原注

作。只要我一提笔，重重鬼影就会消失，屋子重归安宁，气氛也明朗起来。闹鬼结束了。

这次经历必须从事情原来或表面看来的样子去看待。毫无疑问，它与我当时的情绪状态息息相关，而这种状态是有利于超心理现象的产生的。这是一次无意识群集，我能认出它那独特的气氛就是原型的内在精神。"它出来了，它在空中！"①当然，理性会妄称自己对这件事有科学上和物理上的认识，又或者，它更愿意贬低这整件事情，称这是完全有悖规则的。但有时候如果不去违背这些规则，世界将会多么可怕！

闹鬼前不久，我还记下了一次灵魂出窍的幻想。这件事很重要：灵魂，即阿尼玛，与无意识建立了关系。在某种意义上，这也是与亡灵集体的关系，因为无意识对应的是亡灵的神话世界，亦即先人的世界。因此，如果一个人出现了灵魂消失的幻觉，则意味着灵魂已经退回无意识中或亡灵世界里。在那里，它会产生一种神秘的活力，使先人的形迹即集体内容具备肉眼可见的形状。它就像一名通灵者，使亡灵有机会显现自己。因此，我的灵魂消失没多久，"亡灵"便出现在了我的面前，于是便有了《七次布道》。这便是"失魂"的一个例子，原始人经常遇见的一种现象。

从那时起，亡灵作为那些未回答、未解决、未救赎的声音，在我眼里变得越发真切起来。这是因为，既然命运要我回答的问题和要求不是从外界来到我身上，那么，它们一定是从内心世界而来。与亡灵的这些对话，构成了我要告诸世人的关于无意识的一切的序言：无意识是其总体内容的秩序和释义的一种模型。

今天，当我回顾着这一切，思考着研究幻觉期间发生的事情时，我似乎感觉到一个信息正势不可挡地向我袭来。意象中有这

---

① 出自《浮士德》第二部分。——原注

样的一些东西,这些东西不仅关系到我自己,也关系到其他很多人。 从那时起,我不再只属于我自己,也不再有权只属于我自己。 从此,我的生命属于集体。 那时的科学中还没有我所关心的或正在追求的知识。 我自己必须经历最初的体验,更重要的是,我必须设法将体验的结果根植在事实的土壤中,不然,这些结果便仍然是没有根据的主观性假设。 也就是在这时,我献出了自己,服务于精神。 精神是我最大的财富,尽管我对它又爱又恨。 可以说,要维持我的生存,要活出尽可能饱满的人生,唯一的办法便是向精神献身。

今天,我完全可以说,我从未失去过与我最初的体验的联系。 我的所有研究,所有创造性活动,无不来自这些最初的幻觉以及1912来差不多五十年里所做的梦。 我后来的人生里所获得的一切,其实早已包含在这些体验中,只不过它们一开始仅仅表现为各种情绪和意象而已。

我的科学是我能从那种混乱中抽身而出的唯一手段。 若非科学,我早已被困于精神素材的盘枝曲桠中,被其像丛林里的葡萄枝一样勒死。 我费尽心思,尽量理解每一个意象,理解我精神清单中的每一条目,并将它们科学地分门别类——如果可能的话——并在实际生活中付诸现实。 最后一点是最重要的,我们往往容易忽略。 我们允许意象呈现,我们会对其感到疑惑,但仅此而已。我们就连理解一下都觉得麻烦,更别提从中得出道德结论了。 这种不愿动手的行为助长了无意识的负面作用。

同样,认为对这些意象稍作理解即可,认知可以暂此告一段落,也是一种严重的错误。 必须要将对意象的洞察转变成道德上的义务。 如果不这样做,我们就会沦为权力原则的牺牲品。 这会造成非常危险的后果,受害的不光是他人,甚至还包括当事人自己。 无意识的意象赋予了一个人以重大责任。 如果我们不去理解它们,不去承担道德上的责任,我们就会失去完整性,我们的人生就会陷入四分五裂的痛苦之中。

忙于研究无意识意象的这段时间，我做出了一个决定：辞去大学教师的职务。我以编外讲师的身份，在大学里执教已有八年之久（自1905年起）。我对无意识的体验和实验使我的学术活动陷入了停滞。完成《无意识心理学》后，我发现自己完全失去了阅读科学书籍的能力，整整三年里一直如此。我感觉自己再也跟不上学术界的步伐，我也无法谈论我真正在忙的是什么东西。从无意识中出现的那个素材几乎使我失去了言语[1]。我既不能理解它，也不能将它付诸有形。在大学里，我暴露于公众视野中，觉得自己首先得找到一种全新的不一样的定位，才能在那里继续授课。我自己的学术仍处于疑团重重的状态，这时却继续给年轻人讲课，这样的行为是不当的。

因此，我感觉面前摆着两个选择。一是继续我的学术生涯，这是一条坦途；一是顺从我内在人格的法则，一种更具理性的法则，继续我目前这一古怪的工作，这一与无意识打交道的实验。但是，在我完成这一实验之前，我不能出现在公众面前。

于是，我放弃了我的学术生涯。我这么做是有意识的，并且是故意而为之。因为我感到某种重要的东西正发生在我身上，而且我信任这样的东西，我觉得它从永恒方面来看更加重要。我知道它将会充盈我的生活，为了这个目的，我甘愿承担任何风险。

毕竟，我当不当教授又有什么关系呢？当然，要割舍这一份职业，我也非常懊恼。在很多方面，我都遗憾自己未能局限于人们普遍能理解的素材。我甚至有时候会怒斥命运。但这样的情绪是短暂的，算不上什么。相反，另一种东西才是重要的。如果我们注意到内在人格想要什么和说了什么，这种痛苦就会消失。这样的事情我不止一次地经历过，而不仅仅是在我放弃学术

---

[1] "休耕时期"，荣格甚少写作，只有几篇英文论文，最重要的论文是译成英语出版的《分析心理学两篇》第一版。"休耕时期"随着《心理类型》的出版而结束。——原注

生涯的时候。 实际上，我很小的时候，便有了第一次这样的经历。 我年轻时性情暴躁，但每次情绪触顶，都会突然峰回路转，跟着内心就会一片平静。 这个时候，我就会超然事外，刚刚还使我生气的事情，这会看来却似乎是很久以前的事了。

我的决心以及我对那些不论是我还是他人都无法理解的事情的涉足，所带来的后果便是极大的孤独。 我有一肚子的想法，却不敢告诉他人。 他们只会误解我的想法。 我感到外部世界和这些意象所在的内部世界之间痛苦地横亘着一条鸿沟。 我当时还没意识到这两个世界的相互作用，而是现在才明白过来。 我只看见了"内在"和"外在"之间的一种不可调和的矛盾。

然而，我一开始就很清楚，我若要与外面的世界和人接触，就必须向他们表明——而这需要付出最为艰辛的努力——我的精神体验的内容是真实的，这不只是我个人的经历，而是其他人也会有的集体经历。 后来，我设法在我的科学工作中证明这一点，尽我所能地将一种新的看待事物的方式告之友人。 我知道，一旦不成功，我将被贬入绝对的孤独之中。

第一次世界大战接近尾声时，我才开始慢慢地走出阴影。 这得归功于两件事。 第一件是我和那个坚决要说服我，说我的幻觉具有艺术价值的女人的决裂。 第二件，也是最主要的一件，是我开始理解了曼荼罗图，此时是1918年至1919年之间。 我画的第一幅曼荼罗①是在1916年，写下《七次布道》之后。 当然，我那时还不明白这幅图是什么意思。

1918年至1919年期间，我在厄堡担任英军战区战俘监管司令。 那时，我每天早上都在本子上画一个小小的圆形图案——曼荼罗。 这似乎对应了我当时的内心状态。 有了这些图，我可以每天观察我的精神变化。 例如，有一天，我收到了来自那个美学

---

① 这幅图被用作《原型与集体无意识》的卷首图。 ——原注

主义的女人的一封信，信中她再次固执地坚持，说我那些出自无意识的幻觉具有艺术价值，应该视为艺术。这封信引起了我的紧张。这些话一点也不蠢，因此很容易将人说服。毕竟，现代艺术家追求的是从无意识中创造出艺术。这一论点背后所隐藏的功利主义和自以为是触动了我怀疑的神经。也就是说，我不能确定，我产生的幻觉是否真的是自发的，自然的，而非我自己的随意捏造。我也难免存在意识上的偏执和自大，总想将半路出现的好的灵感都归功于自己，不好的反应都归为纯粹偶然，甚至归到一些异己的源头上去。出于我内心的这种恼怒与不和谐，第二天，我笔下的曼荼罗出现了变化：圆的外围出现了缺口，对称性被破坏了。

渐渐地，我才发现曼荼罗到底是什么：形成、转化、永恒心灵的永恒再创造。[①] 这就是自性，即人格的完整性。如果一切进展良好，自性是协调的，但它无法容忍自欺。

我的曼荼罗是一个个密码，这些密码与每一天都对我有新展现的自性状态有关。在这些曼荼罗中，我看见自性——即我的整体存在——在积极地起作用。一开始，我对它们确实只有朦胧的理解，却感觉到了它们所具有的重要意义。我小心地护着它们，像护着一颗颗宝贵的珍珠。我明显感觉到，它们是某种中心的东西，而通过这些图，我及时获得了有关自性的一个活着的概念。我认为，自性就仿如一个单子，我就是这个单子，这个单子就是我的世界。曼荼罗代表了这个单子，对应了精神的微观本性。

这段时间我画了多少曼荼罗，我再也无法得知。反正数量庞大。画这些图时，有一个问题反复出现：这个过程会通向何方？目标会是哪里？如今，我从自己的经验中知道，我不能自己选一个自己看起来可信的目标。事实已经证明，我不能将自我看得高于一切，这样的想法必须舍弃。毕竟，我曾想这样去坚持的时

[①] 引自《浮士德》第二部。——原注

候，却突然被中断了。我曾想继续对神话进行科学分析，这一项以《转变的象征》打响头炮的事业。这依然是我的目标——但我必须不能这样去想了！我正被迫去经历这一无意识的过程。我只能任由自己被这股大流载走，完全不知道它将把我带向何方。然而，当我开始画曼荼罗时，我发现，所有的一切，我所走的每条路，我所踏过的每一步，全都返归了一个点——中心点。我越来越清楚地认识到，曼荼罗就是中心，是所有途径的指数。它是通往中心，通往个体化的途径。

1918年至1920年的那些年，我开始明白，精神发展的目标就是自性。没有什么线性发展，有的只是围绕着自性的展开。均匀发展最多只在开始存在，到了后面，一切都会指向这个中心。这一认识给了我安定，渐渐地，我的内心恢复了平静。我知道，找到了自性的表现是曼荼罗，我便到达了我的终点。也许，了解更多的还另有其人，但不是我。

几年后（1927年），我通过一个梦证实了我对中心和自性的看法。我用一个命名为"永恒之窗"的曼荼罗来代表这个梦的本质。这幅图后来收入《金花的秘密》①。一年后，我画了第二幅图，同样是曼荼罗②，只是中间多了一个金色城堡。完成这幅图时，我心里问："怎么这么中国风呢？"我对它的形式和色彩选择印象很深，觉得这些地方有中国味，但从外表上看又没有什么中国的东西在里边。然而，这正是它影响我的方式。非常凑巧的是，没多久，我收到了理查德·威廉的一封信，信中附有一篇道家炼丹术著作《金花的秘密》的手稿，并要求我写一个评注。我一口气读完了这篇手稿，因为我做梦也没想到，这篇文章竟然使我关于曼荼罗以及围绕中心而行的观点得到了求证。这就是使我从孤立中突围的第一件事。我开始意识到有同类的存在，我终于

---

① 见《原型和集体无意识》中《关于曼荼罗的象征》一文的插图。——原注
② 见《金花的秘密》图10或《关于曼荼罗的象征性》图36，第37页。——原注

可以和一些事情、一些人建立起关系。

为了纪念这一次巧合,这一"共时性",我在那幅使我感觉很有中国风的曼荼罗图下写下了这样一句话:"1928年,当我作下此图,现出这个防守森严的金色城堡时,理查德·威廉从法兰克福向我寄来了这篇已有上千年历史的中国文稿,文中论述了该黄色城堡,即肉身不死的起源。"

我上面提到的那个梦是这样的:我发现自己在一个煤气熏天、脏乱不堪的城市里。那是一个冬夜,天又黑又下雨。这个地方就是利物浦。我和几个瑞士人——大概有六七个——一起,走在黑暗的街道上。我感觉我们正从港口过来,真正的城市其实在悬崖上,位置很高。我们爬了上去。这让我想起了巴塞尔,巴塞尔就是这样,集市在下面,通过托藤伽椿("死亡之巷")往上走,就会走到一个高地上来,上面有圣彼得广场和圣彼得教堂。我们爬到高地上,发现了一个大广场,广场的街灯很暗,无数街道在这里汇聚,城市的各个区围绕着广场向外呈放射分布。城市的中心是一个圆形水池,水池中央有一个小岛。周围的一切均笼罩在烟雨朦胧和昏暗光线下,这个小岛上却阳光普照。小岛上只长着一棵树,一棵木兰树,树上红花满枝。看起来,这棵树好像既沐浴在阳光下,同时又是光源的所在。我的同伴在数落天气的恶劣,显然没有看到那棵树。他们提起了生活在利物浦的另一个瑞士人,对他定居在这里表示惊讶。我被那满树芬芳和那个阳光普照的小岛迷得神魂颠倒,心里想:"我非常清楚他为什么住在这里。"这时我醒了。

这个梦有一个细节我必须补充说明:城市的每一个区都自己围绕一个中心点向外呈放射分布。这个点形成了一个小广场,由一盏更大的街灯照明,构成了那个小岛的一个小复制品。我知道,"另一个瑞士人"就住在其中一个这样的次级中心点附近。

这个梦象征着我当时的处境。今天,我还能看见那些灰黄色的雨衣,在雨中湿漉漉地泛着亮光。一切都那么不快,那么黑暗，那么混沌——一如我当时的心境。 但是，在梦里，我看见了一道非凡的美景，这就是我为什么能够活下去的原因。 利物浦（Liverpool）是"生命之池（pool）"。 至于"利物（liver）"，按古人的观点，乃是生命的所在——使生命得以成为生命。

这个梦带来了一种终结的感觉。 我知道，目标此时已经昭示。 人不可能走出中心，中心就是目标，所有的一切都会指向这个中心。 这个梦使我明白，自性就是方向和意义的法则和原型，它的治愈功能正在这里。 对我来说，这一认识意味着一条指向中心，因而也指向目标的途径。 从这一点中，我的个人神话第一次出现了萌芽。

自从做了这个梦，我便不再画曼荼罗或绘曼荼罗。 这个梦已经勾勒出无意识的整个发展过程的巅峰。 我完全满足了，因为它向我呈现了我的处境的全景图。 我确实知道自己所埋首其中的是某种重要的东西，但我仍然缺乏对它的理解，而我的同行中也没有人能够明白。 这个梦向我作出了说明，使我得以从客观的角度看待充斥我身的各种事情。

如果没有这样的梦，我可能早已迷失方向，被迫放弃了我的事业。 但在这里，意义已经得到了阐明。 离开弗洛伊德时，我就知道，自己正在坠入未知。 毕竟，对弗洛伊德以外的一切，我是一无所知的。 但我已经踏进了黑暗中。 当发生着这一切，然后又出现了这样的一个梦，这时，你会觉得，这其实是一种天赐恩典。

我花了整整四十五年的时间，在我科学研究的容器中提炼我那时所经历过的并且记录下来的东西。 年轻时，我的目标是我的科学能有所成就。 但后来，我遇到了这股岩浆，它炽热的火焰重塑了我的生命。 这就是促使我投身其中的原始材料。 能将这一炽热的物质并进当代世界的图景中，多少也算是我工作上的一点成就吧。

追随内心意象的那些年是我人生中最重要的时刻——一切重

要的东西都是这时确定下来的。 一切都是这时开始的。 后来的细节只是对无意识中迸发出来且一开始将我覆没的材料的补充和说明。 这个材料，就是我一生为之奋斗的原初物质。

· · · ·

第七章　著作

进入人生的后半阶段后,我开始面对无意识中的种种内容。我在这方面打的是一场持久战。 直到二十年后,我才对我的幻觉有了一定程度的了解。

首先,我必须找出证据,证明我的内心经历在历史上有过预兆。 也就是说,我必须问自己:"我的这些假设在历史上什么地方有出现过?"如果我找不出证据,我便永远无法证实我的观点。因此,与炼金术的邂逅对我来说非常关键,因为它提供了我目前为止仍然缺乏的历史依据。

从根本上说,分析心理学是一项自然科学。 但这门学科比其他任何学科更容易受制于观察者的个人偏见。 因此,心理学家如果要剔除哪怕是最粗糙的误判,都必须最大程度地从历史上和文学上去找类似点。 1918 年至 1926 年期间,我认真研究了诺斯替教派的著述,因为他们也曾面对无意识的原始世界,也曾处理过无意识中的那些明显已被直觉世界玷污的意象。 只是,鉴于这方面的已有文献不多——更重要的是,已有的文献大部分出自他们的对手,也即教堂神父——他们怎么理解这些意象一直难以说明。 我觉得,他们不太可能对这些意象有心理学上的看法。 但这些诺斯替教徒离我太遥远了,我无法就正在面临的问题与他们建立关系。 就我看来,本来可能将诺斯替教和现在连接起来的传承似乎已经断开,很长一段时间里,想找到从诺斯替主义(或新柏拉图主义)通往当代世界的桥梁,都证明是不可能的。 然而,开始理解炼金术后,我发现,炼金术代表着与诺斯替主义的历史联系,于是过去与现在之间便有了连续性。 基于中世纪自然哲学的炼金术成了一座桥梁,一头连接过去,即诺斯替主义,一头通往未来,即现代的无意识心理学。

在这一点上,弗洛伊德是开拓者。 他另外还引进了性欲这一古典的诺斯替主题以及邪恶的父权主义。 在弗洛伊德关于原始父性以及从该父性中产生的阴郁的超自我这一神话中,诺斯替教的耶和华和造物主-神(Creator-God)的主题重新出现。 在弗洛伊德的神话中,造物主-神变成了一个大量制造失望、幻灭和苦难的半人半神。 然而,炼金术士对物质的秘密的专注已经暴露出一种唯物主义倾向,这种倾向对弗洛伊德的影响是掩盖了诺斯替的另一本质面:精神的原始意象。 这是另一个更高的神,这个神给了人类一个双耳喷口罐(调酒①器皿),一种可以发生精神转变②的容器。 这个双耳喷口罐是一种女权法则,在弗洛伊德的父权世界中是没有立足之地的。 凑巧的是,持有这种偏见的并不止弗洛伊德一人。 在天主教思想的领域中,圣母玛利亚和基督的新妇在跻踏了几百年后才在最近被迎进了圣房(洞房),因此,她们所得到的认可至少来说是有失偏颇的③。 但在新教和犹太教的领域中,父权一如既往地占据主导地位。 而在哲学炼金术中,女权主义与

---

① "精神"的英文单词"spirit"还有"酒精"的意思。
② 在诺斯替异教徒波依曼德拉的作品中,双耳喷口罐是一个装满了酒精的容器,造物主神将此容器送入凡间,以供那些追求更高意识的人在其中接受洗礼。 该容器是一种使精神得以重生和再生的子宫,正好对应了炼金术中的使物质发生变化的曲颈瓶。 在荣格心理学中,这一对比意在说明一种内在的转变过程,即自性化。 ——原注
③ 此处指的是教皇碧岳十二世在其诏书《广赐恩宠的天主》中公布圣母蒙召升天的教理一事。 新的教理中称,玛利亚作为新娘与天国新房里的圣子结合,作为索菲亚(智慧)与神性结合。 这样,女权主义便被带进了主张男权的三位一体中。 见荣格作品《心理学与宗教:西方与东方》中的《答约伯书》一文。 ——原注

男权主义是平起平坐的。

发现炼金术之前,我做了一系列的梦,这些梦重复涉及同一个主题。 在梦里,我的房子旁边多了一所房子,也就是说,多了个侧房或配楼。 我觉得很奇怪,每次都在梦里纳闷自己怎么不知道有这样的一个房子。 但这个房子显然是一直存在的。 最后,我做了这样的一个梦。 我梦见自己来到另一个侧房,发现那里有一个很不错的藏书室,很可能是十六世纪和十七世纪时期的。 藏书室内,一垒垒又大又厚、以猪皮包就的对开书卷倚墙而立,其中有好几本饰以奇怪的铜版画,书中画着一些我从来没见过的古怪符号。 当时,我并不知道这些符号所指何意,直到很久以后,我才认出来,这些原来是炼金术符号。 梦里的我只意识到这些符号以及整个藏书室所散发出来的一种诱惑力。 这里的藏书是中世纪古籍以及十七世纪的印刷品。

那所陌生的侧房是我人格的一部分,是我自己的一个面,它代表着一些属于我却仍未为我所意识到的东西。 那个侧房,特别是那个藏书室,指的是我当时尚未知晓但很快就会展开研究的炼金术。 十五年后,我做了一个藏书室,样子与梦中的那个十分相似。

那个预示着我与炼金术的邂逅的关键性的梦出现在 1926 年左右。 我梦见自己在南蒂罗尔,那里正战火纷飞。 我在意大利前线,正和一个小个子农民赶着他的马车从前线撤回。 身边到处有炮弹在爆炸。 我知道,形势已经非常危急[1],我们必须快马加鞭。

我们经过一座桥,穿过一个隧道,隧道的部分拱顶已被炸弹摧毁。 快要驶出隧道时,我们看见前方出现了一片灿烂的景致。

---

[1] 炮弹从天而降在心理学上的解释是从"另一边"飞来子弹。 因此,这是从无意识中产生的,是精神的阴暗面在起作用。 梦中发生的情形说明,这一场从外在世界来说已经停火了好几年的战争,其实仍未结束,在精神中,战争还在继续。 这个梦显然是在解决在外在世界中无法解决的问题。 ——荣格注

我认得出，这里是维罗尼附近的那片地区。城市就在下面，阳光普照，一片辉煌。我如释重负，继续驶入绿意盎然的伦巴第平原。一路上，我们穿过春色无限的乡村，领略了稻田、橄榄树、葡萄园的风光。这时，我看见路的斜对面出现了一栋很大的建筑，那是一片面积很大的庄园，很像北意大利公爵的宅邸。这是一个典型的庄园，拥有许许多多的侧房和外屋。和卢浮宫一样，这里也要穿过一个很大的院子，经过那间宅邸。我和小马车夫从一道门驶入，从这里可以再次看见尽头处的下一道门外那片阳光灿烂的景致。我环视四周，发现左边是庄园的正面，右边是仆人房、畜栏、谷仓和其他建筑，长长一路延伸开去。

我们刚来到正大门前的庭院中央时，一件意想不到的事情发生了：随着一声沉闷的哐当声，两扇门猛地关上了。小马车夫从车上跳下来，惊呼："这下可好，我们被困在十七世纪了！"我也无可奈何地想："哎，确实啊！但又有什么办法呢。我们要被困上好几年了。"这时，一个念头安慰了我："过几年，总有一天，我会从这里出去的。"

做了这个梦后，我开始大册大册地阅读枯燥无味的世界历史、宗教历史、哲学历史，却找不到有助于解释这个梦的任何内容。直到很久以后，我才意识到，这个梦指的是炼金术，因为十七世纪是炼金术的鼎盛时期。奇怪的是，我竟完全忘记了赫伯特·西尔柏在炼金术方面的著作[①]。他的书出版时，我觉得炼金术是冷门一科，蠢事一桩，尽管我非常欣赏西尔柏的神秘解释观点或者说建设性观点。我那时和他有书信来往，在信中我告诉他我很欣赏他的作品。西尔柏的意外死亡[②]表明，他发现了问题，却顿悟不了问题。他用的主要是后期的素材，这一素材我完全不

[①] 《关于神秘主义及其象征的问题》，有两个版本，1917年的纽约版和1914年德国维也纳版。——原注

[②] 西尔柏是自杀身亡。——原注

了解。后面的炼金术专著大都荒诞不经，浮华夸张，我们只有懂得如何解释它们，才会意识到其中蕴藏着怎样的宝藏。

阅读了理查德·威廉 1928 年寄来的中国炼金术手稿《金花的秘密》后，我才开始渐渐领悟到炼金术的本质。我迫切希望熟悉更多有关炼金术的作品，于是，我委托一名慕尼黑书商，让他一有炼金术方面的书就通知我。不久，我便收到了他寄来的第一本书《炼金术第二卷》，书中收进了大量的拉丁文论著，其中还有几篇是炼金术界的"经典之作"。

这本书被束之高阁差不多两年。偶尔，我会翻一翻那些图，每次都会这样想："天啊，这什么乱七八糟的东西！这种东西根本不可能理解得了。"但心里又一直奇痒难耐，我于是决定更加彻底地深入其中。我在第二年冬天开始阅读，很快便发现这本书的引人入胜之处。当然，这本书在我看来还是如天书般难懂，但时不时地，书中会出现一些我觉得有意义的段落，有时，我甚至能发现一些我觉得我能理解的句子。后来，我终于发现，炼金术士是在用符号说话——我以前熟悉的那些符号。"太好了。"我想，"我一定要学会破解这些符号。"至此，我已经完全着迷，只要一有时间，我就会埋首其中。一天晚上，我正研究这些符号时，忽然想起了那个被困于十七世纪的梦。最后，我终于领会到了这个梦的含义。"原来是这么回事！看来我得从头开始研究炼金术了！"

没有阿里阿德涅将一只线团①交与我手，我花了好些时间才在炼金术思维过程的迷宫中找到方向。阅读十六世纪的文章《玫瑰园哲学》时，我注意到有几个奇怪的表达和措辞总是反复出现，比如"溶解和凝结"、"合一管"、"青金石"、"原初物质"、"水银"等等。我知道这些表述是在某种特定的意义上重复，但我不知道这种意义是什么。于是，我决定动手编一本关键词对照参考

---

① 阿里阿德涅之线，来源于古希腊神话，用来比喻走出迷宫的方法和路径。

词典，整个过程下来，我积累了几千个这样的关键词，摘录也做了好几卷。 我是按语言学的方式去走的，好像我正在试着解开某种未知的语言之谜一样。 就这样，炼金术表达方式的意义渐渐水落石出。 这项工作，我整整沉迷了十几年。

我很快发现，分析心理学与炼金术出奇地一致。 炼金术士的经历在某种意义上就是我的经历，他们的世界就是我的世界。 这无疑是一个重大的发现：我误打误撞，竟然撞着了无意识心理学在历史上所对应的东西。 有了炼金术作为对比，就能连起一条直通诺斯替的不间断的知识链，我的心理学也就有了根据。 当我凝神思考这些古老的文本，一切都变得一目了然起来：幻觉中的意象、实践中收集的实证素材，以及从该素材中得出的结论。 我现在开始明白，从历史的角度上看，这些精神性内容意味着什么。 研究神话时，我就已经开始领会到这些内容的代表性，而现在，我对这种代表性有了更深刻的了解。 原始意象和原型的本质在我的研究中占据了中心地位，我开始清楚地意识到，没有历史，就没有心理，自然也不会有无意识心理。 当然，意识的心理有了从个人生命中提取的素材也就足够，但一旦要分析精神病，我们便需要比意识的认识更为深入的前世记忆。 当治疗过程中需要作出不同寻常的决定时，梦就会出现。 而对梦进行阐释，需要的不仅仅是个人的记忆。

我认为，研究炼金术标志着我与歌德之间的内在联系。 歌德的秘密是他正受制于原型转变的过程，而这个过程已经进行了千百年。 歌德把《浮士德》视为自己的主要著作或神圣的著作，称它为"大任"，他的一生都在这部戏的框架下上演。 因此，他身上活着的并活跃着的，是一种活生生的物质，一种超个人的过程，是伟大的原型世界之梦。

我自己也为这个梦所困扰。 十一岁那年起，一件大事便降于我身，这便是我的"大任"。 渗透并凝聚我的生命的，是一个理念，一个目标：深入人格的秘密。 一切均可以从这一中心点进行解释，我的所有工作均与这一主题有关。

我真正的科学研究始于1903年的联想实验。我将这次实验视为我在自然科学领域所从事的首次科学研究。继《词语联想研究》之后，我又写了两篇精神病学论文：《早发性痴呆的心理》和《精神病的内容》。论文的来由前面已经讨论过。1912年，我的《力比多的转变与象征》出版。这本书断送了我与弗洛伊德的友谊。从此，我只能孤独前行。

我以专注于自己无意识中的意象为出发点。这段时间从1913年持续到1917年，然后，这股幻觉之潮便渐渐消退。直到幻觉平息下来，不再受禁于这座幻山，我才得以客观地审视整个经历，并开始反思所体验的一切。我首先问自己，"人与无意识有什么关系？"我的答案是《自我和无意识的关系》[1]一文。1916年，我曾在巴黎就这一话题发表过讲话[2]，但德文版却在十二年后才加大篇幅发表。在这次讲话中，我叙述了无意识中的一些代表性内容，说明意识的大脑对这些内容采取怎样的态度绝对不是一件无所谓的事情。

与此同时，我也在为《心理的类型》作准备工作。此书第一次出版是1912年。这本书的出现是因为我需要确定我的观点在哪些方面不同于弗洛伊德和阿德勒。在寻求这个问题的答案时，我碰到了类型的问题，因为从一开始便决定并限制了一个人的判断的是人的心理类型。所以，这本书写的是个人与世界、个人与人、个人与事的关系。书中探讨了意识的各个方面，意识大脑对世界可能采取的各种态度，并由此从大概可以谓之为临床的角度形成了一种意识心理。我将文学作品大量地引进了这本书中。

---

[1] 见《分析心理学论文两篇》。——原注
[2] 见1916年出版于日内瓦的《心理学档案》中《无意识之结构》一文。——原注

施皮特勒的作品在书中占有特别的一席，尤其是他的《普罗米修斯和厄庇墨透斯》[1]。此外，我还论述了席勒、尼采、古典时期和中世纪时期的理智史。我不无冒昧地向施皮特勒寄去了一本《心理的类型》，他并没有回信，但不久后他做了一次演讲，演讲中主动表示他的《普罗米修斯和厄庇墨透斯》并没有什么"意思"，正如他也会歌颂"春天来了，特啦啦啦啦"一样。

这本关于类型的书使我认识到，每个人所作的判断都受他的人格类型的限制，每一个观点都必然是相对的。这就出现了统一的问题。必须要以统一来弥补这种差异。这让我直接想到了中国的道家思想。理查德·威廉寄来的一篇道家论著与我的内心发展如何相互作用，前文已有论述。1929年，我和他合著了《金花的秘密》。在我的思想和研究到达了中心点即自性这一概念后，我才重新找到了回归世界的路。我开始发表演讲，也出去旅行了好几次。各种各样的论文和演讲与我那些年的内心探索形成了一种均衡。在这些论文和演说中，我还回答了读者和病人向我提出的各种问题。[2]

自《转变的象征》一书以来，我一直非常关心的一个主题是力比多理论。我认为，力比多是与物理能量相似的一种精神能量，多少算是个定量概念，因此不应用定性概念来定义。我的想法是逃离时下流行的力比多理论具体主义。也就是说，我不想再提饥饿、侵犯和性这些本能反应，而是希望将这些现象全部视为精神能量的表现。

在物理学上，我们也会提到能量以及它的各种表现，如电、光、热等等。心理学也完全一样。在心理学中，我们处理的主要也是能量。也就是说，我们也会有强度的测量，也会有数量的

---

[1] 卡尔·施皮特勒，瑞士作家，知名作品除《普罗米修斯与厄庇墨透斯》外，还包括《奥林匹亚的春天》及小说《伊马戈》。获1919年诺贝尔文学奖。——原注
[2] 这些作品主要分布在《荣格文集》卷四、卷八、卷十、卷十六中。——原注

加减。这里的能量可以表现为各种花样。如果我们视力比多为能量，我们就能获得一个综合的统一的视角，关于里比多的本质——不管是性欲、权欲、饥饿还是其他——的定性问题就退回了幕后。我希望，我能在心理学上形成一种与物理学上已有的能量学原理那样的合乎逻辑的彻底的观点。这就是我在1928年的论文《论精神能量》中所追求的目标。例如，我认为人的驱动是能量过程中的各种表现，因此，人的驱动就类似于热和光那样的力。正如当代物理学家不会认为所有的力均源于一种能量（比如说热能）一样，心理学家也应该当心这种将所有的本能统统归于性欲的行为。这正是弗洛伊德当初所犯的错误。后来，他提出了"自我-本能"的假说，纠正了他的错误。再后来，他又提出了超自我，并在事实上对其赋予了最高地位。

在《自我与无意识的关系》一文中，我只论述了我对无意识的关注以及关于该关注的本质的一些东西，对无意识本身并没有过多着墨。随着我对自己的幻觉展开研究，我开始发现，无意识会经历变化或产生变化。熟悉炼金术后，我才意识到，无意识是一个过程，精神由于自我与无意识内容的关系而转化或发展。从个体上看，这种转化可以从各种梦和幻觉中读取出来。从集体生活上看，这种转化主要沉淀在各种宗教体制以及它们不断变化的象征中。通过研究这些集体性转化过程，通过理解炼金术的象征，我得出了我的心理学中心思想：自性化的过程。

关于我的工作，一个根本的方面是它很快开始触及到人的世界观问题以及心理学和宗教关系的问题。我先是在《心理学与宗教》（1938年）中详尽探讨了这些问题，后来，我又写了《巴拉塞尔苏斯现象》（1942年），这本书是《心理学与宗教》的直接分支。书中的第二篇文章《巴拉塞尔苏斯①，一种精神性现象》从

---

① 瑞士医生，是将炼金术用于医药学的大胆倡导者与实践者。

这一点上显得尤为重要。 巴拉塞尔苏斯的作品包含大量原创性观点，其中包括对炼金师所提问题的简明陈述，尽管陈述方式显得浮华夸张。 通过巴拉塞尔苏斯，我终于得以探讨关系到宗教和心理学的炼金术本质——或者更准确说，是作为宗教哲学一种形式的炼金术的本质。 我将探讨成果写成了《心理学与炼金术》一书。 就这样，我终于触到了地面，触到了1913年至1917年间我的个人体验的根基，因为我那时所经历的过程刚好对应了这本书中所讨论到的炼金术转化过程。

于是，无意识的象征与基督教等宗教的关系这个问题一直萦绕在我的脑海里，也就再自然不过。 我不但为基督教信息留了门，而且还觉得，基督教信息对西方人来说具有相当的重要性。但是，我们需要以一种新的眼光来看待这种信息，要顺应当代精神所造成的变化。 否则，这种信息就会脱离时代，失去对人类整体的作用。 我的作品无不竭力说明了这个道理。 我对三位一体的教义以及弥撒经文的教义进行了哲学上的阐释，而且与帕诺波利斯的佐西摩斯所描述的幻觉进行了对比。 佐西摩斯是公元三世纪的炼金师，是一名诺斯替教徒[①]。 我本想使分析心理学与基督教发生关系，最终却碰到了基督这一心理形象的问题。 早在1944年，在《心理学与炼金术》一书中，我便证明了基督形象与炼金师的中心概念——琉璃或青金石——之间的对应关系。

1939年，我就依纳爵·罗耀拉[②]的《灵操》举办了一场研讨会。 与此同时，我还忙于《心理学与炼金术》的研究工作。 一天晚上，我夜里醒来，看见床边出现了十字架上的耶稣，正沐浴在一片亮光之中。 耶稣并非真人大小，但极为逼真，我发觉他的身体是青金做成的。 这一幻觉美得惊人，我被深深地震撼了。 这

[①] 两篇研究均包含在《心理学与宗教：东方与西方》中。 ——原注
[②] 天主教耶稣会的创始人，他所著的《灵操》是当代天主教会应用广泛而且极受欢迎的灵修范式。

样的幻觉对我来说并不鲜见，因为我经常在入睡前看见一些极其生动的幻象。

我那时一直在思考"基督的灵魂"，这是出自《灵操》中的一种冥想。这一幻觉的出现似乎是在说明，我在思考时遗漏了某种东西：基督与炼金师的非常之金和绿色力量[①]的相似性。当我意识到这个幻觉指的是炼金术的这一中心象征，意识到我对基督的这个幻觉本质上属于炼金术性质时，我感到宽慰了不少。

青金是炼金师发现的一种生命特性，不但人类身上有，无机的自然界中也有。它是生命精神也即世界之魂或宏观世界之子（赋予整个世界以生命的人）的表现。这种精神将自己倾注进万事万物中，甚至倾注进无机物中。他就存在于金属和石头里。因此，我的幻觉是基督形象与基督在物质中的对等物——宏观世界之子的结合。若非为青金所震撼，我会忍不住认为，我的"基督"观中缺失了某些本质的东西——也就是说，我传统的基督意象是有一定不足的，我仍需对部分基督教发展迎头赶上。然而，对金属的强调向我表明，炼金术中的基督概念的真实面目，乃是精神上活着、肉体上死去的物质的结合。

在《Aion》[②]中，我再次谈起了基督这一问题。在这本书中，我关注的不再是历史上的各种对应，而是基督形象与心理学的关系。我也不再认为基督是一个外在性尽失的形象，相反，我希望将他所代表的宗教内容千百年来的发展揭示出来。还有，基督如何为占星术所预见，如何就他那个时代的精神以及两千多年的基督教文明过程被人们所理解，对我来说也很重要。我想描绘的除了这些，还有千百年来堆积在他周围的那些奇怪的旁注。

深入研究这些问题时，关于耶稣这个人，这个历史人物的问

[①] 一些态度认真的炼金师意识到，他们的研究目的不在于把贱金属变成黄金，而在于生产"非常之金"或"哲学黄金"。也就是说，他们关心的是灵魂价值和精神转变的问题。——原注

[②] 《Aion》为英译版，但书名与原版一样。英译版于1955年出版。——原注

题也随之出现。 这一点很重要，因为他那个时代的集体心性——你也可以说是，这是已经聚集起来的原型，即人的原始意象——凝结在了他这样一位鲜为人知的犹太先知身上。 人类的这一古老的概念，一方面源自犹太传统，一方面源自古埃及的荷鲁斯①神话，并在基督纪元伊始占有了人类，因为这是时代精神的一部分。 这一概念的本质在于人子，即上帝自己的儿子，他站出来对抗被神化了的世界霸主奥古斯都②。 这种思想与弥赛亚的问题搅在一起，这个原本属于犹太人的问题，成为了一个世界性问题。

认为耶稣这位木匠之子传播福音拯救世界"纯属巧合"，这是一个严重的误会。 耶稣肯定是个天赋异禀的人，才能如此完整地表达和象征他那个时代的普遍期望，尽管这种期望是无意识的。 没有人担当得起这样一种信息，只有耶稣这个人，才是唯一的可能。

那些岁月里，罗马帝国权倾天下，无所不在，神圣的凯撒大帝便是它的体现。 罗马势力下的世界，无数人失去了自己的文化独立和精神自主。 实际上，整个人类均是如此。 今天，个人和文化也面临着类似的威胁——被普通大众所吞没。 因此，很多地方出现了希望基督再现的浪潮，甚至有一种假想的谣言在流传，表达了人们对救赎的殷殷期盼。 不过，这一次谣言的形式却是前所未有的，是"科技时代"的典型产物。 这就是遍及全球的 UFO（不明飞行物）现象③。

由于我的目的是最大程度地论证我的心理学如何与炼金术一致，或者说，炼金术如何与我的心理学一致，因此，我想连同宗

---

① 荷鲁斯是古代埃及神话中法老的守护神，可以把荷鲁斯看作是由许多其他与皇权、天空、战争等有关的神祇组成的合并体，而这些神祇大多是太阳神。 这与基督教中关于上帝的"三位一体"的说法很相似。

② 指第一位罗马帝国的皇帝屋大维。屋大维去世后，罗马元老院将他列入"神"的行列，赋予其"奥古斯都"（意为神圣者、至尊者）的尊号。

③ 见《飞碟：一个天上所见之物的现代神话》（1959年伦敦和纽约出版）；另见《转型中的文明》。 ——原注

教上的问题一起,找出炼金师的研究中所治理的是什么样的特殊性精神治疗问题。 在医学上,精神治疗的主要问题是移情。 在这件事情上,我和弗洛伊德的观点完全一致。 我可以证明,炼金术也有某些地方与移情对应——融合。 融合这一概念的重要性,已经为西尔柏所注意。 炼金术与移情对应的证据,我在《心理学与炼金术》中已有说明。 两年后,即1946年,我在《移情心理学》①中继续深究了这个问题。 最终,我的研究促成了《神秘的融合》一书的诞生。

正如所有从个人或科学的意义上将我牵涉其中的问题一样,融合的问题也伴随着梦而产生或者说为梦所预示。 在其中一个梦中,融合问题和基督问题被浓缩成了一个显著的意象。

我再次梦见自家房子多了个很大的我从未到过的侧房。 我决心要探个究竟。 最终,我走了进去,来到了一扇双开门前。 我推门而入,发现这是一间用作实验室的房子。 窗前有一张桌子,桌子上摆满了各种玻璃器皿和动物实验室该有的所有器具。 这是父亲的工作室,但父亲并不在场。 墙边的架子上,好几百个瓶子立于其上,瓶子里装着可以想象得到的各种鱼。 我很诧异:这么说,父亲在研究鱼类学!

我站在室内,环视四周,发觉有一块窗帘总是不时鼓起,仿佛有强风吹拂似的。 突然,汉斯出现了。 他是个乡下来的小伙。 我让他去看看窗帘后面的房间是不是有一扇窗没关。 他去了,好一阵子才回来,我看见他脸上写满了恐惧。 他只是说:"是的,有东西,有东西在那边出没!"

于是,我亲自去了一趟,发现了一扇通往母亲卧室的门。 室内空无一人,气氛很是诡异。 房间很大,屋顶吊着两列箱子,每五个一列,离地大概两英尺,看上去像一个个小园亭,每个占地约六英尺,内有两张床。 我知道,这是现实中早已死去的母亲招

---

① 见《在精神治疗的实践中》。 ——原注

待鬼魂的房间，她布置这些床是给到访的鬼魂下榻的。这些鬼成双成对而来，也就是说，他们是一对对鬼夫妻。他们会在这里过夜，甚至白天也在。

母亲的卧室对面是一扇门。我打开门，进入了一间厅之中。厅很大，让我想起了大酒店的前厅。厅内有安乐椅、小桌、梁柱、豪华帷幕等等。一支管乐队正热闹地演奏着。我在背后时就一直听见音乐在响，但不知道音乐从何而来。大厅里一个人也没有，只有管乐队在高声演奏着舞曲和进行曲。

酒店大厅的管乐队暗示了世俗的喧嚣和浮华。谁会想到，在这喧嚣的表面下，在同一栋建筑中，还存在着另一个世界。梦中的这个大厅可以说是一幅讽刺画，讽刺了我的一世安好或浮世作乐。但这只是表面。表面之下，隐藏的是截然不同的、绝非管弦的声声奏乐中可以探究出来的东西：鱼类实验室和吊着的鬼亭。二者均为静得诡异的可畏之地。身处其中时，我有一种感觉，觉得这里是黑夜的所在，而大厅代表的是白日世界及其肤浅性。

这个梦最重要的意象是"鬼魂接待室"和鱼类实验室。前者以一种颇为诙谐的方式表达了融合之意，而后者暗示了我对基督的潜心研究，因为基督自己就是鱼（耶稣鱼[①]）。这两个都是我一直忙了十多年的主题。

鱼的研究归到父亲头上，这一点很值得注意。在梦里，他是基督徒灵魂的看管人。这是因为，根据古人的观点，这些基督徒是彼得网中捕获的鱼[②]。同样值得注意的是，在同一个梦中，母

[①] 耶稣鱼（ΙΧΘΥΣ）是基督教的一个代表符号，最早是基督徒为了躲避罗马帝国宗教迫害而使用的暗号。此符号为鱼形，希腊文的"鱼"字，即"ΙΧΘΥΣ"，恰好由"耶稣、基督、神的、儿子、救主"这五个象征着基督教信仰核心的词汇字首组成，因此初期的基督徒很喜欢以此作为彼此间的暗号。随着米兰敕令的发布，基督教得以合法化，此符号也因其历史意义而成为基督教的代表符号之一。

[②] 渔网象征基督宗教；渔网中有一大群使徒在耶稣帮助下捕获的鱼，它们代表基督徒。

亲成了亡灵的守护者。 于是，父母两人似乎都背负着"医治灵魂"的重任，而实际上，这正是我的任务。 一些事情仍未完成，仍留在父母身上。 也就是说，这些事情仍潜藏于无意识中，从而留到了将来。 这是在提醒我，我仍未解决"哲学"炼金术（即融合）这一重大问题，因此也仍未回答基督的灵魂抛给我的问题。 此外，关于圣杯传说的主要研究，这项被妻子视为终身事业的工作，也仍然未竟。① 我还记得，研究《Aion》中的耶稣鱼这一象征时，我脑海里常常出现寻找圣杯和渔人王②的情景。 若非我不愿意介入妻子的领域，我毫无疑问是要将圣杯传说纳入我的炼金术研究中的。

在我对父亲的记忆中，父亲是一个有着安福塔斯③式伤口的伤者，是永难伤愈的渔人王——这是基督之苦，炼丹师寻找灵丹妙药，正是为了解决这种痛苦。 我就像"哑口"的帕西发尔，孩提时目睹着父亲的这一疾患，却和帕西发尔④一样，失去了语言能力，只是约略地领会到了什么。 在现实中，父亲从不会对兽形的基督象征感兴趣。 相反，他至死都生活在基督所预示并许诺的痛苦中，从没意识到这种痛苦是效法基督（imitatio Christi）的结果。 他将他的痛苦视为个人病痛，以为可以寻医问药，看不出这是基督教的通病。《加拉太书》⑤2：20中的那句"我活着，但不是我活着，而是基督活在我心里"的意义从未完整地进入过他的脑海，一想到宗教上的问题，他就害怕得浑身直哆嗦。 他想满足于信仰，但信仰却失信于他。 这便是理性牺牲（sacrificium intellectus）常有的报应。"非所有人均能受此训诫，唯被赐予此训诫者方能

---

① 荣格夫人1955年去世后，玛丽-路易丝·弗兰丝博士接手了对圣杯的研究工作，并于1958年顺利完工。《圣杯传说》，作者艾玛·荣格和玛丽-路易丝·弗兰丝，安德里·亚堤坝译，1930年纽约和伦敦出版。 ——原注
② 渔人王，亚瑟王传奇中的圣杯守护者，后来下体受伤，无法继续守护圣杯。
③ 圣杯骑士首领，他被邪恶的魔法师克林索尔所伤，伤口无法治愈。
④ 圣杯骑士，寻找圣杯的英雄人物。
⑤ 《圣经·新约》中的一卷，是使徒保罗写给加拉太基督徒的一封信。

受……有阉人为了王天下而为阉人。能接受者，尽管让他接受。"(《马太福音》19：11)盲目接受永远不会有出路，它顶多只会走向停滞，让下一代来付出沉重代价。

神的兽形特性表明，神的范畴上跨超人类领域，下跨次人类世界。可以说，动物是他们的影子，是大自然本身将这些影子与神的意象联系了起来。"基督鱼"一词表明，那些效仿基督的人本身也是条鱼——也就是说，他们是无意识的灵魂，需要进行牧灵①（cura animarum）。鱼类实验室与教会中的"灵魂医治"是同等意义。伤者自伤，愈者自愈。值得注意的是，在这个梦里，决定性行动是由死者在意识之外的世界，即无意识世界，对死者作出的。

因此，处于这一人生阶段的我，仍未意识到自己任务中一个本质方面，仍未能对这个梦作出一个令人满意的解释。我只能感受到它的意义。我还要克服很大的心理障碍，才能动笔写《答约伯》。

《答约伯》一书的诞生，其内在根本原因可以参阅《Aion》。在《Aion》中，我探讨了基督教心理学。约伯是基督的一种预兆，他们之间的纽带是受苦受难。基督是上帝受苦的仆人，约伯也一样。就基督的情况来说，世上的罪是受罪的原因，而基督徒的受罪是普遍答案。这就不可避免地出现了一个问题：谁应该对这些罪负责？归根到底，是上帝创造了这个世界和世上的罪，因此，他变成了基督，以遭受与人类一样的命运。

《Aion》中提到了这一神性意象的正反面。我在书中引用了"上帝之怒"这一畏惧神的戒律以及"引导我们避开诱惑"这一祷文。上帝这一自相矛盾的意象在《约伯书》中起到了关键作用。约伯以为，上帝会在某种意义上与他一起对抗上帝。从这一点上，我们可以看出上帝可悲的矛盾性。这便是《答约伯》的

---

① 牧灵，主教神父（牧人）们对教友（灵魂）的指导。

主题。

我写下这本书，其中也不乏外力的促进作用。社会大众以及病人身上的许多问题使我觉得，我必须更加清楚地表达自己对现代人的宗教问题的看法。多年来，我一直犹豫着不敢下笔，因为我清楚地知道，这将会引发怎样的狂风巨浪。但最后，问题之紧迫之困难，使我不得不就范，觉得自己非给出一个答案不可。我按问题本身出现的方式交了答案，也就是说，我将之当作是一次充斥着情感的经历。我故意选择了这样的方式，以免给别人造成我执意要宣扬什么永恒真理的印象。我写《答约伯》，仅仅是为了表达一个希望引发众人深省的个人的声音，而不是为了宣扬一种形而上学的真理。然而，正因为这一点，我受到了神学家的指责，因为神学思想家们太习惯于永恒的真理这一套，以至于别的都不会。当物理学家说原子的结构是如此这般，当他画了个原子结构示意图，他也并非要表达不变的真理之类的东西。但神学家不理解自然科学，尤其不理解哲学思维。分析心理学的素材，即其主要事实，是由各种说法构成的，这些说法地点不同，时间各异，出现的形式却常常一致。

约伯问题及其支支脉脉，同样在一个梦里出现了前兆。梦的开始，是我去看望我去世多年的父亲。他住在乡下，但不知是哪一处。我看见一座十八世纪风格的房子，房子很宽敞，附有几个很大的外屋。我了解到，这里原本是一处疗养胜地的旅馆，很多名人要员、皇族贵胄似乎都在这里驻足过。我还了解到，有几个人已经辞世，他们的雕花石棺就放在属于这所房子的一个地窖里。父亲是这些石棺的看守人。

我很快发现，父亲不仅是石棺看守人，而且是一名真正的杰出学者——他一辈子也没当过杰出学者。我和他在书房见面，奇怪的是，与我同龄的Y医生和他儿子也在场。这两人都是精神病学家。不知是我提了一个问题，还是父亲自己想解释什么，总之，他从书架取下一本很大的《圣经》，这是一本很沉的对开本，很像我书室里的《马里安圣经》。父亲拿的这本《圣经》是闪亮的鱼皮封面。他打开书,翻到《旧约》部分——据我猜测,他翻到了《摩西五经》——开始解释其中的一处经文。他说得很快,很高深,我听不懂他在说什么。我只注意到,他言谈间透露出他渊博而繁杂的学识,而对于他的话的含义,我只能隐约理解,不能很好地评价或领会。我发现Y医生也一头雾水,他的儿子还笑了起来。他们觉得父亲太贸然,认为这只是老人家在说糊涂话。但我心里很清楚,这并不是病态的头脑发热,父亲的话一点都不糊涂。相反,他的言论睿智而高深,愚蠢如我们是无法理解的。他说的是一些极其重要的他所着迷的东西,所以才会慷慨陈词,心中满是玄思奥想。我很气恼,为父亲只能对牛弹琴感到可惜。

那两名精神病学家象征着一种狭隘的医学视角。当然,作为外科医师的我也难逃这种视角的影响。他们象征着我的影子——影子的第一版和第二版,即父亲和儿子。

后来,场景变了。我和父亲站在房前,正对着一个棚屋,屋内显然有人在堆叠木材。耳边传来巨大的撞击声,似乎有大段大段的木头正被掷到地上或随便乱扔。我感觉至少应该有两个工人在里面忙活,但父亲告诉我,这是一处凶宅。显然,某种不安分的骚灵①正在闹翻了天。

我们于是进入屋中。我发现屋子的墙非常坚厚。我们爬上一道狭窄的楼梯,来到了二楼。这时,眼前出现了奇怪的一幕:一个巨大的厅,简直是苏丹·阿克巴②位于法特普尔·西克里城的议会大厅的再版。这是一个很高的圆形大厅,一条回廊绕墙而过,四座桥从回廊通向一个盆状的中心。盆在一根巨大的柱子上,形成了苏丹的圆座。苏丹便是从这个高高举起的位置,向回廊上倚墙而坐的议员和哲学家发言的。整个画面就像一幅巨大的

---

① 敲击作响或闹恶作剧的鬼。
② 苏丹·阿克巴,印度莫卧儿帝国第三代皇帝,法特普尔·西克里是他的都城。

曼荼罗，与真正的苏丹会议厅毫无二致。

在梦里，我突然发现一段很陡的楼梯，从中心往上伸至墙上一个很高的位置——这是现实版所没有的。楼梯顶端是一个小门。父亲说："现在，我要领你进入至高的存在。"于是，他双膝跪下，以头叩地。我也跟着跪下，情绪激动。不知何故，我的额头总是叩不到地上去——还差一毫米左右。但至少，我和父亲一起行了礼数。我突然得知——也许父亲告诉了我——上面的那扇门通向一个单间，大卫王①部下的勇将乌利亚就住在这里。大卫为了占有他的妻子拔士巴，卑鄙地出卖了他，让他的士兵在大敌临头时弃他而去。

关于这个梦，我有必要解释几句。最初的画面描述的是我留给"父亲"（即无意识）的无意识重任是怎样展开的。显然，父亲热衷于研究《圣经》——莫非是《圣经·旧约·创世纪》？——并急于表达他的见解。鱼皮标志着《圣经》属于无意识内容，因为鱼不会说话，也没有意识。可怜的父亲也没能成功表达，因为他的听众不是无法理解，就是蠢得可恶。

这次尝试失败后，我们穿过马路，来到"另一边"，这个骚灵正闹得慌的地方。骚灵现象经常发生在进入青春期之前的青少年附近。也就是说，我还未成熟，还太缺乏意识。印度式的布景说明，这里是"另一边"。我去印度时，苏丹会议厅的曼荼罗结构确实在事实上给我留下了强烈的印象，因为它象征着某种与中心有关的内容。中心就是阿克巴大帝的座位。阿克巴，这位次大陆统治者，和大卫一样，是"世界之王"。然而，位置比大卫还高的是乌利亚，他忠诚的将士，他弃让给敌人的无辜受害者。乌利亚是基督这位被上帝遗弃的神-人（god-man）的预示。"神啊，神啊！您为何要将我抛弃？"最糟糕的是，大卫还将乌利亚

---

① 以色列第二个国王，部下有勇将乌利亚。大卫王曾在屋顶上见乌利亚之妻拔士巴沐浴，遂谋杀乌利亚而娶了拔士巴。

的妻子"占为己有"。 直到后来，我才明白这句话对乌利亚意味着什么：不但逼我公开《圣经·旧约》中上帝意象的两面性，做出自己不利的行为，而且连我的妻子，你们也要以死相夺。

　　这就是隐藏在无意识中等待着我的东西。 我必须顺从于这样的命运，叩头时确实应该触及地面，这样我的顺从才会完整。 然而，什么东西总阻止我完全触地，让我只剩一毫米之差。 我心里有什么东西在说："很好，就是不完整。"我心里有东西不肯屈从，坚决不做一条沉默的哑鱼：如果不是自由的人类中存在着这样一种东西，《约伯书》就不会在基督诞生前几百年就已经写就。人总有一些精神上的保留，甚至在神的法令面前也是如此。 不然，他哪来的自由？ 如果自由威胁不了威胁自由的他，那要自由来作什么用？

　　于是，乌利亚住在比阿克巴更高的地方。 甚至，就像那个梦所说，他是"至高的存在"。 本来，这样的表达只有用在上帝身上才合适，除非说的是拜占庭主义的情况。 我不禁想起了佛祖以及佛祖与神的关系。 对于信教的亚洲人来说，如来佛就是至上，就是绝对。 基于此，人们认为小乘佛教有不信神的嫌疑——这是大错特错的。 借助神的力量，人得以对自己的造物主有了洞见。人甚至被赋予了一种力量，以消灭造物的本质方面，即人对这个世界的意识。 今天，人可以利用放射物消灭地球上的所有高等生物。 世界毁灭的概念，佛祖早有暗示：通过觉悟，十二因缘链——不可避免地走向老、病、死的因果链——就会断开，存在的幻觉就会走到尽头。 叔本华对旨意的否定预示了关于未来的一个问题，而这个问题如今已经迫在眉睫。 这个梦揭示了早已存在于人性之中的一种想法和征兆：造物会因一个很小却很关键的因素而超越其造物主。

　　经过了这次梦境之旅，我必须再次回到我的写作中来。 在《Aion》中，我开始着手处理那些需要单独处理的循环问题。 我开始试着解释，基督的出现是如何与一个新纪元的开始，即双鱼时代的开始不谋而合的。基督的生命与客观的天文事件，即春分点进入双鱼座这件事之间存在着一种共时性。因此，基督就是那条"鱼"（正如在他之前的汉谟拉比[①]是"公羊"一样），是为了统治这个新纪元而来。这就产生了共时性的问题。我在《共时性：一种非因果性的关联法则》[②]一文中讨论过这个问题。

《Aion》中的基督问题最终将我引向了这样一个问题：人类的现象——从哲学上说，是自性——是如何在个体的经历中得到表达的。我在《意识的根源》[③]中试着作出了回答。在这本书中，我的关切点是意识与无意中之间的相互作用、意识如何从无意识中发展而来，以及更大的人格（即内在之人）对每个个体生命的影响。

这次研究以《神秘的融合》一书作结。在这本书中，我再次谈到了移情问题，但主要是遵循了我的初衷，将炼金术的全部范围作为一种炼金术心理学去描述，或者说，作为深度心理学的一种炼金术基础去展现。在这本书中，我的心理学总算在现实占有了一席之地，总算可以建立在它的历史基础上。至此，我的任务完成了，工作结束了，我的心理学如今站住了脚跟。触底的那一刻，我达到了科学理解的极限，达到了超验，达到了原型自己的本性。到了这个程度，是不可能作出更进一步的科学说明了的。

当然，以上回顾只是我对工作的一个简短的总结。真正要说的话，我可以说得很多，也可以说得很少。这是一时之兴，就像我在这里提到的所有内容一样，都是一时兴起而为。了解我的工作的人，或许读起来要轻松一些，而其他不了解的，可能得被迫了解我的思想了。我的一生就是我所做的一切，即我的科学工

[①] 公元前十九世纪巴比伦王朝的第六代国王。
[②] 见 C.G.荣格和 W.保利合著作品《对本性和精神的解释》（1954 年伦敦和纽约出版）；另见《精神的结构和力学》。——原注
[③] 本书中的大部分文章已收入《荣格文集》卷8、卷9，卷11。——原注

作，我的生活与工作是不可分离的。 工作是我内在发展的表现，因为致力于无意识内容可以造就一个人，并促成他的转变。 我的工作可以看作是我人生之路上的一个个驿站。

我的所有作品都可以看作是内心强加于我的任务。 它们的到来，乃是命运的强迫。 我笔下所写的，是由内心向我袭来的一些东西。 我允许灵魂鼓动我将话说出来。 我从不指望我的作品能引起多大的反应，多强的共鸣。 这些作品是对我们时代的补偿，我是被迫之下道出了这些没人愿听的话。 因为这一原因，我常常感到极度孤独，特别是一开始的时候。 我知道，我说的话将遭遇冷眼，因为我们时代的人很难接受与意识世界抗衡的另一个世界。 可以说，今天，我能得到如此成功，实在太令我惊讶了——完全出乎了我的意料。 我觉得，我已经是竭我所诚，尽我所能。 当然，人的事业还可以做得更大，做得更好，但对我来说，再多就不是我的能力范围了。

第八章 塔楼

渐渐地，通过科学研究，我为我的幻觉和无意识内容打下了稳固的根基。然而，我觉得文字和纸张不够真实，我还需要更多的东西。我要将内心最深处的想法和所掌握的知识以某种方式表达在石头里。或者换句话说，我要在石头里进行信仰的告白。这就是"塔楼"的来由。塔楼位于波林根，是我为自己建造的一所房子。

我会在水边建楼，这是一开始就定了的。我一直对苏黎世上湖的美景有着奇怪的迷恋，于是，1922年，我在波林根买了一块地，位置是圣·迈因拉德地区。这是一块老教堂用地，原先属圣·卡尔修道院所有。

起初，我并不打算建一栋真的房子。我本来只打算建那种原始的单层住房，圆形结构，中间有个火炉，沿墙铺几张床。这多少是因为我想起了一种非洲棚屋，这种棚屋中间燃着一堆火，火堆由几块石头围着，一家人的全部生活都以这堆火为中心。原始人的棚屋是对完整性观念的具体化，一种家庭式完整性，各种小型家畜身上也有体现。然而，才建了第一阶段，我便改变了计划，因为我觉得太原始了。我觉得必须做成正规的两层房子，而不是一个蜷伏在地上的矮棚。于是，1923年，第一个圆形房子起建。房子完工时，我发觉它变成了一个塔式住房，很合我意。

自一开始，我对这个塔楼便有一种颐养和重生的强烈感觉。我觉得它象征着母性的温存。 然而，我越来越发现，这个塔楼仍旧没有表达出需要表达的一切，有些东西仍旧是缺失的。 于是，四年后，即1927年，我为塔楼加了个中央结构，旁边还附了个塔式楼。

过了些时候（仍旧隔了四年），那种不完整的感觉又出现了。我还是觉得这栋建筑太原始。 于是，1931年，附属塔式楼扩建了。 我想在这个楼里做一个房间，好让我可以一个人待在里面。我想的是我在印度人的房子中看见的景象。 他们的房子通常有一块地方——不过，这可能只是房间被帘子隔开而形成的一角——可供他们退而独居。 他们会在这里冥想一刻钟或半个小时，或者练一练瑜伽。 这样的退居之所在印度是必不可少的，因为印度人总是挤在一起住，空间很少。

在我的退居室里，我只和自己在一起。 我整天钥匙不离身，没有我的允许，谁也不得入内。 那些年里，我在墙上画了许多画，将所有那些将我带出时间，进入幽居，带出现在，进入永恒的东西全都表达了出来。 因此，第二个塔楼成了我的精神专注之地。

1935年，我产生了一个想法：我想要一块围有围栏的地方。我需要一块很大的、面向蓝天和大自然的空地。 于是——还是隔了四年——我在湖边加了院子和凉廊，构成了与房子的三位一体分离的第四元素。 就这样，一个四位一体的建筑诞生了，建筑有四个各不相同的部分，是历时十二载建成的。

1955年妻子去世后，我心里有一种感觉，觉得我有义务成为我自己的那个我。 用波林根房子的语言来说，我突然意识到，房子中间那块如此低伏、如此隐匿的小区域正是我自己！ 我再也不能躲在"母性"和"精神性"的塔楼背后了。 于是，就在这一年，我在这个区域加了二楼，以象征我自己或者我的自我人格。放在以前，我还做不到这一点，我会认为这是狂妄自大的表现。

而现在，这意味着人到晚年的意识的延伸。加了这一层后，整个建筑完整了。我开始建第一个塔楼是 1923 年，那时母亲刚过世两个月。这两个日期均具有重要的意义，因为，我们将会看到，塔楼与死是相关的。

我从一开始便觉得，这座塔楼某种程度上是一个有关成熟的地方——一个母体子宫或母性形象。在这里，我可以成为曾经的我，现在的我，将来的我，它给了我一种正在石头中重生的感觉。因此，这里是对自性化过程的具体化，是一种亘古长青（aere perennius）的纪念物。当然，建楼期间，我从没想过这些事情。我分阶段造楼，每次按照的都是当时的具体需要。也可以说，我是在一个梦里建造了这个楼。直到后来，我才发现，这些部分合在一起竟如此相配，它们形成了一个富有意义的形式：精神完整性的符号。

在波林根，我所处的是我真正的生命，我是我最深刻的自己。这里的我，可以说就是"母亲那由来已久的儿子"。这就是炼金术中的说法，说得非常妙，因为我孩时便已体验过的"老人"、"古人"就是第二人格，他一直都在，永远都会在。他存在于时间之外，是无意识母亲的儿子。在我的幻觉中，他以腓利门的形象出现，而在波林根，他又再恢复了生命。

有时，我觉得自己好像散落在风景上，进入了各种景致里。我活在每一棵树里，在浪花飞溅里，在白云里，在来了又走的动物里，在四季更替里。塔楼里无不是几十年来自成其形的东西，无不是与我有关联的东西。在这里，一切事物都有自己的历史，也都有我的历史。这里是为世界和精神的荒原这无空间之境所留的空间。

塔楼里没通电，我便生炉子取暖。天一黑，我就把老油灯点上。没有自来水，我便从井里抽水。我劈柴，烧饭，这些简单的行为让人变得简单，但要做一个简单的人，谈何容易！

在波林根，我的四周是几乎可以听得见的寂静，我的生活

"与自然达到了最适度的和谐"①。各种想法浮出水面,既向前回溯了几百年,也往后预示了遥远的未来。在这里,创世的痛苦减轻了,创造和过活紧紧地结合在一起。

1950年,我用石头做了一个纪念碑,以表达塔楼对我的意义。这块石头的由来是一个奇怪的故事。当时,我想为我所谓的花园砌一道围墙,便去波林根附近的石场采购石头。石匠将所有规格交给石场主,石场主将数据记在本子上。当时,我就站在旁边。石头海运到达并卸货后,我发现,基石的尺寸完全不对,运来的并非我要的三角石,而是一块方形石头。这是一个四四方方的立方体,规格比我订的规格要大得多,足足有二十英寸厚。石匠大怒,吩咐船员立即运回。

然而,看见这块石头时,我说:"不行,这是我的石头。我要定了!"因为我立即发现,这块石头非常适用于我,我想要来做些事情,但我还不知道是什么事。

我首先想到的是炼金师阿纳尔都斯·德·维拉诺瓦(1313年卒)写的一首拉丁文诗。我将诗刻在这块石头上。诗的内容翻译如下:

> 这就是那低贱的、丑陋的石头,
> 它不值一钱;
> 愚者越鄙之,
> 智者越喜之。

此诗写的是这位炼金师的石头,即被人们弃如敝屣的青金石。

不久又发生了一件事情。在石头天然的结构中,我发现了一

---

① 这是一幅中国古代木刻画的题目,画中是一个小老头身处一片壮丽的景色之中。——原注

个小小的圆圈,圆圈就在石头正面,像一只眼睛在盯着我。我把圆圈刻进石头里,在圆圈中间做了个小小的人。这便对应了"童人(瞳仁)",即在别人的瞳孔里看见的你自己,有点像迦比尔①或医神阿斯克勒庇俄斯的忒勒斯福罗斯②。在古代雕像中,忒勒斯福罗斯是身穿连帽斗篷、手提灯笼的形象。他同时还是一名指路人。我为他题了辞,辞是我雕刻时想到的。我将题辞刻成希腊文,翻译过来就是:

> 时间是个孩子,玩得像个孩子,玩着棋盘游戏——它是孩子的王国。这就是忒勒斯福罗斯。他穿行在这个宇宙的一个个暗区中,像一颗星星,从黑暗深处发出夺目的亮光。他指引着通往太阳之门、梦想之地的路。③

这些话在我刻着石头时,一个字一个字地出现在我脑海里。石头的第三面,即向湖的那一面,是我让石头自己说的话,结果刻出了一句拉丁文。这些话颇有些炼金术语录的意味。翻译如下:

> 我,一个孤儿,孤儿一个。但我无所不在。我是一个整体,但我又与自己对立。我既是黄发,也是垂髫,既年轻着,也衰老着。我不知父何人母何人,因为我就像深海里捞起的一条鱼,天上掉下的一块白石。我游荡在树林山间,也藏于人类的灵魂深处。我为所有人而为凡人,但我不为世纪的轮回所触碰。

最后,在阿纳尔都斯·德·维拉诺瓦的那首诗下,我用拉丁

---

① 印度的神秘主义者、诗人。
② 阿斯克勒庇俄斯,希腊神话中的医神,他的儿子忒勒斯福罗斯是康复之神。
③ 第一句截自希腊哲学家赫拉克利特语录,第二句是古波斯的光神密特拉神的祷告文,最后一句是荷马史诗《奥德赛》第24篇第12行。——原注

文写下"1950年C.G.荣格为纪念其75岁生日特刻此石置于此地以表感谢"。

石刻完成时,我一次又一次地凝视它,疑惑于自己制作石刻的冲动背后,到底隐藏着什么内容。

石头立于塔楼之外,像是对塔楼的诠释。它是塔楼中人的表现,但这种表现仍然难于为他人所理解。你可知道我想在石头背面刻什么?"梅林①的呼喊"!因为石头的表达让我想起了从世界上消失之后生活在森林里的梅林。传说人们仍然能听见他的叫喊,只是无法理解或解释他在说什么。

梅林象征了中世纪的无意识想要创造一个与帕西发尔对应的人的企图。帕西发尔是基督教的英雄,而梅林,这个魔鬼与某贞女所生之子,是他的反面兄弟。十二世纪这个传说刚刚出现时,还不存在可以据以理解他所说的话的内在意义的前提。因此,他只好四处流亡,这才有了"梅林的呼喊"。梅林死后,人们还能听见他在森林中的叫喊声。这无人能懂的叫喊表明,梅林以未得到救赎的方式继续活了下去,他的故事仍未结束,他仍在四处游荡。可以说,梅林的秘密主要以水银之王(Mercurius)的形象被炼金术传了下来,后来,梅林又被我的无意识心理学所继承——一直到今天,还是无人能懂!这是因为,大多数人觉得,与无意识生活得太近超出了他们的承受范围。我不止一次地认识到这对他们来说有多么困难。

第一个塔楼完工时,我就在波林根,时间是1923年与1924年之间的冬天。根据我的记忆,那时地面并无积雪,可能正逢早春时期。到处是一片难以形容的死寂。我一个人待了一周,或许更久。

一天晚上——我还记得一清二楚——我坐在火炉边,把一只很

---

① 亚瑟王故事里的人物,成天疯疯癫癫地大喊大叫,是森林里的疯子预言师。

大的水壶置于火上，准备烧水洗刷。这时，水开了，水壶丝丝地唱了起来，像嘈杂的人声，像弦乐的奏鸣，甚至像一整支乐队在演奏。这种复合音乐般的声音实际上我很受不了，不过现在我却觉得它特别有意思，似乎塔楼里有一支乐队，塔楼外也有一支乐队，一会儿这支主唱，一会儿那支主唱，似乎两支乐队在一唱一和似的。

我坐在那儿，出神地听着。我聆听着这支协奏曲，这自然的旋律，竟听了一个多小时。那是一种轻音乐，当中还包含了大自然所有的不和谐音。的确，大自然也并非总是和谐的，她也会矛盾重重，也会一团乱麻，一如此时的音乐：各种声音倾泻而出，带着水和风的质感——如此奇妙，简直难以形容。

还有一次，也是这样一个宁静的夜晚，我一个人住波林根（1924年深冬或初春），在一阵脚步声中醒来。脚步声很轻，像有人在塔楼边走动。远处响起了音乐，音乐越来越近，接着便听见了笑声和说话声。我想："谁会这么鬼鬼祟祟？这到底怎么回事？只有湖边那一条小路，几乎没什么人走的呀！"这样想着的时候，我变得清醒起来。我走到窗边，打开百叶窗。万籁俱寂，没有人，也没有声音——没有风——没有东西——什么都没有。

"真是奇了。"我想。我确定我听见了脚步声、笑声、说话声，听得真真切切，但很明显，我只是在做梦。我回到床上，仔细琢磨着我们到底会怎样骗自己，我为什么会做如此奇怪的梦。这样想着，我又睡着了——一睡着，那个梦又开始了：我又听到了脚步声、笑声、说话声、音乐，同时，眼前还出现了几百条人影，一身黑色装束，可能是穿着节日盛装的村野孩子。他们从山上下来，响亮地踏着步子，笑着，唱着，奏着手风琴，从塔楼两边汹涌而近。我很烦躁，心想："这还得了！我还以为是个梦呢，现在倒成真的了！"这时，我醒了。我又从床上跳起来，把百叶窗打开。一切还是原来的样子：月明之夜，一片死寂。我于是想："啊，这情况分明是在闹鬼！"

我不由得问自己,一个梦坚持表现得如此逼真,同时还坚持让我觉醒,到底意味着什么。通常来说,我们只有在见鬼的时候才会有这种经历。醒着就是在感知真实。因此,这个梦象征着某种与现实等同的情形,这种情形制造了一种让人醒着的状态。这种梦与一般的梦是对立的,在这种梦中,无意识似乎决意要给做梦的人留下一种强烈的真实印象,并通过重复使这种印象得到加强。我们都知道,这样的真实性要么来自身体的感官,要么来自原型的人物。

那天晚上,一切都太真实,或至少看起来很真实,我几乎分不清孰真孰假。对于梦本身,我也毫无头绪。这些农村孩子奏着音乐列着长队走过,这意味着什么?我似乎觉得,他们是出于好奇,想来看一看这个塔楼。

后来,我再也没经历过或梦见过类似的情形,印象中也没听说谁有过类似的经历。直到过了很久,我才找到了解释。当时,我无意中读到伦瓦德·赛沙特编的十七世纪卢塞恩编年史,其中有这样一个故事:皮拉图斯山上,有一片因幽灵而著称的高山牧地,据说沃旦①直到今天还在那里施展妖术。赛沙特攀登这座山时,有一天夜里,他被一列行人吵醒,这些人奏着音乐,唱着歌,从他的野营两旁浩浩荡荡地走过——与我在塔楼中的经历一模一样。

第二天,赛沙特问那晚与他一起的那个牧人这是什么意思。牧人想也没想就给出了解释:这些一定是背井离乡的人——瑞士方言叫"sälig Lüt"。"sälig Lüt"也指受到天福的人——即背井离乡的鬼魂组成的沃旦大军。他说,这些东西习惯四处游荡,让别人看见自己。

这可能表明,这是一种荒僻现象,表面的空与寂通过一大群人的意象来得到弥补。这使得荒僻现象与隐修士的幻觉成了同一

---

① 日耳曼神话中的最高神。

个类别，因为隐修士的幻觉也是补偿性的。然而，我们是否知道，这样的故事基于的是怎样的现实？也有可能是，我被这种荒僻弄得太敏感，以至于能感受到"背井离乡之人"的队伍经过。

将这次经历解释成一种精神性补偿，并不能使我完全满意。说它是幻觉吧，我又觉得这是在想当然。我感到有必要认为这件事可能是真实的，尤其是考虑到这篇自行来到我手上的十七世纪文献。

看起来，这很有可能是共时性现象。这种现象表明，预兆或幻象与外在现实经常具有一定的对应性。我发现，现实中确实存在与我的经历类似的事件。年轻人的这种集会，中世纪就曾有发生。这些人是雇佣兵，他们经常在春季聚在一起，从瑞士中部向洛迦诺行进，在米努西奥的费罗故居会合，然后一起向米兰继续前进。他们在意大利服役，为其他国家的王储作战。因此，我的幻象可能就是这些集会之一。集会每年春天定期进行，年轻人唱着歌，欢欣鼓舞地作别他们的家乡。

1923 年，我们开始在波林根动土时，大女儿来到现场，惊呼："什么，你要在这里建？这里全是死尸！"我很自然地想："荒唐！没有的事！"然而，四年后，建附属塔楼时，我们确实发现了一副尸骨，埋在地下七英尺深的地方，肘部嵌着一颗旧时的步枪子弹。种种迹象表明，尸体被扔进墓穴时已经高度腐烂。死者是 1799 年在林特河溺亡的数十名法国士兵之一，这些人的尸体后来被河水冲到了上湖河岸。他们是奥地利炸毁格莱瑙大桥时溺亡的，当时，法国军队正在进攻这座桥。今天，塔楼里还保存着一张照片，照片上墓穴大开，一副尸骨躺于其中，照片上还写着发掘日期——1927 年 8 月 22 日。

我在地基上为这名士兵举行了正式的安葬，在坟头上鸣了三枪，然后为他立了碑，写了碑文。大女儿感觉到了这具尸体的存在。她感觉这一类东西的能力是遗传了我的外祖母。

1955 年冬，我在三块石板上刻上父辈祖先的名字，置于塔楼的院子里。 我在天花板上画上我自己和妻子以及女婿们的盾徽图案。 荣格家族原来的盾徽是一只凤凰，一种与"年轻"、"青春"、"复活"明显相关的鸟。 也许是出于对其父亲的反抗心理，祖父改变了盾徽中的元素。 他是一名热切的共济会①会员，是共济会瑞士分会的大头领，这些身份与他改变盾徽中的内容有很大关系。 这件事本身并不重要，我提起它，是因为它属于我的思想与我的生命之间的历史联结。

祖父这一改，我的盾徽也没有了原来的凤凰。 我的盾徽右侧靠上是一个蓝色十字架，左侧靠下是金色田野上的一串蓝葡萄，中间以带金星的蓝条隔开。 这些盾徽象征着共济会或玫瑰十字社②。 正如十字架和玫瑰象征着玫瑰十字会的对立（"十字架与玫瑰"）问题，即基督教和酒神③元素之间的对立一样，十字和葡萄则象征了天堂和地府的精神。 结合处是金星，即哲人之金（aurum philosophorum）。

玫瑰十字会源自赫耳墨斯④哲学或炼金术哲学，其中一位创始人是著名的炼金师迈克尔·麦尔（1568—1622）。 迈克尔·麦尔与拉尔杜斯·多尔纳斯（十六世纪末）属于同一时代，相比之下，前者更年轻，相对来说更有名气，但不如后者重要。 1602年的《化学概观》第一卷中尽是多尔纳斯的专文。 二人均住在法兰克福，这里似乎一直是当时的炼金术哲学中心。 不管怎么说，作为鲁道夫二世的王权伯爵和王宫御医，迈克尔·麦尔可以说是当地的红人。 当时，医学和法学博士卡尔·荣格就住在邻近的美因茨。 卡尔·荣格死于1654年，其他不详，因为族谱从高曾祖父

---

① 中世纪由熟练的石匠组成的秘密会社。
② 十七世纪初德国的一个秘密会社，标记是十字架上的一朵玫瑰花，自称拥有自古代传下的神秘宇宙知识。
③ 古希腊酒神狄俄尼索斯。 公元前八世纪，希腊开始了对酒神的疯狂崇拜。 作为象征着自然力的酒神，与象征着氏族贵族的太阳神开始处于对立的地位。
④ 古埃及智慧之神，传言他曾著有巫术、宗教、占星术、炼金术等方面的著作。

起便断开了。 高曾祖父是西格蒙德·荣格，生活在十八世纪初，莫根廷（今美因茨）公民。 族谱的中断是因为西班牙王位继承战时，美因茨市档案局在一次围攻中被付诸一炬。 一个保守的猜测是，这位明显拥有渊博学识的卡尔·荣格博士对这两位炼金术师的作品知之甚详，因为当时的药理学仍然深受帕拉塞尔苏斯①的影响。 多尔纳斯是一名直率的帕拉塞尔苏斯主义者，他甚至为帕拉塞尔苏斯的著作《长命》写了一大本书评。 而且，他对自性化过程的研究也比其他所有炼金师要多得多。 鉴于我毕生的工作大部分是围绕对立问题尤其是对立在炼金术中的象征意义而展开，因此，以上的这些也并非没有一定的利害关系。

在石板上刻字时，我开始意识到我与祖先们的命运性关联。 我强烈地感觉到，我一直处于某些未完成的事情或未回答的问题的影响之下，这些事情或问题是父母和祖父母以及更多的远祖遗留下来的。 这经常使我觉得，家族中存在一种非个人的业力②（karma），会从父母传到孩子身上。 我一直觉得，我需要回答命运向先辈们提出且仍未解决的各种问题，或者说，我需要去完成或继续之前的时代留下来的一些尚未完成的事情。 我们很难判断，这些问题更多的是个人性质，还是普遍（集体）性质。 我觉得是后者。 一个集体性问题，如果不按集体性看待，就会显得像一个个人问题。 而在个人的情况下，集体问题会给人一种个人精神领域出现了毛病的感觉。 个人领域确实不正常，但这种不正常不一定是第一性的，它很可能是第二性，是社会环境发生了无法忍受的变化使然。 因此，不正常的原因不要在个人环境中找，要在集体情况中去找。 目前为止，精神治疗对这一问题的考虑还非常欠缺。

---

① 瑞士医学家，化学家，是将炼金术用于医药学的大胆倡导者与实践者。
② 业力，佛教中的因果律，指一个人的行为在道德上所产生的结果会影响其未来命运。 佛教认为，业力不单是现世的结果，还会生生不息地延伸至来世。

与所有具有几分内省力的人一样，我以前也想当然地认为，我的人格出现分裂，纯粹是我个人的事情，我个人的责任。诚然，浮士德的那句坦白"哎呀，我胸口住着两个灵魂"多少使这个问题变得简单了些，但他对这种二分性的原因并没提供任何说明。某种意义上，他的顿悟似乎是直接针对我的。初读《浮士德》的那些日子里，我完全没猜到，歌德这奇怪的英雄神话居然是一种集体经历，居然未卜先知地预言了德国人的命运。因此，我感觉自己也牵连了进去，当狂妄自大不可一世的浮士德害死了费莱蒙和鲍西丝①时，我有一种负罪感，仿佛是过去的我一手促成了这两个老人的被害。这种奇怪的想法使我慌了神，于是，我将弥补这一过错、防止悲剧重演视为我的责任。

这一错误的结论在我早年听到的一些奇怪消息中得到了进一步的证实。我听说，人们到处谣传，说祖父荣格是歌德的私生子。这一恼人的说法影响了我，它立即确证并看似解释了我对《浮士德》的奇怪反应。的确，我不相信轮回转世之说，但我对印度人所说的业力却是与生俱来地熟悉。那些日子里，我完全不知道无意识的存在，故不可能对自己的反应有任何心理学上的理解。而且我也不知道——即便今天，我也不比一般人知道得多——未来在无意识中早已提前定好，因此可以为超视者猜测出来。于是，当凯撒·威廉一世在凡尔赛加冕的消息传来，雅各布·布克哈特②惊呼："这是德国的劫数。"瓦格纳③的原型已经叩响了大门，随之而来的还有尼采的酒神体验——这种体验归到狂欢之神沃旦身上也许更合适。威廉时代的妄自尊大疏远了他们与欧洲的关系，也为1914年的灾难埋下了伏笔。

年轻时（1890年左右），我在无意识中被这一时代精神所

---

① 古罗马诗人奥维德的著作《变形记》中的一对老夫妇，因款待乔装下凡的宙斯和赫耳墨斯而得好报。
② 十九世纪瑞士杰出的文化史、艺术史学家。
③ 德国歌剧作曲家。

困，一时束手无策，无法抽身而退。浮士德扣动了我的心弦，深深地打动了我，使我不得不认为他针对的是我个人。最重要的是，这种方式唤醒了我心中的对立问题——善与恶、精神与物质、黑暗与光明。浮士德，这位愚昧无能的哲学家，遇到了他存在的黑暗面，他邪恶的阴影——墨菲斯托。墨菲斯托尽管处于反面，却代表着真正的生命精神，与那位徘徊在自杀边缘的气数已尽的书呆子是相对的。于是，我自己的内心冲突以一种戏剧性的方式表现了出来。实际上，歌德写的是我个人的矛盾和解决方法的基本轮廓和模式。二元对立的浮士德与墨菲斯托在我心里合成了一个人，而我正是这个人。也就是说，我的感触是直接的，我将其认作是我的命运。因此，戏中的每一次危机都会影响到我个人。我在这一处拍手称好，那一处却大唱反调，没有什么解决方案是与我不相干的。后来，我有意识地将我的工作与浮士德所忽略的东西结合起来。这些东西是：尊重人类永恒的权利、认出"古人"、延续文化和理智史[①]。

我们的灵魂以及我们的肉体是由个体元素组成的，这些元素在我们的列祖列宗身上就已经全部存在。个体精神中的"新"，是那些由来已久的元素的重新组合，这些组合变化多端，层出不穷。因此，肉体和灵魂具有强烈的历史特性，它们对新的、刚生成的事物无所适从。也就是说，我们的祖传元素只部分适应了这样的新事物。我们远没有像我们的现代精神所假装的那样，完全结束了中世纪、古典时代和原始性，但我们却纵身跃进了发展的洪流中，被洪流带向了未来，离我们的根越远，就越是风雨飘摇。过去一旦被断开，往往会化为乌有，我们便只能向前，没有了退路可走。然而，正因为失去了与过去的联系，成了无根的浮萍，我们才对文明产生了诸多"不满"，才会如此骚动不安和急不

[①] 荣格的态度从塔楼大门的题词中可以看出：腓力门的神殿——浮士德的忏悔地。这个门被砌上后，他在第二个塔楼的入口又题了同样的词。——原注

可耐——我们更多地是生活在未来以及未来会出现黄金时代的虚妄承诺中，而不是生活在今天，生活在我们整个进化背景仍未能跟上的当前。我们莽莽撞撞地冲进新事物中，一颗心越来越不满足，越来越不满意，越来越不安分。我们不再靠已有的东西过活，而是靠诺言过活；不再生活在今朝的光明中，而是生活在明日的黑暗里，以为黑暗最终会迎来真正的曙光。我们不愿承认，更好的东西总是要以更大的牺牲来换取的，比如，越是希望获得自由，就越要受到国家的奴役来作为抵偿，更别说那些伟大的科学发现将我们暴露在了怎样的可怕危险面前。我们对父辈先辈所寻求的东西了解越少，对自己的认识也就越少，于是，我们便成了竭尽全力地帮助剥夺个体的根基及其指导性的本能，使个体变成芸芸众生中的一粒微尘，只能为尼采所说的重力精神所控制。

通过发展，即通过新方法或新设备来进行改革，一开始当然给人感觉不错，但时间一长就不那么令人信服了，终究是要付出高昂代价的。这些东西根本不能使人类的满足或快乐得到整体提升。多数情况下，它们是骗人的生活增甜剂，就像有了快捷通讯，我们的生活节奏快了，空余时间却回不去了，不见得是令人愉快的事情。古贤有言，"匆忙是魔鬼。"

而通过倒退来改革，一般来说代价少，而且更持久，因为是回到过去那种经过反复试验的更简单的方式，而且极少用到报纸、广播、电视等所有按理说可以节省时间的新发明。

在本书中，我花了不少篇幅叙述我对这个世界的主观看法，但这些看法并不是理性思考的结果，而是一些幻觉，就像一个人半眯着眼，减弱了听觉，故意去看、去聆听存在的方式和声音时，眼前所出现的一样。如果我们的感觉太清晰，我们就会抓着当前的时刻不放，无从知道我们的祖传精神如何聆听并理解当前——即我们的无意识对当前有什么反应。于是，我们便无法得知，我们的祖传要素在我们的生命中是得到了基本满足，还是受到了排斥。内心的平静和满足，很大程度上取决于个体身上内在的历史性家族与当前瞬息万变的状况是否和谐。

在波林根的塔楼生活，会有种同时生活在很多世纪的感觉。我死后，这个地方还会继续存在。由于位置和格调的原因，这里指向的是很久以前的东西，而昭示现代的东西却很少很少。如果一个十六世纪的人住进来，只有煤油灯和火柴是他没见过的，除却这两件东西，他很容易就能熟悉一切。在这里，没有东西会惊扰死者，没有电灯，也没有电话。更重要的是，这间屋子的氛围维系了祖先们的灵魂，因为我在屋里为他们回答了他们身后留下的问题。我尽我所能地将大致答案刻出来，甚至还将答案画在墙上。在我看来，这间屋子似乎住着一个更庞大的家族，好几代人无声地同堂而居。在这里，我以第二人格生活，从而看见了人生全景：生而复死，周而复始。

第九章　旅行

1. 北非

　　1920年初，一位朋友说要到突尼斯出差，问我要不要一起去。 我立即答应了。 我们三月出发，先去阿尔及尔，沿着海岸到达突尼斯，然后从突尼斯到苏塞。 朋友要在苏塞办事，我们于是就此告别。

　　终于，我来到了我渴望已久的地方：一个非欧洲国家。 这里不说欧洲语言，不流行基督教观，住着一个不同的民族，脸上留着不同的历史传统和哲学的印记。 我一直希望有这么一次，我能从欧洲之外审视欧洲，让一个完全相异的环境将她的映像反射回她身上。 我对阿拉伯语一窍不通，这确实是一大憾事，但为了弥补这一缺陷，我反而更加专心地观察人们，观察他们的一举一动。 我经常找一家阿拉伯咖啡馆，一坐就是几个小时，长时间地倾听人们的对话。 我一个字也听不懂，但我会研究他们的手势，尤其是他们脸上流露出来的感情。 当他们和欧洲人说话时，我会观察他们手势中的细微变化，从而学会了以稍不一样的眼光去看待和了解那些走出了自己环境的白人。

欧洲人眼里的东方式冷静和冷漠在我看来就是一个面具,面具之下,我能感觉到一丝躁动,一丝焦虑。我说不上为什么。奇怪的是,踏在这片摩尔人的热土上,我经常有一种我自己也不明白的感觉,总觉得这个地方有一股奇怪的味道,一股血腥味,似乎大地浸满了鲜血。我忽然想起,这片土地已经遭遇过三种文明的冲击:迦太基文明、罗马文明、基督教文明。科技时代会对伊斯兰教做出什么,还尚未可知。

离开苏塞后,我一路向南,来到斯法克斯,并从这里进入撒哈拉大沙漠,前往绿洲城镇托泽尔。城镇位于高原边上,地势不高,高原脚下,一股股温暖的淡碱性泉水喷涌而出,泉水流过上千条小沟渠,细细地滋润着这片绿洲。参天的枣椰树在头顶形成一顶绿冠,绿冠之下,桃树、杏树、无花果树一片蓬勃。果树底下,是一抹不可思议的绿——紫花苜蓿。几只翠鸟闪着宝石般的光芒,从绿叶丛中一闪而过。在这片相对清凉的绿荫里,一些白色装束的人正在漫步,其中有许多恩爱的情侣,正紧紧地拥在一起——他们显然是同性恋。我仿佛突然穿越时空,回到了古典希腊时期。那时,这样的性取向是一个男性社会以及以该社会为基础的城邦的粘合剂。在这里,很明显是男人与男人说话,女人与女人说话。女人很少得见,只有寥寥几个,全都如修女般严严实实地蒙着脸。我见过几个不蒙面的女人,我的翻译告诉我,她们是妓女。大街上,几乎清一色是男人和小孩。

我的翻译证实了我的感觉:这里流行同性恋,大家都习以为常。因为他很快开始向我求爱。好家伙,他肯定不会知道,这些想法如一道闪电划过,我突然明白了我的观察点是什么。我感觉回到了许多世纪以前,回到了一个无限天真的世界,那里的年轻人凭着对《古兰经》的一点点了解,正准备从他们自古以来一直存在其中的原始的朦胧意识状态中摆脱出来,开始在抵御北方势力的入侵中意识到自己的存在。

我仍然沉浸在这个梦中，幻想着一种静止而久远的存在，这时，我突然想起了我的怀表，欧洲生活节奏加快的象征。 这无疑就是笼罩在这些浑然不觉的灵魂头上的乌云。 我突然觉得，他们就像猎物，看不见猎人却感到了隐约的不安，因为他们嗅到了他——"他"就是时间之神。 他总是将时间段剁成零碎的日、时、分、秒，但时间段依然是与永恒最为接近的东西。

离开托泽尔后，我继续前往内夫塔绿洲。 一大早，太阳刚出来不久，我和翻译已经在路上。 我们骑的是体型高大、腿脚敏捷的骡子，跑起来很快。 快到绿洲时，迎面来了骑骡的人，一身白衣从头裹到了脚。 他招呼也没打一声，径直从身边经过，样子十分高傲。 他骑着黑色骡子，骡子身上的马具镶着银边，嵌着银钉，整个人给人一种高贵的深刻印象。 这个人肯定没有怀表，更别说手表，因为很明显，他是他一直以来的样子，他自己是意识不到的。 他没有欧洲人身上总是带着的那几分愚蠢。 的确，欧洲人总是相信自己不再是以前的自己，但他们又不知道自己已经变成了什么。 他们的手表告诉他们，从"中世纪"起，时间以及时间的同义词"发展"便悄然来到了他们身上，无可挽回地从他们身上带走了一些东西。 他们带着轻装，继续赶路，用稳步提升的速度，奔向一个含糊不清的目标。 他们用胜利的假象，如轮船、火车、飞机、 火箭等，去弥补重量的失去以及相应的缺失感。 这些东西剥夺了他们自己的时间段，将他们送到另一个有速度、有爆炸式发展的现实中。

越深入撒哈拉，我就越感到时间的变慢，甚至有一种时间倒流的感觉。 闪亮的热浪腾腾升起，大大地加深了我的恍惚状态。 当绿洲的棕榈树和屋舍开始映入眼帘，我似乎觉得，这里的一切就是它们应有的样子，就是它们一直以来的样子。

第二天清晨，我被旅馆外面陌生的嘈杂声吵醒。 这里有一个很大很阔的广场，昨晚还空空如也，如今却熙熙攘攘地挤满了人、骆驼、骡子、驴子。 骆驼呻吟着，变腔换调地诉说着它们长期以来的不满。驴子你一声我一声地发出刺耳的尖叫。人们极尽兴奋之状，满大街跑来跑去，比手画脚，又喊又叫。他们一副蛮相，令人望而生畏。据我的翻译解释，那天人们正在欢庆一个重大的节日。晚上，来了几个沙漠部落的人，要为修士[①]干两天农活。修士是济贫官，在绿洲拥有很多田地。人们要规划一块新的田地，并配以水渠进行灌溉。

广场的另一头突然扬起了一阵尘土。一面绿旗展开，接着锣鼓喧天。长长的队列里，几百条相貌粗野的大汉行进着，手里提着篮子和又短又阔的锄头，为首者是个老头，鹤发银须，一脸庄重。他浑身散发着一种无法模仿的尊贵，非常自然，似乎已是百岁高寿。这便是修士。他骑着一头白色的骡子，任由人们围着他，敲着小鼓，跳着舞。至狂的兴奋，嘶哑的吼叫，尘土飞扬，热浪滚滚。带着狂热的目的，队伍浩浩荡荡地经过，涌入绿洲，一副开赴战场的样子。

我尾随其后，谨慎地保持着距离。翻译也没怂恿我靠上前去，于是，我们一直来到了"干活"地点。这里的兴奋程度更甚——如果还能更甚的话。人们敲锣打鼓，疯狂地大吼大叫，所有人像塌了窝的蚂蚁——忙得团团转。大汉们提着篮子踩着鼓点跳着，篮子里装满了沉甸甸的泥土。其余人则以发疯般的速度，开沟挖渠，筑堤造坝。在这一团忙乱中，修士骑着他的白骡，一路打着手势，显然正在发号施令，一举一动透着老者的庄重、温文和倦怠。每到一处，忙乱、吼叫、节奏便甚于一处，将老人沉着冷静的圣者形象衬托得更加突出。将近黄昏时，人们显然累坏了，男人们倚着骆驼一卧，沉沉睡去。晚上，例行了声势浩大的"狗叫大合唱"后，一切又归于平静，直到第一缕晨曦出现，宣礼员的祷告声——每每听见总使我深受触动——唤醒人们做晨祷为止。

[①] 北非特有的伊斯兰教修士。

眼前的画面使我认识到，这些人是从自己的情感中去生活的。他们为情绪所驱动，于情绪中而存在。他们的意识负责他们的空间定位，并传导来自外界的印象，而且也为内心的冲动和情绪所扰，但他们的意识并不会传递给反思，他们的自我几乎没有自主性可言。欧洲人不见得不是这样，但我们终究要比他们复杂一些，至少，欧洲人具备一定的意志和明确的意向。我们缺乏的是生命的强度。

我本不想被这样的原始性所魅惑，不料却受到了精神上的感染，表现为外在就是传染性胃肠炎。多亏当地以米汤和轻粉相治，我的病症不日便已好转。

带着沉甸甸的思绪，我最终回到了突尼斯。登船前往马赛的前一晚，我做了一个梦，我觉得这个梦将整个经历都归纳了起来。这是应该的，因为我已经习惯于同时生活在两个面，一面是意识，总是试着理解，却理解不了，一面是无意识，总想表达什么，却表达不出来，抵不过一个梦。

我梦见自己在一座阿拉伯城市。阿拉伯城市大都有一个城堡，北非城堡，这里也不例外。城市坐落在广阔的平原上，四面围着城墙，城墙呈方形，有四道城门。

城堡位于城内，由一条宽阔的护城河环绕起来（阿拉伯国家其实不是这样的）。我在一道木桥前站定，桥的另一端通向一个黑森森的 U 形大门，门是敞开的。我还想从里面看看城堡的样子，于是迈步上了桥。桥才过一半，一名阿拉伯男子从门内向我走来。他相貌堂堂，皮肤黝黑，身上有一种贵族气质，几近于王者风范。我知道，这名身披白色连帽斗篷的青年就是住在这城堡中的王子。他来到我跟前，对着我就是一拳，想将我打倒在地。我们扭作一团，打了起来。搏斗的过程中，我们撞到了栏杆上，栏杆一倒，我们便双双掉进了河里。他拼命将我的头往水里按，想把我淹死。不，这太过分了，我想。于是，我反过来将他的头按在水里。尽管我对他十分仰慕，但我不想被他杀死。我也无意杀他,我只是想让他失去知觉,无力反抗而已。

这时,画面一转,我和他在城堡正中央的一间很大的八角形穹顶房间内。 房间是纯白色调,简洁而美丽。 素色的大理石墙边,低矮的长沙发倚墙而立。 我身前的地上有一本打开的书,乳白色羊皮纸,书上的黑体字写得龙飞凤舞。 字不是阿拉伯文,倒有点像突厥斯坦西部的维吾尔文。 我见过吐鲁番出土的摩尼教写卷残片,对这些字体并不陌生。 虽然我不明白其中的内容,但我有一种感觉,觉得这是"我的书",是我写的。 方才与我搏斗的那位年轻王子在我右边席地而坐。 我对他说,你已是我的手下败将,你必须要读这本书。 他不肯。 我把手搭在他肩背上,用父亲般的慈爱和耐心迫使他读。 我知道,这么做是绝对有必要的。最终,他妥协了。

梦中的阿拉伯青年是那位不打招呼径直骑过的高傲阿拉伯人的翻版。 他住在城堡中,是自性的化身,或者更确切地说,是自性的信使或使者,因为他所在的城堡是一个十足的曼荼罗:城堡由方形城墙环绕,城墙有四道门。 他杀我的企图响应了圣经中雅克布与天使搏斗的主题。 用圣经中的话来说,他就像耶和华的天使,上帝的信使,他要杀人,因为他不认识人。

实际上,这名天使应该栖身在我身上。 但他只知道天使的实情,对人类毫不了解,所以他一开始以敌人的身份出现。 然而,我对他予以了还击。 梦的第二部分,我成了城堡的主人。 他屈尊在我脚下,被迫了解我的思想,或者更确切说,被迫去了解人类。

显然,与阿拉伯文化的接触有力地影响了我。 这些不会思考的人,与生命的距离比我们要近得多,他们情绪化的天性,对我们自己身上的那些历史层面——我们适才战胜,抛在身后,或者说,我们以为自己已经战胜的层面——产生了强烈的提示作用。就好比说,我们以为自己已经走出童年的乐园,但它动不动就来点新的挫折,打击一下我们。 实际上,我们对发展的顶礼膜拜越是迫使我们逃避过去，就越有可能使我们对未来做出更加幼稚的憧憬。

另外，童年的一个特征是，由于它的天真与无意识，它能比成年期勾勒出更加完整的自性。它能勾勒出纯粹的个体性里完整的个人。因此，看见一名儿童，一个原始人，都会勾起成年的文明人心中一定的渴念——关于未完成的心愿和需求的渴念。为了适应人格面具，人格的那一部分心愿和需求已从整体图景中抹去。

行至非洲，在欧洲的范围外寻找精神观察站，其实是我的无意识想要寻找我的人格在我的欧洲人身份的影响和重压下所隐去的那一部分。在无意识中，这一部分与我处于对立的位置，我确实有压制它的企图。为了与自己的本性保持一致，它想让我失去意识（按我下水）以将我杀死。但我的目的是通过洞察，使它变得更有意识，这样我们才能找到共处之道。阿拉伯男子面容黝黑，意味着他是"阴影"，但不是个人的阴影，而是种族的阴影；不是与我的人格面具有关，而是与我人格的总体，即自性有关。他是城堡之主，必须将他看成自性的一个阴影。理性主义占主导的欧洲人发现很多人性的东西自己都很陌生，于是自鸣得意，丝毫没意识到他理性的获得是以他的生命力为代价的，他人格里的原始部分会因而被贬为一种多少有点地下的存在。

这个梦揭示了我与北非的接触如何影响了我。首先存在的一个危险是，我的欧洲意识会遭到无意识精神突如其来的猛烈袭击。我的意识对这样的情况不但浑然不觉，反而不由自主地觉得自己高人一等，因为每走一步，我都会想起自己的欧洲特性。这也难免，作为欧洲人，我是以特定的视角看待这些与我自己的构成大相径庭的人的，我与他们的界限划得清清楚楚。但我完全没想到，我身上存在的无意识力量会如此强烈地袒护这些陌生人，以至于发生了强烈的冲突。这个梦表达了这种冲突，其象征是企图谋杀。

几年后，在热带非洲逗留时，我才认识到这一困扰的真正本质。实际上，这是对"内在变黑"的首次暗示。这是一种威胁着身在非洲的无根欧洲人的精神危机，但人们并没有充分认识到这种危机的严重程度。这种情况总会令我想起荷尔德林的一句话：有危机，就会有转机。而转机则在于，我们是否能够借助梦的警报，将无意识的欲望带到意识中来。这些梦表明，我们身上有些东西不会仅仅被动地受无意识的影响，相反，它们会急匆匆地前去与之相会，亮明了自己的阴影身份。童年的记忆会突然控制意识，那种情感如此逼真，使我们恍如回到了当初；同样，这些看似陌生的截然不同的阿拉伯环境，其实唤醒了我们对史前曾经的原型记忆，这种记忆曾经我们再熟悉不过，却明显已经完全忘记。我们是在忆起生命的一种潜在性，这种潜在性虽然已被疯长的文明所覆没，但在某些地方却依然存在。如果我们天真地重来一遍，无异于退回洪荒时代，所以我们宁可选择忘记。但是，如果它以冲突的形式重现眼前，那么，我们应该将之保留在意识中，并相互检验这两种可能性——我们当前的生活和我们已经遗忘的生活。这是因为，没有足够的理由，明显失去了的东西是不会再出现的。在活着的精神结构中，没有哪一种发生单纯是机械性的，一切都合乎整体的运作，一切都与整体有关。也就是说，所有的一切都是有目的、有意义的。然而，由于意识从来没统观过全局，它往往理解不了这层意思。因此，对于这一现象，我们必须暂且留心，放眼未来，希望进一步的考察会揭示出这一冲突（与自性阴影的冲突）的意义。总之，我当时对这一原型经历的本质毫不知情，对历史上的类似情况更是一无所知。尽管我当时未能领会这个梦的完整意义，但它一直萦绕在我的记忆之中，使我很想在下一个机会再去一趟非洲。这一愿望直到五年后才得以实现。

2. 美国：普韦布洛印第安人
（摘自某篇未发表文稿）

要运用批判的杠杆，往往需要从外部去找立足点。 心理学上尤其如此。 在心理学中，由于材料的性质的缘故，我们受主观因素影响要比其他学科多得多。 比方说，如果我们从未有机会从外部审视我们的民族，我们又怎么会意识到自己的民族特质？ 从外部审视意味着站在另一个民族的角度去审视。 要做到这一点，我们必须对国外的集体精神有足够的认识，而在消化的过程中，我们会遇到构成一国的民族偏向与民族特性的各种不相容性。 一切引起我们不快的不相容性，都会有助于我们理解我们自己。 身为瑞士人的我发现自己与英国不相容时，我才读懂了英国；身为欧洲人的我发现自己与世界不相容时，我才读懂了欧洲，读懂了我们最大的问题。 通过与许多美国人相识，通过多次美国之旅，深入美国之境，我对欧洲人的特性获得了大量的认识。 我一直觉得，对于一个欧洲人来讲，没有什么比从摩天大楼之巅去眺望欧洲更有效了。 当我第一次从撒哈拉大沙漠凝视欧洲之景时，身在一种与我们的关系多少有点像古罗马与现代的关系一样的文明中，我开始意识到，即便在美国，我也还是完全囿于白种人的文化意识的牢笼中。 于是，我萌生了一个愿望：再降一个文化级别，到更久远的历史中去进行对比。

接下来的一次美国之旅，我和朋友们一起拜访了新墨西哥州的印第安人，即建了城的普韦布洛人。 说是"城"，其实有点过了。 他们所建实际上只是村落，但他们的房屋依次相叠，十分拥挤，加上他们的语言和他们的整个风俗，让人想起了"城"这个词。 我第一次有幸与一名非欧洲人，即非白种人进行交谈。 他叫奥奇维·比安诺（高山湖泊之意），是陶斯普韦布洛的首领，人很精明，年龄在四十岁至五十岁之间。我和他相谈甚欢，和欧洲人却很少这么聊得来。诚然，和欧洲人一样，他也受囿于自己的世界，可人家那是怎样一个世界！与欧洲人交谈，总是搁浅在沙洲上，即一些早已知晓却从不明白的事情上，而与印第安人交谈，却能让船在不熟悉的深海区里自由漂流。与此同时，你永远不知道何者更令人愉快，是看见了新海岸，还是发现了通往几乎已被遗忘的古老知识的新途径。

"看，白人看起来多凶残，"奥奇维·比安诺说，"薄唇，尖鼻，沟壑满布，脸形扭曲。他们总是怔怔地看着，目光里老在寻觅什么。他们要找什么？白人总是想要得到，一颗心总是躁动不安。我们不知道他们要什么。我不了解他们。我觉得他们疯了。"

我问他为什么觉得白人都疯了。

"他们说他们用脑子思考。"他回答。

"当然啊。那你用什么思考？"我惊讶地问。

"这里。"他指了指自己的心。

我陷入了长久的沉思。我似乎觉得，有生以来第一次，有人为我画了一幅真正的白人像，似乎在此之前，我所见的不过是带感情的美化了的彩印画。这位印第安人戳中了我们的死穴，揭开了我们熟视无睹的真相。我感到心里升起了一团无形的迷雾，一些并不知晓却又极为熟悉的东西弥漫其中，接着影像一个接一个地从迷雾中分离出来：先是攻入高卢城的罗马军团，以及尤利乌斯·凯撒、大西庇阿、庞培那线条分明的轮廓。我看见了北海岸和白尼罗河岸的罗马雄鹰。接着，我看到圣·奥古斯丁在罗马大军的刀尖上将基督教信仰传给了英国人，看到查理曼大帝强迫异教徒皈依的伟大壮举，然后是大批十字军的烧杀抢掠。随着心中隐隐作痛，我意识到，昔日关于十字军的这种浪漫主义是多么空洞。然后是哥伦布、科尔特斯以及其他征服者，他们带着炮火、刀剑、折磨和基督教一路直下，甚至不远万里来到安静地在太阳（即他们的天父）底下憧憬的普韦布洛村落。我还看见，太平洋群岛上的人大量地丧命于火酒、梅毒和猩红热这些依附在传教士强迫他们穿上的衣物上的病毒。

够了。我们眼里所谓的开拓定居地、对异教徒传教、传播文明等等，全都有着另一张脸，一张虎视眈眈地搜寻着远处猎物的猛禽嘴脸——那是一副名副其实的江洋大盗和拦路劫匪的嘴脸。看来，装饰我们盾徽的鹰等所有食肉动物，都从心理上恰如其分地表达了我们的真实本性。

比安诺还有一些话一直萦绕在我脑海里。这些话与我们见面时的独特气氛如此密切相关，如果我不加以提及，恐怕我的叙述会不够完整。我们的谈话地点是主楼第五层楼顶，这里时不时能看见其他屋顶上的印第安人的身影，他们裹着毛毯，定定地注视着每日升起游走晴空的太阳。四周是风干砖（砖坯）建成的低矮方形建筑群，一道独特的阶梯从地面通往屋顶，或者从屋顶通向一个楼层更高的屋顶（更早的时候，处境比较危险，入口往往开在屋顶）。眼前是延绵起伏的陶斯高原（海拔7000英尺左右），一直延展至地平线尽头，那里挺拔着几座锥形山峰（古火山），约12000英尺高。身后是一条清澈的溪流，潺潺地从屋子流过，溪流对岸是第二个村落，淡红色的土砖屋一个叠一个地向村落中心靠拢，神奇地预示了以摩天大楼为中心的美国大都市这一远景。溯流而上约半个时辰，可见一座巨大的山孤零零地耸立着。这便是那座山，没有名字。听说，山顶云雾缭绕之日，人们就会消失在那个方向，去执行神秘的仪式。

普韦布洛人通常口风很严，在他们的宗教问题上更是守口如瓶。他们将保守自己宗教行为的保密视为一项政策。这个秘密被防守得如此森严，我只好打消了直接提问的念头。在此之前，我从未遇到过这样的保密气氛，文明国家的宗教如今完全是公开的，他们的圣事圣礼早已不是什么秘密。然而，在这里，空气中充斥着秘密的气息,这个秘密本教所有人都知道,但白人无从得知。这一奇怪的情形使我对埃莱夫西斯有了些许理解。埃莱夫西斯的秘密整个国家都知道,却从未走漏过半点风声。我明白鲍桑尼亚①或希罗多德写下这句话时的感想了:"我不可以说出那个神的名字。"我觉得,这不是故作神秘,而是秘密事关重大,一旦泄露出去,可能会导致集体以及个人的毁灭。保守这个秘密使普韦布洛人感到自豪,使他们有力量抵抗处于统治地位的白人,增强了他们的凝聚力和团结一致。我敢肯定,只要普韦布洛的秘密不被亵渎,他们这个独特的群体就会继续存在下去。

我惊讶地发现,印第安人一谈起自己的宗教观点,就会情绪大变。日常生活中,他们表现出一定程度的自制和自重,一种近乎听天由命的安然。但一旦话题涉及他的秘密,他会意外地出现情绪失控,藏都藏不住——这对满足我的好奇心极为有利。我说过,直接提问是问不出什么来的,因此,如果我想了解一些根本性的东西,我会试探性地说几句,并注意观察对方以什么表情来表达他那些我再熟悉不过的情绪波动。如果我不小心戳中了重点,他会沉默不语,或闪烁其词,但脸上极为动情,经常热泪盈眶。对他们来说,他们的宗教思想不是理论(的确,不是非常奇特的理论,不会使一个大男人弹泪),而是事实,是和相应的外在现实一样重要一样令人动容的事实。

我和奥奇维·比安诺坐在屋顶上,烈日在头顶越升越高。他指着太阳,问:"那移动的不就是我们的父亲吗?怎么有人说法不一样?怎么会有另一个神?没有太阳就什么都没有。"我已经能感觉到他的激动,但他的激动还在升温。他想了半天,终于叫了出来:"一个人独自在山里会做什么?没有他,他们连火都生不起来。"

我问他有没有想过太阳可能是一位看不见的神塑造的火球。

---

① 公元二世纪的希腊旅行家,著有《希腊志》。

对于我的问题，他甚至没有惊讶，更别说会愤怒。显然，这个问题在他心里掀不起一丝波澜，他甚至不认为我问得很傻。他只是漠然。我感觉自己撞上了一道不可逾越的墙。他只是说："太阳就是上帝。谁都看得出来。"

虽说没有人不感受到来自太阳的巨大影响，但看到成熟而自重的他们谈起太阳时，那种不能自已的激动心情，我还是觉得新奇，并深深为之动容。

还有一次，我站在河边，仰望高原上的群山。群山巍然耸立，几乎高出高原6000英尺。这里是美洲大陆的屋脊，这里的人在太阳面前生活，与裹着毛毯，站在普韦布洛最高的屋顶上，静静地沉浸在眼前的太阳中的印第安人一样。这样想着时，突然，一个低沉的声音，强压满心的激动，从左后方传进我的耳朵："你难道不觉得，一切生命都来源于这座山吗？"一名上了年纪的印第安人，踏着软帮鞋，悄无声息地向我走来，没头没脑地抛出了这么个问题。看着山上奔流而下的河水，我明白了使他得出这个结论的外在意象。显然，一切生命均来自山上，因为有水的地方就会有生命。这再明显不过了。当他说到"山"这个字时，我感到他的语气中有感情在喷薄。我想起了山里进行神秘的庆祝仪式的故事。"谁都知道，你说的是大实话。"我回答说。

可惜，我们的对话很快中断了。我没能从他口中获得更多有关山和水的象征意义的见解。

我发现，普韦布洛人不愿谈及任何有关自己宗教的事情，但谈起他们与美国人的关系来却非常乐意。"美国人为什么要管着我们？"奥奇维·比安诺说，"为什么要禁止我们跳舞？为什么要百般阻挠，不让我们将孩子从学校接回来，带到大地穴（仪式举行地）去，在我们的宗教中接受教育？我们又不会害了他们！"沉默良久后，他又说："美国人想灭掉我们的宗教。为什么他们就是不肯放过我们？我们这么做，不光为了我们，也为了美国人啊。是的，我们是为了全世界。所有人都会获益。"

从他激动的情绪中可以看出,他指的是他们宗教中某种极其重要的元素。我于是问他:"这么说,你认为你们在自己宗教里所做的事情会造福整个世界?"他不无激动地说:"当然。我们不这么做,世界会变成什么样子?"说完,他意味深长地指了指太阳。

这时,我感觉我们越来越接近那个极其敏感的境地,就要谈到他们部落的秘密了。"毕竟,"他说,"我们是生活在世界屋脊上的民族,我们是太阳父亲的儿子。有了我们的宗教,我们可以每天帮助太阳从天空划过。我们这么做,不仅是为了我们自己,更是为了全世界。如果我们停止实行我们的宗教,不出十年,太阳就会不再升起,到那时,黑夜将永无止境。"

这时,我才意识到,这位沉静泰然的印第安人到底"自重"在什么地方:他是太阳的儿子,他的人生有着宇宙哲学上的意义,因为他帮助父亲,即一切生命的维系者,每日东升西落。想想我们自己的百般自辩,我们那用理性构想出来的人生意义,我们会不由得觉得自己穷乏。我们笑印第安人天真,自诩为聪明,纯粹是出于嫉妒,不得已而为之。这是因为,不这么做,我们就会发现自己是多么地穷困潦倒。知识并没有使我们富裕,它使我们越来越远离了我们生来便已熟悉的那个神话世界。

如果有那么一刻,我们能放下所有的欧洲理性主义,来到这一侧是广袤的大陆草原、一侧是太平洋的孤原上,神驰于洁净的山间空气中;如果我们也能搁置我们对这个世界的熟稔,换成一种看上去无可估量的视野,不去理会视野之外的天地,我们就会打心里明白普韦布洛人的观点,就会立即对"一切生命均源自山上"这句话心服口服,而且也同样相信自己生活在一个无可估量的世界的屋脊上,生活在离上帝最近的地方,我们的声音比其他人更快送到神的耳中,我们的仪礼会最先抵达遥远的太阳。山的神圣、耶和华在西奈身上的启示、尼采在恩加丁获赐的灵感——所有的一切,说的都是同样的话。区区一种宗教仪礼,竟能神奇地影响太阳,乍一听很荒唐,但深入研究后,你会发现,与一开始设想的比起来,它的荒谬程度不减,熟悉程度却高得多。 我们的基督教——凑巧的是,其他宗教也一样——也渗透着这样的思想,认为特别的行为或某种特殊的动作——比如某些仪式、祈祷或取悦天主的伦理等等——可以影响上帝。

人类的礼仪行为是对上帝在人类身上的所作所为的反应和回答。 或许,不光如此,仪礼还意在变得具有"活化"性,即一种神奇的强制方式。 人类面对上帝强大的影响力感到有能力做出有效的回答,并且能够将一些甚至对上帝来说也很重要的东西反馈回去,就会引发人们的自豪感,因为它把人类个体提升到了超自然要素的地位。 把"上帝与我们"等同起来,即便只是一种无意识上的暗示,也无疑构成了普韦布洛人那种羡煞旁人的宁静的基础。 这样的人,才是最完整意义上的适得其所。

3. 肯尼亚和乌干达

一切美好东西皆出自造物主之手。

——卢梭

1925年,我在伦敦参加温布利展览会,会上展出了对英国统治下的各大部落的考察,非常出色,给我留下了很深的印象。 我于是决定,过些时候去一趟热带非洲。

同年秋天,我和两位朋友(一英一美)一起前往蒙巴萨。 我们乘坐的是沃尔曼轮船,船上同行的还有很多英国青年,他们要赶赴非洲各殖民地任职。 从船上的气氛可以明显看出,这些年轻人此行不是去玩,而是去奔赴自己的命运。 船上的确欢乐四溢,但紧张的底调也很明显。 实际上,我还没返程,便听说了几个同行者的命运。其中有几个人，才过两个月不到，便已丧命于热带地区。他们死于热带疟、阿米巴痢疾以及肺炎。这些死者当中，有与我相对而坐的那名年轻人，还有阿克利医生。阿克利医生是非洲中部大猩猩自然保护区的创始人，很有名气。出发前不久，我还在纽约见过他一面。

印象中，蒙巴萨又湿又热，是欧洲人、印第安人和黑人的定居点，掩映在一片棕榈树和芒果树中。这里风景绝美，依托着一个天然良港，还耸立着以前葡萄牙人的炮台。在蒙巴萨呆了两天后，第二天傍晚，我们乘着前往内地的内罗毕的窄轨列车，很快没入热带的夜色之中。

列车沿海而行，一路经过无数黑人村庄，村庄里，人们围在小小的火堆前坐着聊天。没多久，列车开始上坡。村庄不见了，夜漆黑如墨。渐渐地，气温变得凉爽，我也进入了梦乡。当晨曦初露，宣告新一天开始时，我醒了，发觉列车笼罩在一片红尘之中，正在陡峭的红色悬崖上转弯。列车上方的一块凸出的岩石上，一个棕黑色的修长身影倚着长矛，一动不动地注视着下面的列车。他身旁长着一棵高大的烛台状仙人掌。

我被这一幕迷住了。这样的画面完全是陌生的，完全不在我的经历之内，却又有一种强烈的似曾相识感。我感觉自己似乎已经历过这一刻，似乎我一直知道这个世界，我和它的距离只是时间上的距离，似乎这一刻，我又回到了我年轻时的那片土地，似乎我认识那个黑皮肤男人，他一直在等我，等了五千年。

穿越荒蛮的非洲，全程的基调都是这次奇怪经历所带来的感觉。对这种自古以来一直认识的东西的识别，记忆中还有一次，但仅此一次，那是我第一次观察超心理现象的时候，当时一起的还有我以前的科长尤金·布鲁勒教授。我先前认为，如果我亲眼目睹了如此不可思议的事情，一定会惊得目瞪口呆。然而，当它真正出现时，我却一点也不觉得惊讶。我觉得相当自然，觉得是理所应当的事情，因为我对它早已熟悉。

我不知道，看见那名孤独的黑人狩猎者时，我的内心到底拨动了一根怎样的弦。我只知道，他的世界千千万万年来，一直是我的世界。

带着一丝困惑，我来到了内罗毕，时间大约是中午。内罗毕海拔 6000 英尺高，光线太炫，让我想起冬天从恩加丁的洼地的浓雾中走出来时那种炫目的光。令我惊讶的是，火车站聚集的一群"工仔"竟然戴着那种旧式的灰白相间的羊毛滑雪帽，我在恩加丁见别人戴过，又或者我自己戴过。这种帽子很受青睐，因为上翘的帽檐可以折下来，变作鸭舌帽——在阿尔卑斯可以很好地挡风御寒，在这里可以遮阳避暑。

我们从内罗毕坐一辆小型福特到阿西平原参观。阿西平原是一个很大的禁猎保护区。站在低矮的山丘上，热带草原的辽阔和壮美在眼前一览无遗。地平线的尽头，大群大群的动物映入眼帘，有瞪羚、羚羊、牛羚、斑马、疣猪等等。动物们吃着草，点着头，像流水般缓缓向前移动。除了一只猛禽悲凄的啼叫外，几乎听不见任何声音。这就是那永恒的初始的寂静，世界是它一直以来的样子，是一种非存在的状态，因为在此之前，没有人曾在那里，知道那里就是这个世界。我从同伴身边走开，直到他们不在视线之内，品味着完全只有一个人的感觉。现在，我就在那里，成为第一个认识到那里就是世界的人，但这个人却不知道，在这一刻，是他首先真正地创造了这个世界。

在那里，意识的宇宙意义在我眼里变得格外真切。"自然没能完善的地方，艺术会加以完善。"炼金师们如是说。人类，即我，以一种看不见的创造性行为，赋予了这个世界以客观性的存在，从而为它打上了完美的印记。这样的行为，我们往往以为只有造物主才有，从来没想过，我们这样想的时候，其实是把生命当作一台机器，一台精确到每一个细节的机器，它随着人的精神，按各种预先知道预先设定的规则，毫无意义地运转着。在这种如钟表般乏味的幻想中，没有了人类、世界、上帝组成的戏剧，没有了"新的一天"通向"新的港湾"，只有枯燥无味的运算过程。 我想起了那位普韦布洛老朋友。 他认为，他们村庄存在的理由是帮助他们的父亲即太阳每天从天空划过。 我羡慕他这一信仰所具有的完整意义。 我一直四处寻找我们自己的神话，却总是失望。 现在，我已经知道自己的神话是什么，我甚至还知道，人类对造物的完成是不可或缺的，实际上，人类自己就是这个世界的第二个造物主，是人类独自让这个世界有了客观存在。 没有客观存在，亿万年来，世界会什么也看不见，什么也听不到，会在一片死寂中进食、生育、死亡、打盹，会在非存在这至暗的暗夜中继续前行，直至抵达未知的终点。 人的意识创造了客观存在和意义，而人在存在的伟大过程中找到了非自己不可的位置。

乌干达铁路当时正在修建，我们的列车于是行至乌干达临时终点站（第六十四站）。 我们一大堆装备被搬运工卸了下来。 我找了个食物运输箱坐下，这是一种储存粮食的箱子，每个箱子是一次头顶搬运的量。 我点了烟斗，心想我们现在可谓来到了地球村的边缘，荒径小道从这里开始，无限地延伸过这片大陆。 片刻，一个英国老头，明显是个殖民者，在我旁边坐下，也拿出了一根烟斗。 他问我们要到哪里去。 我把要去的各个地方大概说了一下。"你们这是第一次到非洲来？ 我在这里已经四十年了。"他问。

"正是。"我回答说，"至少非洲的这一部分是第一次来。"

"那我能不能给你一点建议？ 先生，这里的这个国家不是人的国家，它是神的国家。 所以，要是发生了什么，不要慌，坐下来就可以了。"说完他站起来，不再言语，转身消失在周围熙熙攘攘的黑人中。

我觉得他的话有几分意义，于是试着想象他说这话时的心理状态。 显然，这些话代表了他经验的结晶。 主宰这里的，不是人，而是神——也就是说，不是意志和意图，而是高深莫测的设计。

我还没冥想结束,我们的两辆汽车就要出发了。 我们一行人,八个壮汉连同行李,一起塞了进去。 我们尽可能地抓好扶稳。 接下来的几小时一路颠簸,晃得厉害,根本没有冥想的空间。 下一个居民点是卡卡梅加斯,比我想象中要远得多。 卡卡梅加斯是专区特派员驻地,一支小型非洲步枪卫戍部队的司令部驻扎在此。 难以置信的是,该地竟然有一家医院——一家很小的精神病院。 将近黄昏时,天色骤暗,热带风暴瞬间袭来,雷鸣不断,电闪不止,一场暴雨倾盆而下,瞬间把我们变成了湿淋淋的落汤鸡,把每一条溪流变成了奔腾的洪流。

午夜十二点半,天空开始放晴,我们来到了卡卡梅加斯。 我们一个个累得不行,多亏专区特派员在他家客厅以威士忌招待。 壁炉里暖洋洋地烧着火,真可谓雪中送炭。 客厅很漂亮,中间放着一张很大的桌子,上面摊着几张英文报纸。 这个地方和苏塞克斯的乡间别墅还真像。 我精疲力竭,分不清自己是从现实进入了梦中,还是从梦中回到了现实。 然后我们还得搭帐篷过夜——破天荒头一次。 所幸,东西都还在。

早上醒来时,我有点发烧,喉头发炎,只好卧床一天。 借此机会,我得以认识并记住了"鹰鹃"。 这种鸟引人注目的地方在于它们的音阶很准,但略去尾音不唱,继续又从头唱起。 病倒在床时,听着鹰鹃的啼叫,神经简直要绷裂开来。

还有一种鸟,生活在香蕉种植园,它们是三声啼叫,前两声如笛声般悦耳动听,第三声却叫得骇人而刺耳。"自然没能完善的地方……"然而,"风铃鸟"的叫声却是一种没有杂质的纯美。 它们叫起来宛如风铃在天边飘响。

次日,在专区特派员的帮助下,我们召集了一队脚夫,外加三个非洲土著兵作护卫,开始朝埃尔贡山出发。 很快,地平线上出现了埃尔贡山的火山口壁,足有14000英尺高。 我们穿过相对干旱的热带草原,沿途到处可见伞形的阿拉伯橡胶树。 这一带全是密密麻麻的圆形小土丘,高在六到十英尺之间——那是以前留下的白蚁穴。

沿途有供旅客歇脚的客栈——夯土砌成、茅草作顶的圆形棚屋,空荡荡地敞开着。到了晚上,我们会点了灯放在门口,以防有人贸然闯入。我们的厨师没有灯,为了弥补这一点,我们让他一人独享一间小草房,这令他十分开怀。然而,这样的弥补差点要了他的命。就在前一天,他在自己房前宰了一只羊,羊是我们用五个乌干达先令买来的。他用这只羊为我们打造了丰盛的羊排晚餐。晚餐过后,我们正围着火坐着抽烟,这时,远处传来了奇怪的声音。声音越来越近,一会像熊在咆哮,一会像狗在汪汪狂吠,紧接着,声音变得尖锐起来,像疯狂的尖叫,像歇斯底里的大笑。我第一印象是这很像巴纳姆贝利马戏团中的一段表演。然而,画面很快变得更加凶险:一大群饥饿的土狼,四面八方将我们团团围住——它们显然是嗅到了羊血的腥味。众狼恶狠狠地上演着大合唱,火光映照下,一双双眼睛在高高的象草中幽幽地泛着绿光。

尽管我们知道土狼天性不坏——据说土狼是不咬人的——但我们自己也不能完全确定。突然,客栈后面来传来了一声惨叫。我们迅速抄起家伙(一支9毫米曼立夏步枪、一支猎枪),对着那些幽幽绿光一连扫了几枪。这时,厨师惊惶失措地冲到我们中间,嘴里含糊不清地说有只"吠仔(fizi)"跑到他屋中,差点把他咬死。营房上下一片哗然,这片哗然似乎吓着了狼群,它们汪汪吠着退了下去。脚夫们继续狂笑了好一段时间后,夜安静下来,一晚下来相安无事。翌日清早,当地酋长来了,送来了两只鸡和一篮鸡蛋。他恳求我们多呆一天,灭了土狼再走。他说,就在一天前,一群土狼把一名熟睡的老人从屋中拖出来,活活吃掉了。非洲真是个是非之地!

天刚破晓,脚夫的宿舍里又响起了阵阵笑声。看样子,他们是在重演昨夜之事。他们当中,一名脚夫扮演呼呼大睡的厨师,一名士兵扮土狼，悄悄爬近，企图行凶。这个短剧不知道重复了多少次，惹得一旁的人乐开了花。

厨师从此得了个绰号：吠仔。而我们三个白人早已有了各自的"商标"。我的英国朋友得名"红颈"——在土著眼里，英国人的脖子都是红红的。美国朋友衣着光鲜，被冠为"翩翩公子"。我当时年居五十，已经两鬓斑白，所以他们管叫我"老人家"，以为我有一百岁那么老。高龄在这些地区很罕见，我很少碰见头发花白的老人。而且，"老人家"是对我的尊称，因为我的身份是"布基苏心理学考察队"队长——伦敦外交部强加给我的一个名不副实的头衔。我们的确见了布基苏人，但更多的是和埃尔贡人在一起。

总的来说，黑人能很好地判断出一个人的性格。他们能读懂他人，其中一个办法是利用他们的模仿天赋。他们可以准确无误地模仿人们的神情、手势、走路姿态，简直达到了以假乱真的地步，令人称奇。他们对他人的情感本质的理解完全出乎我的意料。他们很喜欢侃大山，我经常花时间参与其中，从而了解了很多东西。

我们以半官方性质出行确实有好处，因为这样雇脚夫容易得多，而且还有军事护送。军事护送绝非多此一举，因为我们要走的地区不在白人的管辖之内。我们在一名班长、两名列兵的陪同下跋涉至埃尔贡山。

那次土狼奇遇后，我们没能帮酋长猎杀土狼，便继续踏上了征途。地势是上坡，坡度不大，第三纪熔岩层的迹象越来越明显。我们穿过一片片美丽的丛林，参天的南迪火焰树炫耀着自己的满树红花，巨大的甲虫以及比甲虫还大的五彩蝴蝶为丛林的空地和边缘增添着生气。我们继续深入灌木丛，这时，猴子们一脸好奇，拨得花枝乱颤——这里是人间天堂。大多数时候，我们仍旧踏着暗红色的土壤，走在平坦的热带草原上。我们走的多是原有的小径，弯弯曲曲，拐来拐去。沿着路线，我们进入南迪地区，穿过一片相当大的丛林——南迪森林，顺利到达埃尔贡山脚下的一处客栈。几天以来，埃尔贡山已经在头顶越耸越高。沿着窄窄的山路，我们由此开始了攀登。当地的酋长前来相迎，他是巫医的儿子，骑着一匹小矮马——目前为止我们唯一见过的一匹马。从他口中得知，他的部落属于马塞族，却深居在此，在这埃尔贡山的山麓上。

乌干达总督的一封信早已在此等候。信中，总督要求我们保护一名途经苏丹返回埃及的英国女子，他知道我们走的是同样的路线。我们在内罗毕已经见过该女子，知道与她同行将是一大乐事。而且，总督对我们百般关照，帮助他是我们义不容辞的责任。

我提起这件事，是想说明原型影响我们的行为的方式是多么微妙。我们之所以是三个男人，纯粹是出于巧合。我邀请过另一位友人加入，本来应该有第四个人，但种种情况阻止了使他接受这一邀请。这足以产生出一种无意识群集或宿命性群集——三位一体的原型。三位一体需要有第四元素来完成四体一位，这样的情形，我们在该原型的历史上不止一次地遇见过。

巧合不请自来时，我倾向于去接受它。因此，我欢迎那位女子加入我们三个男人的队伍中来。她坚强而勇敢，很好地均衡了我们清一色男士的片面性。当我们当中一人不幸染上热带疟时，多亏了她第一次世界大战期间当护士的经验。

几小时的攀爬后，我们来到一块很大的林中空地。空地环境宜人，一泓澄澈清凉的溪流将空地分作了两半。溪流上头是一帘十英尺高的瀑布，瀑布底下的水池成了我们的浴池。我们在三百码外的地点扎营，这里是一处干燥的缓坡，伞形的橡胶树在地上投下了一抹阴凉。不远处（走路十五分钟）有一个土人村社，寥寥几间草屋，还有一个围着带刺的荆棘篱笆的院子。村社来了几个人帮我们送水——一位妇女和她的两个未成年的女儿。女孩们除了一条贝壳带，全身一丝不挂。她们棕褐色皮肤，身材纤细，姿色出众，举手投足间透着贵族般的从容。每天清晨，她们从溪边走来，铁制的脚镯叮当作响，软软的听着十分惬意。不一会，她们顶着装了水的双耳土罐，从高高的金色象草中出现，身体因保持平衡而一摇一晃。她们的饰品有脚镯、黄铜手镯、黄铜项圈、小筒管型铜制或木制耳环，下唇要么穿着一根骨，要么钉着一枚铁钉。她们很有礼貌，每次看见我们都腼腆一笑，很是迷人。

我从不与土著女人说话（有一次例外，我下面很快会提到），他们也希望我能如此。在欧洲南部，也是男人和男人说话，女人和女人说话，不然就是意味着两人是恋爱关系。哪个白人要是喜欢和女人说话，不仅会权威扫地，还会面临着"变黑"的重大危险。我已经见过好几个这样的例子，极具启发意义。我经常听见土著这样评价某某白人："他是个坏人。"问起原因，他们总是一个答案："他睡了我们这的女人。"

我所在的埃尔贡族中，男人忙于放牧和打猎，女人则维系着"桑巴"，一块种有香蕉、甘薯、高粱和玉米的耕地。他们把孩子和鸡、羊关在同一个圆形草房里，一家人都在这个草房里生活。他们的尊严和天性来源于他们在家政经济中发挥的作用，他们之间是一种积极的经济合作关系。女性平等权的观念是某一时代的产物，在那个时代里，这样的合作关系已经失去了它的意义。原始社会受无意识的利己主义和利他主义控制，这两种倾向都得到了应有的发挥。如果接下来出了乱子，必须以一种意识行为来修正的话，这种无意识秩序就会立即瓦解。

有一位重要的人物，想起他我总是心情愉悦。是他，向我提供了埃尔贡人中的家庭关系的信息。他叫吉博罗特，一名英气逼人的青年。他是一位酋长的儿子，风度翩翩，气宇不凡。显然，我已经赢得了他的信任。他的确欣然收下了我的香烟，但他对此并不贪婪，不像其他人，什么礼物都贪个够。时不时地，他会很绅士地来拜访我，给我带来各种奇闻趣事。我感觉他心里有事，似乎想求我什么,却又不好开口。 相识有些时日后,他这才表示,他想让我见见他的家人。 我很震惊。 我知道他尚未成婚,他的双亲也已不在人世。 原来,他口中的家人指的是他姐姐一家。 她姐姐是她丈夫的二房,养有四个孩子。 吉博罗特很希望我能前去拜访,这样他姐姐便有机会见我。 显然,在他的生命中,他姐姐填补了他母亲的空缺。 我答应了,因为我希望通过这样的打交道对土著家庭的生活获得一些了解。

我们到达时,"太太正等在家中"。 她从屋里出来相迎,招呼打得十分自然。 她长得很好看,正值中年——也就是说,大概四十岁左右。 她身上除了必不可少的贝壳带外,手臂和脚踝都戴了镯子,硕大的耳垂坠着一些铜饰,胸部裹着某种小型猎兽的皮。她的四个小小的"崽"被她锁在屋里,从门缝使劲往外瞧,兴奋得咯咯直笑。 在我的要求下,他们被放了出来,但过了好一会才敢现身。 她和她弟弟一样,待人十分有礼。 他弟弟则满脸笑意,为自己的妙计得逞而乐着。

我们不坐,因为没地方坐,只能坐在地上。 地上灰尘满布,到处是鸡屎和粒状的羊粪。 我们的谈话围绕家庭、孩子、房子和庭院展开,属于客厅里半家庭式谈话的传统范畴。 大太太与她相邻而居,有六个孩子。 她的这位"姊姊"的庭院在八十码之外的地方。 丈夫的草屋位于两位太太的草屋差不多中间的地方,构成了三角形的顶点。 丈夫的屋后,大概五十码之外,有一间小小的草屋,是大太太已经成年的儿子的居所。 两名太太各有各的耕地。 看得出,我们的女主人对自己的耕地很是自豪。

我能感觉到,她之所以表现得自信而从容,很大程度上是基于她对自己的完整性的认同。 她拥有小孩、房子、鸡羊和耕地组成的私人世界,加上她不可谓不迷人的体态(这一点同样重要),她觉得自己是完整的。 她只会间接提到自己的丈夫。 她丈夫似乎有时候在,有时候不在。 谈话的当时,他正在别的不知道什么地方。 很明显,我们的女主人绝对是稳定的体现,是她丈夫名副其实的"落脚点",似乎问题不是丈夫是否在家,而是她是否存在于自己的完整性中,为四处奔走放羊牧牛的丈夫提供一个地磁中心。 这些"简单的"灵魂,他们的内在所发生的一切是无意识的,因而是未知的,我们只能从"先进"的欧洲差异化这样的对比证据中进行推断。

我想,白人女性越来越男性化,是否与她们失去了自己的自然完整性(耕地、孩子、牲畜、自己的房子、炉火)有关? 这是否是对她们变得贫瘠的一种补偿? 是否白人男性变得女性化是对其进一步的结果? 一个社会越理性,男女之间的性别差异就越不明显。 同性恋在现代社会所起的作用是巨大的。 一方面,这是由于恋母情结所致,另一方面,这是一种有目的的现象(阻碍人类繁殖)。

我和同伴能够在结束之前对非洲的世界作一番体味,实乃三生有幸。 这个世界的美令人难以置信,这个世界的苦也同样令人叹为观止。 这一段野营的日子是我一生中的一个最美好的插曲。 我享受一个仍旧原始的国家的"神性安宁"。 我从未如此清楚地观察过"人以及其他动物"(希罗多德语)。 万恶之母欧洲离我遥遥千里,恶魔到达不了我这里——我没有电报,没有来电,没有来信,没有来访者。 我的精神力量一一得到了解放,欢天喜地地涌回了那广袤的原始天地中。

土著们整天蹲在我们营地周围,饶有兴致地看着我们忙里忙外,一副百看不厌的样子。 每天早上,我们很容易就能和他们攀谈起来。 我的领队易卜拉欣教给了我闲谈的礼节。 所有男人(女人从不走近)必须坐在地上。 易卜拉欣会找来首领用座——一张小小的四脚红木凳,要我坐下。 然后,我先发表讲话,列出我们将要谈及的事项。 土著大都操着一口混杂了其他口音的斯瓦希里语,倒也还能接受。 我则充分利用一本小字典,通过查字典设法与他们交流。 这本小小的书引得众人赞不绝口。 我词汇有限,表达必须尽可能地简单。 与他们对话常常就像一个有趣的猜谜游戏，因此，闲谈在当地广受欢迎。会议很少超过一个小时或一个半小时，因为渐渐地人们会疲态百出，夸张地打着手势抱怨："哎，累死啦。"

我对土著的梦当然也很感兴趣，但一开始怎么也撬不开他们的口。我施了一些小恩小惠，如香烟啦，火柴啦，扣针啦等等，他们求之若渴，但也还是不管用。我一直不是很明白，他们为什么会羞于谈起自己的梦。我怀疑是出于害怕和不信任。我们都知道，黑人很怕照相，他们害怕给自己拍照的人会盗走自己的灵魂。或许，他们对梦也一样，担心自己的梦让别人知道了会引祸上身。凑巧的是，我们的脚夫，这些滨海的索马里人和斯瓦希里人，却不会这样。他们有一本阿拉伯解梦书，途中每天都会拿出来参考一番。如果他们对某个解释心存疑虑，他们就会请教于我。他们管我叫"那本书的使者"，因为我懂得《古兰经》。在他们眼里，我是一名隐藏了身份的伊斯兰教徒。

有一次，我们和当地的老巫医闲聊。他披着一件蓝猴的皮做成的斗篷，显得光彩照人——这是一件用来显摆的贵重物品。当我问起他的梦时，他泪眼蒙眬地回答说："以前，巫医会做梦，知道是否有战争，有疾病，知道天是不是要下雨，牧群应该赶往哪里。"到他祖父时，也仍然有梦可做。然而，自从白人踏入非洲，就再也没有人做过梦。梦再也用不着了，因为如今英国人什么都知道！

他的回答使我明白，巫医失去了他们存在的理由。作为给部落以忠告的神圣的声音，他们再也没有了用武之地，因为"英国人知道更多"。在以前，巫医与神或与命运的力量接洽，并向自己的族人提供忠告。他们影响甚大，和古希腊的皮提亚①所说的话一样，拥有至高无上的权威。而现在，巫医的权威已经为专区特派员的权威所代替，生命的价值如今全在这个世界里。我觉

---

① 古希腊阿波罗神殿的女主祭司。

得,黑人迟早会意识到物质力量的重要性,这不过是时间问题以及黑色人种的活力问题罢了。

我们的巫医绝不是什么强势逼人之人。他只是个有点伤心的老先生。他是这个待定的、过时的、不可复原的世界的瓦解正在日益扩散的真实写照。

我曾多次将谈话转向守护神,尤其是仪式和典礼上。关于这一点,我有且仅有一次见证。在一条热闹的村街中央,我看见一片打扫得很干净的场地,场地在一间空荡荡的草屋前面,直径有好几码,中间摆放着贝壳带、臂环、脚镯、耳环、各种陶罐碎片,还有一根挖掘棒。我们能了解到的只有一点:一个女人死在了这间草屋中。关于丧葬,人们不置一词。

在闲聊中,人们总是强调,要我相信他们西边的邻居是"坏"人。他们那边如果有人死了,就会通知邻村,到了晚上,尸体会抬至两条村子的正中央,另一边的人会将各种礼品送到同一个地点,到了早上,尸体就会消失不见。这明显暗示着另一个村子的人吃掉了尸体。他们说,这样的事从不发生在他们埃尔贡人中。当然,他们会把死者置于林中,由土狼在夜间处置。而实际上,我们一直没发现死人下葬的任何蛛丝马迹。

不过,人们告诉我,人死后,尸体会停放在草屋中间的地上。巫医会绕着尸体,边走边将碗里的牛奶洒在地上,口中念念有词:"ayík adhísta, adhísta ayík!"

我从之前举行的一次难忘的闲谈中知道了这句话的意思。那时,闲谈已经接近尾声,一位老者突然大喊:"早上,太阳出来时,我们从屋里出来,往手里吐唾液,向着太阳高高举起。"我让他示范这一仪式,并准确地加以描述。他们把手举至嘴边,使劲地吐口水或吹气,然后手心朝上,向着太阳。我问这是什么意思,为什么要往手里吐口水或吹气。但问了也是白问。"我们一直以来就是这么做的。"他们说。要得到解释是不可能的。我意识到,他们实际上只知道自己在做,却不知道自己在做什么。他们自己并不知道这样的行为有什么意义。其实，我们也一样。我们进行各种仪式，如圣诞树上点蜡烛，复活节里藏彩蛋等等，但并没意识到自己在干什么。

老者说，这是所有民族真正的宗教，所有卡维伦多人，所有布干达人，所有从山上放眼可见的部落以及更远的无穷远处的民族，全都信奉 adhísta——初升时刻的太阳。只有此时，太阳才是上帝。紫色的西方天际最初升起的那一轮精美的金色弯月也是上帝。但只有此刻是，其他时候都不是。

显然，埃尔贡人这一仪式的意义在于在太阳升起那一刻向太阳之神献祭。如果祭品是唾液，则这是原始人眼中所认为的那种含有个人"马那①"，即愈合力、魔力和生命力的物质。如果祭品是呼气，则这是"罗霍"（阿拉伯人称"鲁赫"，希伯来人称"罗阿克"，希腊人称"普纽玛"），即风和精神之意。因此，他们的动作是在说明：我向上帝献出我活的灵魂。这一不用言语而用行动的祷告，或许还可以这样表达："主啊，我将我的灵魂交付于您手中。"

我们后来获悉，除了 adhísta 之外，埃尔贡人还崇拜 ayik。ayik 是栖于地球的灵魂，是一个魔鬼。他是恐惧制造者，是一阵阴风，专门窥伺那个夜间行者。那位老者以口哨吹了一曲洛基②风的调子，生动地传达出 ayik 如何在神秘的丛林茂草中匍匐潜行。

人们一般宣称造物主所造的一切都是尽善尽美的。他超越了善与恶。他是美好的，他所做的一切也是美好的。

我问："但那些咬死了你的牛群的恶兽呢？"他们回答："狮子是美好的。""那你们得了重病呢？"他们说："只要你往阳光下一

---

① 马那，南太平洋岛屿神话中存在于未开化部落间的超自然力量，是心灵能量的一个基本概念。
② 北欧神话里制造灾难和不和的火神。

躺，也是好的。"

这样的乐观使我印象深刻。但我很快发现，下午六点一到，这种乐观主义就会蓦然消失。从太阳下山起，世界就是另一个世界——ayík 的世界，一个充满了邪恶、危险、恐惧的黑暗世界。乐观主义不见了，取而代之的是对鬼的畏惧以及为求不为邪恶所害而施展的法术。天一亮，乐观主义又会恢复，内心并无任何冲突。

对我来说，这实在是一次震撼人心的经历，因为在尼罗河的发源地，我发现了这两样东西：adhísta，初升的朝阳，像荷鲁斯那样的光的法则；ayík，黑暗的法则，恐惧的酿造者。它们使我想起古埃及观念中的欧西里斯①的两名侍从——荷鲁斯和塞特。显然，这是一种原始时代便已存在的非洲体验，它随着神圣的尼罗河水一直流至了地中海沿岸。为死者执行简单的丧葬礼仪时，巫医口中的话和他洒的牛奶将这两个对立面统一了起来。他同时向这两种法则献祭，因为自它们统治以来，两者一样强大，一样重要，它们掌管白天和黑夜，各自是看得见的十二个小时。但重要的是这样的时刻：随着热带地区典型的刹时破晓，第一缕阳光如流矢般射出，黑夜渐渐变成充斥着生命的光明。

在这样的纬度上，日出是每一天都令我倾心不已的现象。日出的看头不在于太阳从地平线跃起时的瑰丽，而在于太阳出来后发生的一切。我习惯在黎明前搬一把折椅，在一棵伞形橡胶树下坐下。眼前是一个小山谷，谷底是一片黑黝黝的莽林，几近于墨绿色。山谷的另一侧，高原的边缘高高耸起。一开始，明与暗的对比非常鲜明。紧接着，事物露出了轮廓，浮现在亮光之中，山谷看起来一片璀璨。山谷上头，天边出现了耀眼的白，渐渐地，光线越来越强，似乎渗入了事物的结构内部，开始由内而外

---

① 欧西里斯，埃及最重要的九大神明之一，被他弟弟塞特用阴谋害死。塞特象征风雨不顺的季节，而他的儿子荷鲁斯则是太阳神。

焕发光彩，直到最后把事物辉映得晶莹剔透，像一片片彩色的玻璃在闪耀。所有的一切都变得火红而透亮。风铃鸟的鸣叫在天边飘荡。此时此刻，恍如置身神殿。这是一天中最神圣的时刻。我陶醉在这片光辉中，欣欣然而不满足，又或者说，我陷入了无尽的心醉神迷里。

观察点不远处是一个高耸的云崖。那里是大狒狒的地盘。每天早晨，狒狒们出现在悬崖边上，面向太阳静静坐着，几乎一动不动。其余时间，它们在树林里窜来窜去，尖声乱叫，叽叽喳喳。它们似乎和我一样，静候着旭日东升。这使我想起了埃及阿布辛贝神庙中那些做出崇拜手势的大狒狒。它们说明了同一件事：千秋万代以来，人们一直在崇拜这个伟大的神，是他从黑暗中升起，化作天上的万丈光芒，拯救了这个世界。

此时，我才明白，从原始时代开始，灵魂深处便已存在一种对光的渴望，一种渴望从原始黑暗中脱身而出的难以抑制的冲动。当长夜来临，万物均呈现出深深的落寞感时，每一个灵魂都会感到一种难以名状的渴望，一种对光的渴望。这就是可以在原始人和动物眼中觉察出来的那种被压抑的情感。动物的眼里总透着一股忧伤，我们不知道，这样的忧伤到底与动物的灵魂有关，还是那仍然无意识的存在向我们传达的一种令人心酸的信息。这样的忧伤也反映出了非洲的心境，非洲对孤独的体会。这原始的黑暗，是一个母性的秘密。这就是为什么土著们觉得早上的日出具有如此重大的意义的缘故。光明到来的那一刻，就是上帝。这一刻带来了救赎，带来了解放。说太阳是上帝，其实是对那一刻的原型体验的模糊和遗忘。"我们很开心，鬼魂出没的黑夜终于结束了。"土著们会这样说。但这已经是一种理性化。实际上，笼罩着大地的，是一种与自然之夜截然不同的黑暗。这是精神的原始之夜，千百年来一直不变，今天也一样不变。渴望光明，就是渴望意识。

在埃尔贡山的美好时光就要结束了。我们心情沉重地收起帐篷，答应自己以后还会回来。我不可能想得到，我这是第一次，也是最后一次，来体验这不期而遇的壮美。从那以后，卡卡梅加斯附近发现了黄金，采矿业开始兴起，矛矛党人运动在这些无辜而友好的土著间掀起，我们也从文明的春秋大梦中猛然觉醒。

我们沿埃尔贡山的南坡徒步下山。渐渐地，地形的特征出现了变化。山更高了，到处丛林密布，濒于平原边上。居民的肤色更深，体形更大更笨，没有了马塞人那样的优雅。我们进入布基苏的版图，在布南巴勒的客栈逗留了一段时间。这里地势很高，广袤的尼罗河河谷的风光尽收眼底。然后，我们继续前往姆巴拉，在姆巴拉上了两辆福特大卡车，来到了维多利亚湖畔的金贾市。我们将行李装到一辆窄轨列车上，列车每两周去一趟吉奥格湖。一艘锅炉里烧柴的明轮汽船接走了我们。汽船几经波折后，将我们带到了马辛迪港口。之后，我们转到一辆货车上，随货车来到了马辛迪镇。该镇位于高原之上，将吉奥格湖和艾伯特内陆湖分隔开来的，正是这片高原。

从艾伯特湖去往苏丹里哈夫的路上有一个村庄，我们在那里有过一次非常兴奋的经历。当地的酋长带着随从前来，他高高的个子，年纪尚轻。这里的人是我见过的肤色最黑的黑人。不知怎么的，这一行人不是特别令人放心。尼穆莱的玛穆尔[①]派了三名民兵护送我们，但我发现，民兵以及我们的脚夫都感觉不是很放松。毕竟，他们每人一把枪，也才三筒子弹。因此，他们的存在，不过是政府象征性的表示罢了。

当酋长建议晚上来一场舞会时，我欣然答应了。我希望嬉戏玩乐能展现他们更真实的一面。夜幕降临，我们都昏昏欲睡，忽然听见号角吹响，锣鼓喧天，很快，一群手执闪亮的长矛、棍棒、刀剑的汉子，雄赳赳气昂昂地出现在眼里，看起来有六十人的样

---

① 地方长官或总督。——原注

子。 一段距离之后，妇女和小孩跟随其后，连婴儿也被母亲背出来了。 显然，他们要举行一场盛大的社会活动。 尽管热浪逼人，气温仍在 34 摄氏度徘徊，他们还是点燃了一大堆篝火。 妇女和小孩围着篝火形成了一个圈，男人围在外面也形成了一个圈。 我曾经看过一群躁动的大象这样围过。 面对这样的大型列阵，我不知道应该感到高兴还是紧张。 我抬眼看了看我们的脚夫和那几个政府士兵——营地上哪里还有他们的影子？ 我上前分发了香烟、火柴和扣针，以示友好。 男人们开始齐声合唱，同时晃动双腿。 他们的旋律孔武有力，充满了战斗的意味，倒也还算和谐。 女人和小孩围着篝火轻快地跳着，男人则舞着手中的武器向篝火跳过去，再跳回来，再跳过去。 歌声狂野，锣鼓铿锵，喇叭喧天。

这是一个野性十足、令人振奋的场面。 火光灼灼，月色迷人。 我和我的英国朋友也站起身来，混入舞动的人群中。 我挥着犀牛鞭和他们一起跳着，犀牛鞭是我仅有的一件武器。 从他们微笑的脸上，我知道他们赞成我们的加入。 他们的热情更甚了，所有人踩啊踏啊，唱啊叫啊，汗流如注。 渐渐地，跳舞和敲鼓的节奏越来越快。

在这样的舞蹈中，伴随着这样的音乐，土著们很容易走火入魔。 现在就是这样的情形。 时间已经快十一点，人们的兴奋开始失去节制，整件事情突然呈现出相当奇怪的一面，舞动的人群正变成一群狂人。 我开始担心怎么收场的问题。 我向酋长示意该结束了，他应该带大家回去睡觉。 但他总想"再来一波"。

我想起了我的一名同乡，萨拉辛的堂哥。 他有一次去西里伯斯岛考察，在这样的一次舞会上被刺偏的长矛误刺了一枪。 于是，我不顾酋长的请求，把人们召集起来，向他们分发了香烟，并做了一个睡觉的手势。 然后，我嚯嚯地挥着犀牛鞭，但同时也放声大笑。 由于找不到更好的语言，我只好用瑞士德语向他们开口大骂，意思是已经够了，你们现在必须回家上床睡觉。 他们明显看得出我的愤怒有点假,但这样似乎正好说中了点子。 众人大笑起来,蹦蹦跳跳,四下散去,消失在夜色中。 过了很长时间,我们还能听见远处传来的欢声笑语和鼓声阵阵。 最后,夜终于安静下来,我们也带着一身疲惫睡去。

在尼罗河畔的里哈夫,我们终于结束了这一段艰苦跋涉——一艘明轮汽船刚好在这里靠岸。 这里水太浅,船几乎停不进来。 我们将行装堆到船上。 此时此刻,我脑海里全是一路走来的所见所闻,千思万绪在脑海里翻腾不已。 我痛苦地发现,自己消化新感想的能力正在迅速触顶。 我要做的是仔细回顾所有的观察结果和经历,找出它们之间的内在联系。 值得记下的东西,我全都用笔记了下来。

整个行程中,我所做的所有梦都固执地遵循着无视非洲的战略。 这些梦独独描绘了家乡的场景,因而像是在说,它们认为(请允许我对无意识过程作这样程度的拟人化)非洲之旅并非真有其事,而是一种征兆性或象征性的行为。 甚至连这次出行中印象最深的事件,也被我的梦严格地拒之门外。 整个非洲之旅,我只梦见过一次黑人。 奇怪的是,我觉得他很面熟,但想了很久都确定不了之前在哪见过他。 最后,我终于想起来了:他是美国田纳西州查特怒加市帮我理发的那个人! 这是个美国黑人。 在梦里,他拿一把烧得通红的巨型卷发棒对着我的头,想把我的头发烫成卷缩缠结的模样——也就是说,他要帮我弄一个非洲头。 我已经能感觉到头皮的灼痛,于是在惊恐中醒了过来。

我认为,这个梦是来自无意识的警告。 它在警告我,原始人对我而言是一种威胁。 那时,我离"变黑"显然已经很近很近。 我那时正患白蛉热,精神上的抵抗力可能已经减弱。 为了表示黑人对我很危险,无意识唤醒了我十二年前的一个记忆,一个帮我理发的美国黑人,仅仅是为了避免提及任何能使我想起当前的事情。

说起来很巧,梦里的这一奇怪行为,竟与一战期间记录在案的一个现象不谋而合。上场作战的士兵很少梦见战争,他们更多的是梦见自己的家乡。军方的精神病医生有这样一条基本原则:一个人如果开始频频梦见战争场面,那么这个人应该退出前线,因为这意味着他不再拥有精神抵抗力,无力抵御外在印象的入侵。

我在非洲也是同样情况。身在这严酷的非洲环境中,我的梦里成功地确立了一道内在防线。这些梦处理的是我个人的问题。我能从中得出的唯一结论是,我的欧洲人格无论如何必须保存完整。

令我惊讶的是,我开始怀疑自己去非洲探索是为了一个不可告人的目的——远离欧洲,远离那些纷繁复杂的问题,甚至不惜冒着长留非洲的危险,因为在我之前,很多人已经留在非洲,而此时此刻,也有很多人正这么做。这一次出行,与其说是考察原始人的心理(B.P.E,即"布基苏心理考察队",运输箱上的黑体字明写着的!),还不如说探索一个相当难为情的问题:心理学家荣格在非洲的荒野上会遇到什么情况?这就是我一直在拼命逃避的一个问题,尽管我的理性很想研究欧洲人对原始环境会有什么反应。我开始明白,这样的研究不像是一个客观的科研项目,倒像是一个极具个人性的项目,我每次想深入一步,都会碰触到自己心理上每一个可能的痛处。必须承认的是,致使我做出旅行非洲的决定的,不是温布利展览会,而是欧洲的氛围,那里的氛围对我来说太高负荷了。

怀着这些想法,我在尼罗河平静的水面上向西游去——游向欧洲,也游向未来。这一旅行止于喀土穆,从喀土穆再走就是埃及了。就这样,我实现了自己的愿望和计划,接近了这一文化范畴。不是从西方,即欧洲和希腊的方向接近,而是从南边,从尼罗河的发源地。我更感兴趣的,不是埃及文化中错综复杂的亚洲元素，而是含米特人①所作的贡献。 沿着尼罗河的地理流向，从而沿着时间的流向，我可以为自己找到与此相关的东西。 我在这方面获得的最大启发是发现了埃尔贡人的荷鲁斯法则。 当我来到埃及的南大门，看见阿布辛贝神庙中的犬首狮身像时，这整件事以及其中包含的所有意义，便再度戏剧性地呈现在我的脑海里。

荷鲁斯神话是一个古来已有的关于刚刚升起的神性之光的故事。 这个神话一定是在人类文明（即意识）首次将人类从史前时期的黑暗中解放出来后才有的。 于是，从非洲腹地行至埃及的旅程便变成了一场关于光明的诞生的戏剧。 这场戏与我，与我的心理，都是紧密相连的。 我能意会到这一点，却无法用言语表达出来。 来非洲之前，我并不知道非洲会给我什么，但现在，答案很令我满意——一次实现了目的的经历。 对我来说，这比任何人种学方面的收获，任何兵器、饰品、陶器、狩猎品的收集，都要珍贵得多。 我一直想知道非洲会如何影响我，而我已经找到了答案。

4. 印度②

1938年，我去了一趟印度。 这一次出行并非我自己的初衷，而是受印度的英国政府的邀请，前去参加加尔各答大学二十五周年校庆。

在此之前，我已经读过不少印度哲学和宗教史方面的著作，对东方智慧所具有的价值深信不疑。 然而，为了形成我自己的结

---

① "含米特人"得名于犹太经典《创世记》所载的传说，指北非和东北非具有某些共同特征的语言的民族。
② 从印度回来后，荣格在《亚洲》杂志上（见1939年一月刊和二月刊，纽约出版）发表了两篇文章：《印度，梦一般的世界》和《印度能教给我们什么》，这两篇文章后来又收入《转型时期的文明》中。 ——原注

论，我必须走一趟。 在我的内心深处，我仍旧是蒸馏瓶中的一个小矮人①。 印度对我的影响就像一个梦，因为我一直在寻找我自己，寻找属于我自己的真实。

那时，我正苦心钻研炼金术哲学，这一次印度之旅成了当中的一个小插曲。 深陷其中不能自拔的我，竟将1602年版的《炼金术剧场》第一卷带上了路。 这本书包含了格拉尔杜斯·多尔诺斯的主要著作。 在途中，我把书从头到尾研读了一番，于是，这本属于欧洲思想基层的材料，随着我脑海中对一种异域思维和异域文化形成的印象而不断得到对位。 两者均源于最初的无意识的精神体验，因此，它们给与我的洞见是相同的，类似的，或至少是具有可比性的。

印度是我首次直接体验到的一种高度异化的陌生文化。 我的中非之行是一些完全不同的因素在主宰，文化并没占据主导地位。 至于北非，我在那里时，一直没有机会和一个能够将自己的文化用语言表达出来的人交谈。 而在印度，我有机会和一些代表着印度人心理的人物谈话，有机会将这种心理与欧洲进行对比。 我在迈索尔王公②的精神导师S.苏布拉曼亚·耶尔家做客了一段时间，和他进行了好些探讨性的谈话。 我还和其他很多人有过交流，可惜他们的名字我已经记不起来了。 另外，对于所谓的"苦行者"，我一律刻意回避。 我这么做是因为，我有我自己的真理即可，不能接受那些来自他人的、靠我自己无法获得的东西。 如果我试着向苦行者学习，接受他们的真理，变作我自己的东西，我会觉得这是一种盗窃行为。 在欧洲，我也不能借用东方的东西，而必须从我自己——从内在之人告诉我的或本性带给我的东西中，去塑造自己的生活。

在印度，我主要关心的是恶的心理本质这个问题。 我对这个

---

① 炼金术师用一些特殊的方法创造出来的真正的生命，是一种人造人。
② 对印度君侯的尊称。

问题如何融入了印度人的精神生活印象非常深刻，而且，我以全新的角度来看待它。 与一名受过良好教育的中国人交谈时，我也一再被这样的事实打动：这些人可以做到与所谓的"恶"相融而不至于"丢了面子"。 我们西方人做不到这一点。 东方人似乎并不像我们那样，把道德问题放在第一位。 对于他们来说，善与恶包含在本性之中是有它的意义的，它们不过是同一种东西的不同程度而已。

我发现，印度人的精神中包含的恶与善是等量的。 基督力求于善，屈服于恶，而印度人则觉得自己要超出善与恶，并通过冥想和瑜咖来达到这一境界。 我反对这样的观点。 我认为，如果是这样的态度的话，那么不管是善还是恶，都呈现不出真实的轮廓，这会导致一定的停步不前。 人不会真正相信恶，也不会真正相信善。 于是，人们顶多将善视为吾善，恶视为吾恶，正如我眼里的善或恶一样。 这就留给了我们一种自相矛盾的说法：印度人的精神既缺善，也缺恶，又或者说，他们的精神矛盾太重，需要无争无斗（nirdvandva），从对立中以及万事万物中解脱出来。

印度人追求的不是道德上的完美，而是一种无争无斗的状态。 他们希望从本性中释放自己。 本着这样的目的，他们在冥想中寻求无象和虚无的状态。 我却恰好相反，我希望始终处于对本性和精神意象的活跃思考的状态中。 我既不想从人类中释放出来，也不想从自我中释放出来，更不想从本性中释放出来，因为所有的这些在我眼里都是最伟大的奇迹。 在我看来，本性、精神、生命就像是对神性的展开——对此，我还有什么不满足的呢？对我来说，存在的最高意义仅仅在于它的是，而不在于它的不是或不再。

对我来说，没有什么解脱是要付出一切代价的。 我不可能从我不曾拥有过、不曾做过、不曾经历过的东西中解脱出来。 只有当我做完了我力所能及的所有事情时，只有当我全身心地投入一件事，不遗余力地参与其中时，我才可能获得真正的解脱。 如果我中途退出，这无异于切断我精神上相应的那一部分。当然，如果我不想卷入某一次经历，我也能找到不错的理由。但这样的话，我就被迫承认了自己的无能，就一定会知道，自己可能漏掉了什么重要的事情没有做。这样一来，我会清楚地认识到自己的无能为力，从而弥补了缺乏积极行动的缺陷。

一个人不经历自己情感的地狱，是克服不了这些情感的。这些情感会蛰伏在隔壁的房子里，随时有可能窜出火苗，把我们自己的房子点着。如果我们放手的、遗弃的、忘记的东西太多，这些被我们忽略的东西随时有可能卷土重来，加倍地返还。

在科纳拉克（奥里萨邦），我遇到了一名梵学家。他很热心，主动提出和我一起前去参观神庙和神像。这座寺塔从头到尾全是雕刻精美的淫秽雕像。我们就这一奇观进行了长时间的交谈。他向我解释说，这是获得精神净化的一种方式。我反驳了他的说法，指着一群农民模样的年轻人，他们站在这塔前，垂涎欲滴地欣赏这些杰作。我说，这样的年轻人此刻哪里是进行净化，他们脑袋里更有可能的是装满了性幻想。他回答说："要的就是这一点啊。他们不先完成自己的业力，又怎么会变得净化呢？这些图案固然淫秽，但正是为了使人们想起自己的达摩（法则）才刻在这里的啊，不然的话，这些没有意识的家伙会记不起来。"

我觉得很奇怪，年轻人会忘记自己的性欲？那不就等于动物没有了发情期？然而，这位圣哲坚称，他们是和动物一样无知无觉的，确实需要一些训诫来应急。鉴于此，在踏入神庙之前，外面的雕饰会使他们想起自己的达摩，因为除非让他们意识到自己的达摩并完成它，否则他们无法参与精神的净化。

我们从大门进入庙内，我的同伴指着两名"妖妇"，那是两尊雕像，两名舞动的女子正挑逗地翘着臀，微笑着向所有进来的人致意。"看见那两个跳舞的女子了吗？"他说，"她们也是同样意思。当然，像我和你这样的人是不适用的，因为我们的意识已经达到一定水平，已经超越了这一类东西。但对于这些农民子弟来说，这样的教导和训诫是必不可少的。"

我们离开神庙，走在一条林伽①小道上。他突然问："看见这些石头了吗？知道它们什么意思吗？告诉你一个大秘密。"我很惊讶，因为我觉得三岁小孩都看得出这些雕像就是阳具。但他郑重其事地附在我耳边悄声说："这些石头就是男人的私处。"我还以为他会告诉我它们指的是主神湿婆呢。我惊愕地看着他，但他只是点了点头，很了不起的样子，似乎在说："是的，就是这样。想必你从来没想到过吧！你们欧洲人这么无知。"当我把这个故事告诉海因里希·吉穆耳时，他高兴地说："这回总算听到一些关于印度的真材实料了！"

我参观了佛祖作火诫的桑吉佛塔。当时，我被一种强烈的感情压得喘不过气来——每当遇到一种其意义尚未为我意识到的东西时，不管这种东西是人还是思想，我通常会产生这样的情感。佛塔坐落在岩山上，沿着一条大石板铺就的路可以到达山顶，路穿过一片绿茵之地，走起来很愉悦。佛塔是残存的坟墓或圣坛，呈半圆形，像两只巨大的饭碗叠在一起（凹面对着凹面），与佛祖自己在《大般涅槃经》中所规定的一致。英国人本着一种最为尊敬的精神对这里进行了修葺。这些建筑中，最大一栋围着围墙，围墙有四道精心制作的门。从其中一道门走入，路会变成左向，然后带你绕着佛塔顺时针绕行。东南西北四个方位都放着佛像。绕行一圈后，你会进入第二个更高的环道，同样是顺时针方向。远远地眺望平原，佛塔本身、神庙遗迹以及这块圣土上的那种孤寂深深地迷住了我。我告别了我的同伴，独自沉浸在这个地方的强烈气氛中。

不一会儿，一阵铿锵的锣鸣自远而近。一群日本朝圣者正一

---

① 印度教湿婆派和性力派崇拜的男性生殖器像。

个接一个迈着步子过来，每人手里敲着一面小锣。他们敲的节奏是古老的大明咒"嗡嘛呢叭咪哄"，每到"哄"字敲一声。到佛塔外面时，他们深深地鞠了一躬，然后穿过大门。来到佛祖的像前，他们又鞠了一躬，嘴里吟诵着赞美诗一样的曲调。他们完成了两圈绕行，每个佛像前都吟诵一曲。我注视着他们，精神和心灵随他们一起，心里默默地感恩，感恩他们在我的情感无以言喻时，以这样美妙的方式帮了我。

我的强烈情感表明，桑吉的这座山对我来说是某种中心的所在。这里向我展示了佛教新的一面，使我领会到，佛祖的生命就是自性的现实，因为自性已经破茧而出，并以个人生命自居。对佛祖来说，自性高于一切神，是代表人类存在乃至整个世界本质的一元世界。自性体现了两个方面，一是固有的存在，一是固有的存在为人所知。没有这两个方面，世界将不复存在。佛祖看到且领会到了人类意识在宇宙创世中的地位，因此，他清楚地知道，一旦人类熄灭了意识这盏灯，世界将陷入于无。叔本华的功绩也在于他认识到了这一点，或者说，他另外重新发现了这一点。

与佛祖一样，基督也是自性的体现，不过是在一种截然不同的意义上的体现。两者均代表着对世界的征服：佛祖是出于理性的洞见，而基督是出于命中注定的牺牲。基督教中更多的是受苦受难，而佛教中更多的是去看去做。这两条路都没有错，但就佛教的意义来说，佛祖这个人类要完整一些。佛祖是一个历史性人格，因此更容易为人们理解。基督既是历史人物，又是上帝，因此理解起来要困难得多。实际上，连基督自己也理解不了自己，他只知道他必须牺牲自我，只知道这个过程是从内心强加于他身上的。他的牺牲的降临就像是命运所为。佛祖走完了他的一生，寿终正寝；而基督以基督的身份活动的时间估计不超过一年。

后来，佛教经历了和基督教一样的转变：佛祖在某种程度上成了自性发展的意象,成了人们效仿的榜样。 而实际上,他传教时曾经说过,通过克服十二轮回,每个人都可以变成先知,变成佛祖。 同样,在基督教中,基督就是模范,他存在于每一个基督徒身上,是他们的完整人格。 然而,历史的潮流导致了效法基督的产生,个体不是走自己命中注定的路去追求完整,而是企图效仿基督走过的路。 东方也是同样情况,历史的潮流导致了人们对佛祖的热切效仿。 佛祖变成效仿的榜样,这本身就是对佛祖思想的弱化,正如对基督的效法预示着基督教思想的发展注定会停滞不前一样。 佛祖凭借自己的悟性,遥遥领先于梵天诸神;同样,基督也向犹太人大声疾呼:"你们是神"(《约翰福音》10:34)。 然而,人们没能理解他这句话的意思。 相反,我们发现,所谓的基督西方非但没有创造出一个新的世界,反而阔步迈向了将我们已有的世界毁于一旦的可能性中[①]。

  在印度,我被授予了三个博士头衔。 这三个头衔来自阿拉哈巴德、贝拿勒斯和加尔各答,它们分别代表着伊斯兰教、印度教以及英国—印度医学和科学。 这样的好事实在有点过了,我需要避一避风头。 刚好,我病倒了,在医院躺了十天,因为在加尔各答时,我终于染上了痢疾。 在新的感想多得像汪洋大海时,这简直是大海中的一个天赐的岛屿,我终于找到了一个立足之地,可供我思量万事万物以及它们之间剪不断理还乱的纠结。

  回到酒店时,我的病恢复得还算可以。 我做了一个梦,这个梦非常独特,我想在这里记录下来。 我梦见自己和一大群来自苏黎世的朋友和熟人在一个陌生的岛屿上,位置离英格兰南部的海岸大概不会太远。 那是一个很小的小岛,几乎没什么人住。 这是一个南北走向的狭长小岛,大约二十英里长。 小岛南端的岩岸上有一座中世纪城堡,我们一行人就在城堡的庭院里参观游览。

---

① 关于效法基督的问题,见《心理学与炼金术》第一部分。 ——原注

我们身前矗立着一座雄伟的塔楼，塔楼门内，一道很宽的石梯映入眼帘，刚好可以看出石梯的尽头上端是一个带柱子的大殿。殿内烛火昏暗。我明白了，这里就是圣杯城堡，今天晚上这里将举行一个"圣杯庆典"。这一消息似乎是保密性的，因为我们当中有一位德国教授，长得很像老年的莫姆森，他就不知道这个消息。我和他相谈甚欢，为他的满腹经纶和才华横溢所折服，唯独对一件事很不爽：他总是谈论已逝的过去，对英国与圣杯故事的法国渊源之间的关系高谈阔论。他显然没有意识到这个传说的意义，也没意识到这个传说现在还活着，而我对这两者的感知都是非常强烈的。而且，他似乎对当前的实际环境浑然不觉，因为他的行为给人的感觉就像在教室里给学生上课。我试图将他的注意力转移到当时情景的特别之处上去，但没有成功。不管是石梯，还是大殿里洋溢的喜庆，他都置若罔闻。

我有点不知所措地环顾四周，发现身旁是一座很高的城堡的墙，墙的下半部分是格子状，材质不是常见的木材，而是黑色的铁。格子连同叶子、缠绕的藤蔓和葡萄，巧妙地形成了一个葡萄架。横向的枝条上，每隔六英尺就有一个小房子，房子同样是铁制，像一个个小鸟舍。突然，我发现叶子间有动静，一开始感觉是只老鼠，但后来看清楚了，那是一个戴着头巾的铁制小精灵，一只黑色织头鸟，正一间房一间房地跑过去。"快，"我惊奇地对教授说，"快看那边，你会……"

这时，梦境中断，画面陡然一转。还是我们那群人，但教授不在其中。我们在城堡外面，那里是岩石地带，光秃秃的没有树。我知道即将有事发生，因为圣杯还不在城堡里，而晚上却要大举庆祝。听说圣杯在小岛的北部，藏在一个无人居住的小房子里，那是岛上唯一一个房子。我知道，将圣杯带回城堡是我们的任务。我们大概有六人开始出发，徒步向北边走去。

几小时的艰苦跋涉后，我们来到了小岛最窄的部分。我发现，这个岛其实被一湾海峡分作了两半，海峡最窄的地方大概是一百码宽。夕阳西下，夜幕降临。疲惫不堪的我们就地宿营。这一带荒无人烟，远近看不见一棵树，一丛灌木，有的只是荒草和岩石。既没有桥，也没有船。天气奇寒，伙伴们一个个睡着了，我在想怎么办才好。我得出了一个结论，那就是我必须独自一人游过海峡，拿到圣杯。我才脱去衣服，便醒了过来。

正当我对印度的千思万绪一筹莫展时，这个本质上属于欧洲的梦出现了。大概十年前，我就已经发现，在英国的很多地方，圣杯的神话仍然是活着的，尽管关于这一传说的学术研究已经堆积如山。当我意识到这个诗一般的神话与炼金术中不得不说的关于"一条管"、"一剂药"、"一块青金石"的话之间的一致性时，这样的事实更加深刻地印在了我的脑海里。白天已经忘却的神话，晚上还会接着讲，被意识贬为庸人和可笑的浅薄之人的强者形象，在诗人的重新认可下又预言般复活了过来，因此，"改头换面"的他们也可以为有思想的人认出来。过去的伟大人物并不像我们所想的那样已经死去，他们只是改名换姓了而已。"身虽小，气盖世"，蒙面的迦比尔进入了新的房子。

这个梦妄自清除了我对印度的所有深刻印象，将我扫回了被忽略已久的西方人的顾虑之中。之前在寻找圣杯、寻找哲人之石时，人们就已表达过这样的顾虑。我被带出了印度的世界，被提醒印度并不是我的任务，它只是带我接近我的目标的一部分路程，尽管这部分路程的重要性也不可否认。这个梦似乎在问我："你在印度干什么？还不如为你自己和你的同胞寻找救世主，寻找那个治疗器皿。这才是你迫切需要的，因为你现在的状态如履薄冰，一不小心，你就会毁掉世世代代以来所建立起的一切。"

锡兰是我印度之旅的最后一站。这个地方给我的感觉是它不再是印度，它已经有一种南太平洋的感觉在里面。这里很有些天堂的意味，令人流连忘返。科伦坡是一个繁忙的国际性港口，每天五点到六点之间，朗朗晴天都会下起倾盆大雨。我们很快将科伦坡抛在身后，前往内地的丘陵地区。康堤，这座昔日的皇城，正笼罩在一片纯纯的雾中,温润的雾气使得该地草丰木茂,一片葱茏。达拉达·马利夏瓦庙很小,但散发出一种独特的魅力,庙内供奉着佛牙(佛祖的牙)。我在庙内的藏经室中呆了好些时间,与僧侣们谈谈天,浏览浏览刻在银叶上的佛经全集。

在这里,我目睹了一节难忘的晚课。年轻男女将大堆大堆的茉莉花倒在圣坛前,同时压着嗓子吟诵祷文——一种明咒。我以为他们在向佛祖祷告,但为我作向导的那名僧人说:"不是的。佛祖已经不再,他已经涅槃。我们无法向他祷告。他们唱的是:'此生易逝,一如这花儿之美,愿我主[①]与我分享这一祭品的福祉。'"

晚课的前奏是为时一小时的鼓乐会。鼓乐会在曼达帕姆举行。在印度的寺庙中,曼达帕姆又称候堂。鼓手共有五人,方形大厅每个角落各站一人,另外一人站在厅子中间。站中间的是一名年轻人,他单独表演,鼓敲得非常好。他赤裸着腰身,深褐色的身躯泛着亮光。他红色腰带,白色正嘉(一种长至脚边的长裙),白色头巾,手臂上戴满了闪闪发亮的镯子。他背着双面鼓,走近金色的佛祖,"献上音乐"。他独自敲着奇怪的旋律,身体和手臂随之优美舞动,很有艺术感。我从后面看着他,他站在候堂入口前,候堂里摆满了小小的油灯。鼓声诉说的是腹部和心窝的古老语言,腹部并不"祈祷",而是产生出"功德无量"的咒语或冥想性话语。因此,这并不是对不存在的佛祖的崇拜,而是觉醒的人类的众多自我救赎行为中的一种。

春天快来时,我开始打道回府。脑海中的印象过多过剩,以至于我完全没有下船去到孟买看一看的欲望,而是埋头于我的拉丁文炼金术专著中。然而,印度也并非过眼云烟不留痕迹;它所留下的,是从一种无穷通向另一种无穷的轨迹。

[①] 主=提婆=保护神。——原注

5. 拉文纳和罗马

1913年第一次参观拉文纳时，我便已觉得加拉·普拉奇迪亚陵墓意义重大，魅力非凡。二十年后故地重游，我仍然是同样的感受。身在加拉·普拉奇迪亚陵墓，我再次陷入了一种奇怪的心境中，再次深深地受到触动。和我一起的还有一个熟人，我们从陵墓直接进入了东正教洗礼堂。

洗礼堂里，最先吸引我的是充斥于大堂中的柔柔的蓝光。但我对此一点也不觉惊讶。我没想过去解释这种光的来源，因此对没有任何明显来源的光这一奇迹并不在意。我之所以有点惊讶，是因为有一个地方，我记得第一次参观时明明看见的是窗户，现在却成了四幅巨大的马赛克壁画，非常漂亮。看来，我已经完全忘记了这些壁画的存在。发现自己的记忆力如此不可靠，我非常懊恼。南边的马赛克象征着约旦河里的洗礼；第二幅画，即北面的画，是以色列儿童横渡红海的情景；第三幅画，即东面的画，很快从我的记忆里褪色了，有可能画的是乃缦在约旦河里洗去麻风病的情景。我藏书室里那本很老的《马里安圣经》中，就有一幅画是这样主题，和这里的马赛克非常像。第四幅马赛克在洗礼堂的西面，是最引人注目的一幅。我们最后才看到这幅画。画中的情景是基督向彼得伸出一只手，而彼得正沉没在波浪中。我们在这幅壁画前站了至少二十分钟，讨论最初的洗礼仪式，特别是古代对洗礼的奇怪概念：洗礼是一种与真正的死亡危险相关的开始。这样的开始通常与死亡危险联系在一起，因此有助于表达死亡和重生这样的原型思想。洗礼原先是真的浸在水里，这至少意味着有淹死的危险。

我对彼得下沉的马赛克画保留了最清晰的记忆，时至今日，我对其中的每一个细节仍然历历在目：蓝蓝的海水、马赛克的每一片、从彼得和基督口中引出的铭文。我当时想破译他们的对话内容。离开洗礼堂后，我立即去阿林那利买马赛克的照片，但一张也没找到。时间很紧——这只是一次短期参观——因此我只好推迟到后来再买。我觉得可以从苏黎世订购。

回家后，我托一位要去拉文纳的熟人帮我带照片。但他没找到，因为他发现我所描述的那些马赛克壁画根本不存在。

当时，我已经在一次研讨会①上讲过关于洗礼的最初概念，而且值此场合提起了我在东正教洗礼堂中见过的那些马赛克壁画。如今，我对这些壁画的记忆还非常清晰。和我一起参观的那位女士一直不愿相信她"亲眼所见"的东西竟然会不存在。

众所周知，要确定两个人是否同时看见了同一个东西，在什么程度上看见了同一个东西，是很困难的。但在这件事情上，我可以肯定，我们共同看到的东西的主要特征至少是一致的。

拉文纳事件是我一生中最奇异的经历之一。这件事几乎无从解释。在加拉·普拉奇迪亚皇后（公元450年卒）的故事中，有一件小事也许能够说明什么。一次，普拉奇迪亚从拜占庭渡海到拉文纳，时值最寒冬天，海上风雨交加，她发誓，倘若能顺利挺过这一关，她一定要建一个教堂，将海上的凶险展现在教堂里。她谨遵自己的誓言，在拉文纳建立了圣乔凡尼大教堂，并在教堂内饰以马赛克壁画。中世纪初，圣乔凡尼大教堂及壁画被付诸一炬，但在米兰的安布罗西亚纳，人们仍然可以看到一幅画着船上的加拉·普拉奇迪亚皇后的草图。

自第一次参观起，我个人便受到了加拉·普拉奇迪亚这个人物的影响。我时常想，这样一个修养极高、极难伺候的女人，生活在一个野蛮君王一侧，会是怎样的情景。在我看来，她的陵墓

---

① 1932年密宗瑜伽研讨会。——原注

是最后一件可以让我从中抵达她的人格的遗物。 对我而言，她的命运，她整个人，都是鲜活地存在着的。 个性极强的她，是我的阿尼玛的恰当体现。①

男性的阿尼玛有着很强的历史特征。 作为无意识的一种人格化，阿尼玛回溯至史前时期，把过去的内容体现出来。 阿尼玛向个体提供了他应该知道的关于他的史前历史的那些要素。 对于个体而言，阿尼玛就是他身上过去曾经存在、如今也依然活着的全部生命。 相比于阿尼玛，我总觉得自己是一个完全没有历史的野蛮人——一个横空出世的、没有过去也没有未来的造物。

实际上，在直面阿尼玛的过程中，我险些遭遇了我所看见的壁画中所展现出来的那些危险。 我离溺水已经非常接近。 发生在彼得身上的，也发生在了我的身上。 彼得大声呼救，被耶稣救了下来。 法老军队的命运，有可能曾经是我的命运。 和彼得、乃缦一样，我成功脱身，毫发无损，无意识内容的集结对我人格的完整作出了关键性的贡献。

一个人将之前无意识的内容与意识结合起来时，他内心所发生的事情几乎是无法言传的，只能用来体会。 这是主观事件，没有讨论的余地。 我们对自己，对自己的样子，都有一种特有的感觉。 这样的事实不容怀疑，也没有怀疑的意义。 同样，我们带给他人也是一种特有的感觉，这样的事实也不容置疑。 据我们所知，并不存在什么更高的权威，可以消除所有这些印象和观点之间的可能性差异。 一种变化的产生是不是融合的结果，这一变化的性质是什么，这都是主观上去相信的问题。 当然，这不是科学上可以证明的事实，因此在这个世界的官方观点里没有立足之

---

① 根据荣格自己的解释，这一幻觉是无意识制造的一种新的瞬时性幻觉，这种幻觉源自他关于原型起源的思想。 用他的观点来说，这种具体化的直接原因是他的阿尼玛对加拉·普拉奇迪亚发生了投射。 ——原注

所，但它仍然不失为一种在实践中具有非凡重要性的、充满了各种后果的事实。现实主义的精神治疗师以及对治疗感兴趣的心理学家，无论如何不能忽视这一类事实。

自从有了拉文纳洗礼堂的经历，我便确切的知道，内在的东西可以看起来像外在，外在的东西也可以看起来像内在。洗礼堂真实的四壁肯定已经为我的肉眼所见，却又被某种看起来完全不同的幻觉所覆盖，那种幻觉完全真实，真实得好像没改变过的洗礼池一样。此时此刻，哪一个才是真的呢？

这样的事绝非仅此一件。但发生这一类事情时，你会不由自主地对它认真，比眼睛看到耳朵听到的还要认真。一般来说，出现了这样的奇闻轶事，你会迅速想出各种各样的解释来解开这个谜。我的结论是，关于无意识的任何理论，我们必须要经历很多很多这方面的东西，才能盖棺定论。

我一生中旅行无数。我本来很想去一趟罗马，但又觉得自己不一定能胜任这个城市带给我的印象。光是庞培就已经够我受了，庞培给我的印象差点超出了我的承受能力。我是经过1910年至1912年的研究，对古典时期的心理有了一定的见解之后，才去了庞培的。1912年，我从热那亚乘船到拿不勒斯，船行接近罗马的纬度时，我凭栏而立。那边便是罗马，古代文明正是从这里传播开去的。包围在基督教和西方中世纪乱作一团的基建之中，这个熔炉却依旧浓烟滚滚，烈焰炎炎。在那里，古典时期仍然灿烂而又残酷地活着。

我一直不明白，人们能去巴黎，能去伦敦，为什么非要去罗马。诚然，罗马和这些城市一样，也是一种美学上的享受，然而，如果你每走一步，都被那里笼罩的精神所影响，一直影响到你存在的深处；如果这里一堵断壁，那里一段残柱，以一种你立即就能认出来的面容注视着你，那么，这件事就会完全变成另一件事。甚至在庞培，也有意料之外的景象展现眼前，也有意想不到的事物变得有意识,也有我无力回答的问题向我抛来。

  1949 年,年迈的我本想弥补这一缺漏,买票时却两眼一黑晕了过去。 从此,去往罗马的计划便永远搁置了起来。

第十章 幻觉

1944年初,我先是摔伤了腿,然后又心脏病发作,可谓祸不单行。在无意识的状态下,我出现了妄想和幻觉,这些妄想和幻觉肯定是在我濒于死亡边缘,被输送氧气和注射樟脑液时开始的。当时幻影幢幢,使我断定自己一定快死了。护士后来告诉我:"你好像笼罩在一片亮光之中。"她还说,这是一种她在临死之人身上偶尔会看见的现象。我已经到达最外的外端,分不清自己是在梦里,还是在灵魂出窍。总之,我身上开始发生非常奇怪的事情。

我仿佛身在高空,遥望下方沐浴在绚烂蓝光中的地球。我看见蔚蓝的大海和片片陆地。脚下很远的下面是印度锡兰,前方很远的远方是印度次大陆。我的视野无法囊括整个地球,但地球的形状却清晰可辨,其轮廓在一片蔚蓝中闪耀着银色的光芒。地球很多地方看起来不是彩色,就是像被氧化的银器那样墨绿点点。左边很远的远处是很大的一片——那是黄中带红的阿拉伯沙漠,似乎那里的银色被染上了一层略带红色的金色色调。然后是红海,然后,往后很远很远的地方——就像地图左上方那样——我仅能看出一点点地中海的样子。我将目光主要聚焦此处,其他一切均显得模糊起来。我还能看见白雪皑皑的喜马拉雅山,但这个方向看云雾蒙蒙的。我一点也不往右边看。我知道,我就要离开地球了。

我后来发现了要在多高的高空才能获得如此开阔的视野——差不多要一千英里！从这个高度俯瞰地球，是我见过的最美的美景。

我凝神注视了一会，然后转过身。我本来可以说是面向北方，背向印度洋的，这时似乎成了面向南方。新的景象进入了我的视野。我看见太空中不远处有一块巨大的黑色石块，像一颗陨石，大概有我家房子那么大，甚至更大。它悬浮在太空中，我也悬浮在太空中。

我在孟加拉湾海滨见过类似的石头。那是一块块黄褐色的花岗岩，其中一些已经被凿空，形成了一座座寺庙。我的石头正是这样的黑色大石块。入口通向一个小小的前厅，入口右手边有一名印度人，白色长袍，皮肤黝黑，正在一张石凳上以莲花坐的姿势无声地打坐。我知道他在等我。台阶两段，可以通往前厅，厅内左方是寺庙的大门。门的四周，小壁龛数不胜数，每个壁龛都有一个碟状的凹槽，里面装着椰子油和燃着的小灯芯，明亮的火焰将门口围成了一圈。实际上，我曾经见过这一幕，那是在参观锡兰康堤的佛牙寺的时候，我看见大门被好几排这样燃着的油灯框了起来。

正当我走近通往大石入口的台阶时，怪事出现了：我感觉所有的一切正在脱落，所有我目光扫过的，心中想到的，希望得到的，所有虚虚幻幻、真真假假的尘世存在，全都剥落开来，或者从我身上剥除——这是个痛苦万分的过程。但还是有一些东西保留了下来。现在，我似乎携着我经历过或做过的一切，发生在我身边的一切。我大可以说，它们与我一道，我就是它们。也就是说，我由这一切组成。我由我自己的历史组成。我非常肯定地觉得，这就是我。"我就是这一揽子的过去和过去完成时。"

这一体验使我既感到极端的贫瘠，又感到极大的圆满。我已经无欲无求。我以客观的形式存在，我是我的曾经，我曾经的人生。一开始,我主要受毁灭感支配,总感觉自己被剥夺了什么,被掠去了什么。但突然间,这些都变得不重要了。所有的一切似乎成了过去,留下的是一种既成的事实,与过去没有任何关联。再也没有那种东西渐渐消失或东西被夺走的遗憾。相反,我拥有我曾经的一切,而这,就是一切。

另外有一件事引起了我的注意:向寺庙走近时,我非常肯定,我即将进入一间灯火通明的房中,即将遇到现实中与我同属的所有人。在那里,我终会明白——这一点我也很肯定——我或者我的人生到底归入了怎样的历史结点。我会知道,在我之前曾经是什么,我为什么会存在,我的生命正流向何方。我常常觉得,我所走过的人生就像一个无始无终的故事。我感觉自己是一个历史片段,是一段没有了上下文的节选。我的人生似乎是从一长串事件链中截取出来的,很多问题仍然没有答案。为什么它走的是这样的历程?我为什么会带着这样一些假设?我把这些假设做成了什么?接下来又是什么?我可以肯定,只要我一踏进这座岩寺,我就会得到一个答案,这个答案将回答所有的这些问题。我会知道,为什么这一切是这样而不是那样。我会遇到那些知道答案的人,他们会告诉我之前曾经是什么,之后又会怎么样。

我正思考这些问题时,一件事吸引了我的注意力。从欧洲方向的下方,远远地漂来了一个影像。那是给我治病的 H 医生——更确切地说,那是他的画像,他被一条金色的锁链或金色的桂冠框了起来。我立即意识到:"啊哈,这是我的医生,当然也就是医我的那个人。但现在,他以自己的原形出现,成了科斯的一个巴赛勒斯①。在生活中,他是该巴赛勒斯的化身,是这个自始以来便已存在的原形在现世的体现。现在,他正以该原形现身。"

---

① 巴赛勒斯=国王。科斯在远古时很有名,是艾斯库累普神庙所在地,也是希波克拉底主义的起源地。——原注

想必我当时也处于自己的原形之中。但我并没去注意这一点，我只是觉得应该是这样而已。H医生在我面前站定后，我们进行了无声的思想交流。他是地球派来报信的，他告诉我，我的离开引发了抗议。我无权离开地球，必须回去。听到这里时，幻觉结束了。

我深感失望。现在，所有的一切都成了徒然。痛苦的剥离过程成了白费劲，我没被允许进入那间寺庙，去加入我所属于的群体。

在现实中，我又过了整整三个星期，才真正做出了再活下去的决定。我无法进食，吃什么都反胃。从病床上看去，城市和山峦在我眼里既像一块到处是黑洞的彩绘幕布，又像一张印满了毫无意义的图片的烂报纸。我心灰意冷，心想："现在我又要回到那个'吊箱系统'中去了。"因为我觉得，在宇宙的天际线之外，一个三维的世界已经人为地建了起来，在那里，每个人独自坐在一个小小的箱子中。而现在，我竟然还得重新让自己再信一次这是重要的！我本就觉得人生以及整个世界就是一个牢狱，而现在却发现一切又回归了正位，这实在令我厌烦至极。我本来很高兴甩掉了这一切，现在却和其他所有人一起，又被一根绳子吊在了箱子之中。当我飘在太空中时，我没有重量，不会被什么东西拉拉扯扯。而现在，一切都已经是过去式了！

我对H医生怀有强烈的反感，因为是他将我救活了过来。但我同时又很担心他。天哪，他有生命危险！他以原形出现在我面前！人若以这样的形式现身，则意味着他离死期不远了，因为他已经属于那个"更为庞大的群体"！突然，一个可怕的念头出现了：H医生会代我去死。我拼命将这件事告诉他，但他不明白我的意思。我于是对他很生气。"他为什么老是装作不知道自己是科斯的一个王呢？他明明已经现出原形了啊。他想让我相信他并不知情！"这令我很恼火。妻子责怪了我，说我对他很不友好。她说得对，但当时我生他的气是因为他冥顽不灵，不愿意谈起那次幻觉中我们之间发生的事情。"该死的,他应该防着点,他无权这么疏忽大意!"我坚决认为,他的生命已经岌岌可危。

果不其然,我成了他最后一个病人。 1944年4月4日——日期我还记得清清楚楚——我被允许在床沿边坐起来,这是自生病以来第一次。 就在这一天,H医生病倒了,再也没能起来。 我听说他一直断断续续地发着高烧,没多久便死于败血症。 他是位好医生,很有些天才的意味。 不然的话,他不会以科斯国王的形象出现在我面前。

那几个星期里,我的生活节奏很奇怪。 白天,我经常郁郁寡欢,觉得很虚弱,很不开心,几乎不敢怎么动。 我闷闷不乐地想:"现在我必须回到这个了无生气的世界中去了。"黄昏一来,我会沉沉睡去。 睡到半夜,我会醒过来,醒个把钟头,但状态却完全变了样。 我仿佛灵魂出窍,在太空中飘浮,安然于宇宙的子宫中——那是一种巨大的虚空,但充满了最高层次的喜乐感。"这就是极乐,"我想,"这是无法形容的。 这种感觉实在太妙了!"

周围的一切也像着了魔般。 每晚的这个点,护士会把食物加热了送过来,因为只有这时我才能吃一些,才有胃口进食。 有那么一会,我觉得她似乎是一名很老的犹太妇女,比她实际中要老得多,似乎正和往常一样,为我准备着合适的菜肴。 我向她看去时,她头顶似乎有一圈蓝色的光环。 而我自己似乎正置身石榴园①中,提非瑞神和玛丘斯神的婚礼正在进行,又或者说,我是犹太拉比西门·本·约赛,正在举行他来世的婚礼。 这就是犹太神秘学派卡巴拉的传统中出现的那场神秘婚姻。 我说不出这有多么美妙。"这就是石榴园! 这就是提非瑞神和玛丘斯神的婚礼!"我不知道自己在其中到底扮演什么角色。 实质上,婚礼就是我,我

---

① "石榴园"是一本古老的卡巴拉册子的标题,作者是卡巴拉的伟大先知摩西·戈多维罗(十六世纪)。 在卡巴拉学说中,提非瑞神和玛丘斯神是上帝从隐身状态进行神圣显现的十种身份的其中两种。 他们分别代表神性里的男性法则和女性法则。 ——原注

就是婚礼。我的至福就是一场幸福婚礼的至福。

渐渐地，石榴园褪去了，变了样。接下来是羔羊的婚筵①，在装饰得喜气洋洋的耶路撒冷进行。我无法详细描述那种感觉。那是一种不可名状的欢愉状态。天使们都在场，还有光。我自己就是"羔羊的婚筵"。

这一画面也消失了，随之出现了一个新映像。这是最后一个幻觉。我走在一个宽阔的峡谷里，一直走到尽头。平缓的丘陵从这里开始延绵。峡谷尽头是一个古典露天剧院，坐落在绿水青山中，一派富丽堂皇。剧院中正在举行圣婚。男男女女同台献舞，繁花作锦的长榻上，众生之父宙斯和赫拉完成了神秘的婚礼，和《伊利亚特》中描述的一样。

所有这些体验都太美妙了。我夜复一夜地漂浮在一种至纯的极乐状态中，"簇拥在世间万物的影像之中。②"渐渐地，各种图像融合起来，褪了颜色。幻觉通常持续一个小时左右，然后我会再度入睡。早上，天快亮时，我会觉得：苍白的早晨又要来了，苍白的世界和那些个箱子又来了！这是何等白痴，何等丑陋而无意义！那些内在状态如此瑰丽，相比之下，这个世界显得荒谬十足。随着我渐渐恢复生命力，我的幻觉也越来越弱，第一个幻觉后三周不到，幻觉便完全结束了。

幻觉出现时，要表达出那种美，那种情感的强度，是不可能的。这些幻觉是我体验过的最奇妙的东西。与白天一比，那是怎样的落差啊：我痛苦，焦躁，什么东西都能激怒我，什么东西都太实在，太粗浅，太笨拙，不管是在精神上还是空间上都有限得可怕。所有的这些都是禁锢，其中的原因不可能猜得出，但它有一种催眠的力量，一种说服力，似乎那就是现实本身，尽管我

---

① 出自《圣经·新约》。羔羊即基督耶稣是新郎，新妇是教会，意思是基督就要与教会合一，永远在一起。
② 见《浮士德》第二部。——原注

切实感受到了它的虚无。 虽然我对世界重新恢复了信念,但从那以后,我一直没有完全抛弃过这样的印象:此生是存在的一个片段,而存在发生在一个特意为它而建的箱子一样的三维宇宙里。

还有一件事我记得非常清楚。 一开始,处于石榴园的幻觉中时,我对护士说,如果不小心伤了她,请她原谅。 我说,这房间里存在着如此这般的圣洁,这种圣洁可能会伤害到她。 当然,她不明白我在说什么。 我觉得,圣洁的出现会伴有一种神奇的气氛,我担心这样的气氛其他人会难以忍受。 于是我明白,人们为什么会提到圣洁的气味,说圣灵"有一阵芬芳"。 现在就是这样。 病房里有一种灵气,来自那不可言传的圣洁,其表现形式就是"神秘的融合"。

我从没想过这样的体验会成为可能。 这不是想象出来的东西。 这些幻觉和体验绝对是真的,并没有什么主观色彩在里边。它们全都属于绝对客观的性质。

我们避而不谈"永恒"这个词。 但我只能将这种体验描述为灵魂出窍这样一种集过去、现在、未来为一体的非时间状态。 发生在时间里的一切全部汇总,成了一个具体的整体。 没有什么东西分散在时间里,没有什么东西可以用时间概念来衡量。 这种体验定义为一种感觉状态可能最好,但这决不是靠想象可以创造出来的。 我怎么能够想象自己同时存在于前天、昨天、今天和明天? 有些事情还没开始,有些事情确实存在,有些事情已然结束——但所有的这一切,终将成为一体。 感觉唯一能理解的东西是一个总括,一个彩虹色的整体,它同时包含了最初的期待、对当下所发生事情的惊讶、对已发生之事的结果的失望或满意。 人融进一个无以名状的整体,但是以一种全然的客观性来看待这个整体。

过些时候,我又体验了一次这样的客观性。 那是在我妻子过世之后。 我在梦里看见了她,感觉就像一个幻觉。 她站在一定的距离之外,直直地看着我。 她风华正茂,大概三十来岁,穿着很多年前我的灵媒表妹给她做的那条裙子。这也许是她穿过的最漂亮的衣服。她的表情既没有高兴,也没有悲伤,而是显得很客观、很睿智、很明白事理的样子。她一点情绪反应都没有,仿佛已经超然情感的迷雾。我知道这不是她,而是她自己做或托人给我做的一幅画像,其中包含了我们感情的开始,结婚五十三年来的点点滴滴,还有她生命的终结。与这样的整体性面对面时,你会一直说不出话来,因为这几乎无法理解。

我在这个梦以及那些幻觉里所体会到的客观性是已经完成的自性化的一部分。它意味着脱离了各种评价,脱离了我们所说的情感纽带。一般来说,情感纽带对人类非常重要,但情感纽带仍然包含着投射,为了达到自我,达到客观,从这些投射中退出身来是非常关键的。情感关系是欲望的关系,会受到约束和压制的侵染。对他人有所期待,会使得他人以及我们自己都不自由。客观的认知隐藏在情感关系的引力背后,它似乎就是那个中心秘密。只有通过客观认知,才有可能达到真正的"融合"。

大病一场后,我开始了一段成果丰硕期。我的很多重要作品都是这时才写的。我所获得的洞见,我所获得的关于万物的终结的幻想,给了我开始新构想的勇气。我不再想着让别人接受我的观点,而是顺着自己的思路去走,于是,问题一个接一个地在我脑海里呈现,成形。

另外,还有一件事是我生病时想到的。我不妨将其表述成肯定事情原来的样子:不管我所看到所了解到的是什么生存环境,不管我生来是怎样一个人,均无条件地接受,不带任何主观性反对。刚生病时,我觉得自己的态度出了些问题,觉得发生不幸自己有一定程度的责任。然而,当一个人循着自性化的路去走,当他走的是自己的人生时,他必须得犯错。不犯错,人生就不会完整。谁也不能保证——哪怕是一刻钟——我们不会碰上错误,不会误入致命的危险中。我们也许觉得有一条路是确定的。是的,但那是条死路。走上这条路,就再也不会有任何事情发生——至少，再也不会发生正确的事情。 谁走上确定的路，谁就相当于已经死去。

病愈之后，我才明白，肯定自己的命运是多么重要。 只有这样，我们才能锻造出一个发生无法理解的事情时不会崩溃的自我；一个经受得住现实，能够应对世界、应对命运的持久的自我。 这样的话，经历失败也就是经历成功。 没有什么会受到打扰，不管是内在还是外在，因为人自己的连续性已经抵挡住生命之流和时间之流。 但这一点只有在一个人不对命运的运作寻根问底地加以干预时，才会实现。

我还发现，人必须接受那些自发出现在心里的念头，将它们当作自己现实的一部分。 当然，真与假的范畴总是存在的，但因为这样的范畴没有约束力，所以它们居于次要地位。 想法的存在比我们对它们的主观判断更重要。 但我们也必须不能抑制这些判断，因为它们也是实在的想法，也属于我们完整性的一部分。

第十一章 论人死之后

关于来世，关于人死之后，我所要说的内容完全由回忆、我亲身体验过的意象以及那些曾带给我冲击的思考所构成。这些回忆也以某种方式构成我作品的基础，因为这些作品从根本上说不过是一些从未间断的尝试，尝试解答"此生"与"来世"是如何相互影响的。然而，我从没有明确描写过死后的生活，因为这样一来我就必须提供书面证据证明我的想法，我没有办法做到这一点。虽然如此，我还是想在这里陈述一下我的想法。

话说回来，我能做的仍然只是讲故事——"讲述神话"。也许人必须接近死亡，才能获得必要的自由，以便自如地谈论死亡。并不是说我希望我们还有死后的生活。事实上，我更偏于不鼓励这类想法。可是，为了尊重事实，我必须要说，即便我并无意愿，也从不去刻意为之，这类性质的想法仍旧萦绕在我的内心。我不能说这些想法是对是错，但我确实知道它们就在那儿，而且是可以表达出来的，只要我不以某些偏见去压抑它们。偏见会损毁完整的精神生活现象，使其变得残缺。而且，我对精神生活也所知甚少，我不觉得自己能以高超的心理知识正确地定位心理生活。很明显，批判性的理性主义已经将死后生活的概念连同其他的许多神话概念一起淘汰掉了。这种现象的出现，可能恰恰就是因为现在的大多数人几乎仅仅把自己等同于意识，他们想象自己就是他们所知道的自己。 然而，只要是懂点心理学皮毛的人，都能看到这种认识是多么局限。 理性主义和教条主义是我们时代的疾病，它们假装能带来一切答案。 但是，还有许多东西等待着人们发现，可是我们当前狭隘的观点却将它们排斥在外，认为其根本是不可能的。 我们对时间和空间的概念只能说是近似正确的，因此很大一片领域内都存在着或大或小的偏差。 有鉴于此，我密切倾听精神的奇怪神话，仔细观察来到我身上的各类事件，不论它们是否吻合我的理论假设。

不幸的是，人类的神话一面如今却被人忽视。 人再也创造不出神话了。 人类也因此损失良多，因为谈论那些难以理解的事情也是重要而有益的。 这样的谈话就像是大家坐在火炉边，边抽烟边讲精彩的鬼故事。

关于死后生活的神话或故事所真正包含的意味，或者其背后有着什么样的真实，我们当然是无法知道的。 除了作为拟人化的投射所具有的毋庸置疑的价值之外，我们没法断言，这些神话或故事是否还有着别的合理性。 不过，我们心里必须清楚，对于超出我们理解的事物，我们根本无法获得确信。

我们无法想象另一个遵循着大不相同的法则的世界，因为我们活在一个具体的世界里，它协助我们形成心智，建立起基本的精神状态。 我们被自己的先天结构所严格限制，因而也就被我们的全部存在以及我们对这个世界的思考所限制。 当然，神话的人需要"超越这一切"，但科学的人却不允许如此。 于理智而言，我讲述的所有神话都是无意义的推测，但于情感而言，它却是疗愈而有效的行为，它赋予存在以一种魅力，没了这种魅力，我们也就不愿去行动了，而且我们也没有任何理由去行动。

死者会显现自己——不论是以鬼魂的形式还是通过媒介——传达着只有他们自己可能知道的事情。 超心理学认为，这就是证明存在来世的科学证据。 然而，即便真的存在充分文献证明此类事例，疑惑也依旧存在：这些鬼魂或者声音真的就是死者本人，还是一种精神投射；其中的话真的是源自逝者，还是源自无意识中可能存在的认知。①

抛开理性对这类事件的确实性的质疑不说，我们一定不会忘记，对大多数人来说，若能假定他们的生命将超越现世的存在而永生永续，这将带给他们巨大的意义。他们会活得更加明智，感觉更好，也更加平和。一个人若是拥有几个世纪，拥有难以想象的光阴供其支配，那么这一世干吗要这么无意义地疯狂奔忙呢？

当然，这样的推理并不适用于每一个人。有的人对永生不朽毫无兴趣，有的人想到自己要在云端之上抚琴万年就觉得害怕。也有不少人，生活备受打击，或者对自己的存在感到厌恶，于是倾向于选择彻底中断延续。但是对大多数人来说，永生这一问题如此迫切，如此直接，如此根深蒂固，以至于我们必须努力对这个问题形成某种观点。但是，怎么形成？

我的假设是，我们可以借助无意识（比如梦）所传达的提示去进行这一工作。通常，我们会忽略这些提示，因为我们相信这个问题是不容解答的。为了回应这种可以理解的怀疑，我提出了以下的一些考虑。如果存在某种我们无法知道的东西，我们必须要把它当作一个理性问题来放弃。比如说，我并不知道宇宙为什么会存在，也永远不会知道。所以，我必须将之当作一个科学问题或理性问题来放弃。但是，如果某个与之相关的想法来到我身上——在梦中，或者在神话传说中——我就应该把它记录下来。我甚至应该依据这种提示去建立一种概念，虽然这种概念可能永远只是一个假设，一个我知道不可能证明的假设。

一个人应该能够说，他已经尽力去构建一种关于死后生活的概念，或者创造一些有关死后生活的意象，即便他必须坦诚他的失败。如果没有这样努力过，那就是一种重大的损失，因为摆在

---

① 关于无意识中的"绝对认知"，见《共时性：一种非因果性的联系法则》，载于《精神的结构与动力学》。——原注

他面前的那个问题正是人类古来已有的遗产：一种富于神秘生活的原型，它致力于将自己添加到我们本身的个人生命中来，从而使自己变得完整。 理性给我们设下了太过狭隘的界限，只让我们接受已知的东西——而已知的东西也有局限——活在已知的框架中，就好像我们已经确切知道生命真正所能延展的广度。 事实上，我们的生活在日复一日中远远超出了意识的边界，没有我们的认识，无意识生命也依旧在我们的内部运转着。 批判性的理性越是居于主宰，生命就越是贫瘠；然而，无意识越多，我们就越能够将神话变得有意识，我们的生命就越是完整。 被过分高估的理性与政治上的专制主义在这一点上是相同的：在其统治之下，个体会变得贫瘠。

无意识通过与我们交流或者制造形象化的暗指来帮助我们。它能用其他方式向我们传达我们通过一切逻辑都不可能知道的东西。 我们可以想一想共时性现象，想一想预兆，想一想在现实中应验的梦。 我还记得二战期间的一次事情，当时我正从波林根返回家里。 我身边带着一本书，但却无法阅读，因为从火车出发那一刻起，我就被某个意象攫住了。 那意象是一个人正在溺水。在我的回忆中，那是我在服兵役时期发生的一件意外。 整个旅途中，我都无法摆脱这个意象。 我觉得这很离奇。 我想："到底发生了什么？ 会不会是出了什么意外？"

我在埃伦巴赫下了火车，走回家里，仍旧被这段记忆困扰着。 我二女儿的孩子正在花园里。 当时，由于战争的缘故，他们一家从巴黎返回瑞士，和我们住在一起。 孩子们站在那儿，看起来很沮丧。 我问："怎么啦？ 出什么事了？"他们告诉我，阿德里安掉到船库的水里了。 阿德里安是当时的孩子中最小的一个。 那儿的水很深，他又没完全学会游泳，所以差点溺水身亡。是他哥哥把他捞了上来。 这件事发生的时间恰好就是我在火车上突然遭遇那个回忆的时间。 是无意识给了我一个提示。 为什么无意识不能同样告知我其他事情呢？

我妻子娘家的一个人去世之前,我也有过类似的经历。 我梦到妻子的床是一个围着石墙的深坑。 那是一座墓穴,显示出一些古典时期的迹象。 然后我听到一声深深的叹息,仿佛有人快要咽气了。 一个和妻子很像的人从坑里坐了起来,向上漂浮。 她穿着白色长袍,上面绣着奇怪的黑色标志。 我醒了过来,叫醒妻子,看了下时间,是凌晨三点。 这个梦太怪异了,我立刻想到这可能意味着谁死了。 七点时,消息传来,说妻子的一个堂姊在凌晨三点去世了。

这通常是一种预知,而不是一种认识。 我曾梦到参加一个花园派对。 在那儿我看到了我妹妹,这使我大为吃惊,因为她若干年前就已去世了。 我的一位去世了的朋友也同样在场。 剩下的则都是还活着的人。 不一会儿,我看到我妹妹身边陪着一位我很熟悉的女士。 在梦里我就知道,这位女士就要死了。"她被选中了,"我想。 梦境中,我清楚地知道她是谁。 我还知道她住在巴塞尔。 可一醒来,我却再也想不起她是谁,即便我心里怀着这世上最良好的意愿。 不过,整个梦境在我脑海中仍然历历在目。我把自己在巴塞尔的熟人全画了出来,看看记忆中的意象能不能给些提示。 结果,什么也没有。

几周之后,我接到消息说我的一位朋友遇到一场重大事故。我立马知道她就是我梦中见到却确定不了的那个人。 我对她的回忆可以说是完整清晰,细节丰富,因为她做了我相当长时间的病人,一直到她去世前一年。 可是,当我试着回想梦中的人物时,按理说她应该是我最先想到的人之一,可是她的形象并没有出现在我所画的巴塞尔熟人的画像里。

当一个人有了这样的经历——我还会谈到其他类似的经历——他就会对无意识的潜在性和艺术性产生某种尊重。 只是,他必须保持批判的态度,必须意识到,这样的交流也可能具有主观的意味。 它们也许与现实一致,也许并不一致。 然而我认识到,我依据出自无意识的这一类提示所形成的那些观点,是最让人获益的观点。 当然，我不打算写一本书去揭示它们，但是我会承认，我有一个"神话"，它鼓励着我更加深入地去关注这整个王国。 神话是科学的最初形式。 当我谈论人死之后的事情时，我是在依据内在的提示说话，我所能做的也仅止于向你讲述与这一主题相关的梦和神话。

当然，人也可以一开始就认定，有关人死之后生命延续的梦和神话，不过就是人类天性中固有的补偿性幻想——所有的生命都渴求永恒。 要回答这个问题，我唯一能引出的论据就是神话本身。

但是，有迹象表明，精神至少有一部分是不受时空规律限制的。 著名科学家J.B.莱茵①的实验，已经为这方面提供了科学证据。 这些实验，连同大量自发性的未卜先知案例、非空间感知案例等等——我自己的生活也提供了许多此类案例——一起证明了精神有时是在因果时空规律之外运作的。 这就表明，我们对时间和空间的概念是不完整的，也因此，我们对因果关系的概念也是不完整的。 一幅完整的世界图景可能还需要加上另一个维度，只有这样，现象的总体性才能得到统一的解释。 因此，理性主义者至今仍坚持认为，超心理体验并不是真实存在的，因为这个问题事关他们的世界观是成立还是崩塌。 如果这类现象确实发生了，那么理性主义的宇宙图景就不再成立，因为它并不完整。 这时，表象世界的背后是否可能存在着一种别具价值的事实，就成了一个无法回避的问题，我们也必须面对这样一个事实：我们的世界，连同其时间、空间以及因果性，全都与隐藏于背后或埋藏于其下的另一套秩序的东西有关，而在那里，不论是"此或彼"，不论是"前与后"，都不再重要。 我已经相信，至少我们的精神存在的一部分具有时空相对性。 越是远离意识，这种相对性相应地越是增长，最终达至一种绝对的无时间空间限制的状态。

---

① 《超感知觉》（波士顿，1934）；《心理的范围》（纽约，1947）——原注

不只是我自己做的梦，有时别人做的梦也会帮助我形成、修改和证实我对死后生活的观点。 我尤其重视我一个学生（一位六十岁的女士）去世前两个月所做的一个梦。 梦中她进入了来世。 有一节课就要开始了，她的各式各样已经去世的女性朋友都坐在前排的长椅上。 空气中弥漫着众人的期盼。 她向四周张望，寻找着老师或讲师，但没有找到。 然后情况很快明白了：她自己就是讲师。 这是因为，人一死，就要汇报他整个生命中的经历。 亡灵们对新成员带来的生活经历极感兴趣，好像尘世中（也即时空中）发生的行为和经历才是关键性的。

不管怎样，这个梦描绘了一群最不同寻常的、有着世人极少会有的爱好的听众：一群对人类生活在心理上的最终结果有着火热兴趣的人。 这样的结果绝非不平常，它们不过是一些可以从中总结出来的结论而已——对我们的思维方式来说是如此。 但是，如果这群"听众"存在于一种相对的非时间性状态中，而在这种状态中，"终结"、"事件"、"发展"这些词都成了可质疑的概念，那么他们就有可能对在他们自己的状态下正好缺失的东西产生最大的兴趣。

做这个梦时，这位女士很害怕死亡，她竭力回避不去想它。 然而，死亡是一种重要的兴趣，尤其对年迈之人更是如此。 摆在他面前的是一个关于范畴的问题，而他也肩负着回答这一问题的义务。 为此，他应当拥有一个关于死亡的神话，因为理性向他展现的只是他将沉入一个黑暗的深坑，此外别无一物，而神话却能为他召唤出其他的意象，那是描绘死亡之地的生活的一些有益而丰富的图景。 如果他相信了这些图景，或是带着某种程度的信任去对待它们，那么，他与那些并不相信的人一样，可以说是对的，也可以说是错的。 然而，当别人绝望地向着虚无前进时，那些对原型怀着信任的人却依从着生命的轨迹，一直生活至死。 当然，目前还不能对这两种情况下断言，但其中一方是违反本能而活着，另一方却是依从本能而生活。

源自无意识的形象也是对什么都不知情的，需要人的介入，或者需要与意识接触，才能获得认识。开始研究无意识后，我发现自己经常卷入到莎乐美和以利亚的形象中。之后，他们隐遁了，但过两年又再出现了。令我大为震惊的是，他们完全没变，言谈举止间表现的好像这段时间什么都没发生一样。而现实中，我的生命发生了最难以置信的事情。我只好再次从头开始，把发生的事情一五一十地告诉他们，并解释了这一切。当时我对此大感惊讶。后来我才明白究竟是怎么回事：这段时间里，他们二人潜回了无意识，潜回了自身——也许我也可以说，他们潜回了永恒。他们不再与自我以及自我周遭变迁着的环境有联系，因而也就不再知道意识世界发生了什么。

很早的时候，我就了解到，我必须把情况告知那些无意识形象或者说那个常常无法从前者中辨认出来的另外群体，即"逝者的灵魂"。我第一次有这样的经历是在1911年，当时我正和一位朋友骑车穿越意大利北部。返程的路上，我们要从帕维亚骑到阿罗纳，那是马焦雷湖的下游，我们在那里过了一夜。本来我们是要沿湖骑行，途径提契诺，直到到达法依多，然后从那里坐火车回苏黎世的。但是在阿罗纳，我做了个梦，这个梦打乱了我们的计划。

我梦到自己身处一个集会，里面全是几个世纪前的著名人物的灵魂，那种感觉就和我后来在1944年的幻觉中看见黑色岩石寺庙里的那些"杰出的先灵"时一样。这里是用拉丁文交谈的。一位戴着长卷假发的先生和我说话，问了我一个很难的问题，问题的大意我醒后就想不起来了。我听懂了他的意思，但我对拉丁语掌握不够，无法用拉丁语回答他。我感到羞愧难当，以致这股情绪使我醒了过来。

醒来的那一刻，我想起了我当时正在写的一本书：《力比多的转变与象征》。一想到那个我答不上来的问题，我就产生一种强烈的自卑感，于是立刻动身坐火车回家，回到工作中去了。我不可能再花三天时间骑车旅行，我必须工作，必须找出答案。

多年之后，我才理解了这个梦以及我当时的反应。那位戴假发的先生是某种祖传精神，或者说死者的灵魂，他向我提出了一个问题——但他白问了！那时还太早，我还没走到那么远。但我隐约感觉到，我回去继续著书就等于是在回答被问的那个问题。这个问题似乎是我精神上的祖先问的，他们希望并期待着获悉他们未能在有生之年找到的东西，因为答案只能在接下来的几个世纪里被首次创立出来。如果问题和答案都已经存在于永恒之中，而且一直就在那里，那么我这边的努力就根本没有必要，答案会在其他世纪一并被人发现。大自然确实好像存在着无穷无尽的知识，这是事实，但是只有在时机成熟时它才能为意识所理解。可以假设，这个过程与个体精神中发生的情况是类似的：一个人可能一连很多年都模糊地意识到某件事，但只有在某个特定时刻才能清晰地理解它。

后来，在写《对死者的七次布道》时，又是死者向我提出了关键性的问题。他们从——他们自己说的——"耶路撒冷回来，那里没找到他们要找的东西"。当时我很惊讶，因为根据传统观点，死者是知道很多东西的。人们认为死者知道的远多于我们，因为基督教教义教导我们，在来世的生活中，我们是"面对着面"的。但很明显地，死者的灵魂"所知"的，也只限于他去世那一刻所知晓的范围，并不超出于此。因此，他们拼命闯入人的生活，以获悉人的知识。我时常觉得，他们就站在我们身后，等着听我们将带给他们什么答案，带给命运什么答案。在我看来，他们像是在依靠生者去解答他们自己的问题，也就是说，依靠那些在他们之后生活的、生活在无常世界中的人，就好像全知（或者，我可以称之为全意识）并非由他们支配，而是只能流入生者的精神，流入被肉体束缚着的灵魂。因此，生者的意志至少在这一点上似乎是比死者有优势的：能够获取清晰而决定性的认知。我认为，三维时空世界就像一个坐标体系，在这里被划分为横纵坐标的东西，也可能在"那里"，在那没有时间空间限制的状态中，以一种有很多面的原型意象出现，或者以一种弥散在某种原型周围的认知云出现。 然而，如果要使对离散内容的区分成为可能，就必须有一个坐标系统。 但在一种弥散的全知状态中，或者，就像情况可能的那样，在一种不受限制的意识状态中，任何这样的操作在我们看来似乎都是不可想象的，因为时空界限不再存在。 认知就和创造一样，要先假定一个对立面：此与彼，上与下，从前与今后。

如果死后还有意识存在，那么我认为，它可能会在生前取得的意识水平上继续存在。 在人的任何一种年龄上，这种意识水平都有一个上限，但这种上限是可变的。 许多人终其一生，直到临死之时都滞后于其潜能，而且更重要的是，他们滞后于其他人在有生之年就已经意识到的知识。 因此，他们死后就会希望获得他们生前未能获得的那一份认识。

我的这个结论，是从我梦到死者的那些梦中观察得出的。 有一次，我梦到自己去拜访一个大概在两周前去世的朋友。 这位朋友在世时只拥护一种传统的世界观，而且一直停留在这种观点中，从不反思。 梦里，他家在一座小山上，那座小山和巴塞尔附近的图林根山很像。 一座古老城堡的围墙围着一片广场，广场上有一座小教堂和几栋更小的建筑，使我想起了拉珀斯维尔城堡前的广场。 时值秋季，老树的叶子已经变得金黄，柔和的阳光使得整个画面美妙无比。 我的朋友和他女儿坐在桌边，他女儿在苏黎世学习心理学。 我知道她在给他讲心理学。 他被女儿讲的东西迷住了，随便向我挥了挥手就算是招呼，好像在暗示说："不要来打扰我。"这个招呼同时也是逐客令。 这个梦是在告诉我——当然是以一种我还无法理解的方式——他被要求掌握自己精神存在的现实，这是他生前从来没能做到的。

关于人死之后灵魂的发展，我还有另外一次经历，大概是在我妻子死后一年。 一天晚上，我突然醒来，意识到自己和妻子正在法国南部的普罗旺斯,并且一整天都和她一起。她在那里做关于圣杯的研究。这一点对我似乎很重要,因为她没能完成这方面的研究就去世了。从主观水平上解释——即我的阿尼玛还没完成她必须完成的工作——并没得出什么有趣的结论,我很清楚我还没完成这方面的工作。然而,我想到妻子死后还在继续工作,还在探讨她精神上的进一步发展——不管我们设想的是怎样的发展——这个想法令我觉得很有意义,使我获得了一定程度的慰藉。

当然,这样的想法是不准确的。它们呈现的是错误的图景,就像一个实体被投射到一个平面上,或者反过来说,就像用三维的实体构建四维模型。它们借助三维世界的术语来向我们呈现它们自己。为了创造措辞以表达那些超出经验理解的关系,数学经历了巨大的痛苦。那么,类似地,一种有条理的想象运用逻辑法则,在经验数据的基础上,也即在梦的证据的基础上,去构建那些无形的意象,这也是非常重要的。这里用的方法就是我所说的"必要陈述法"。它代表的是释梦中的扩充(amplification)法则,但可以用暗含于简单整数中的陈述最简便地对其进行证明。

一,作为第一个数字,是整数。但它也是"统一",即一元、全一、个体以及不二——它不只是一个数字。它也是一个哲学概念,是上帝的一种原型和属性,是个单子。人类的理智应该有这样的说法,这是恰当的;与此同时,理智却也被"一"的概念及其含义所决定和限制着。换句话说,这些说法并不是随意乱说的。它们都受到"一"的本质的支配,因而是必要的说法。理论上说,接下来的每一个数字概念都可以进行相同的逻辑运算,但实际上,这个过程很快就到头了,因为其中的复杂性急剧上升,变得过于繁多而无法处理。

每增加一个数字,都会引入新的属性,引起新的修正。因此,四次方程可解,五次方程不可解的,这正是数字四的一个属性。因而,关于数字四的必要说法是,数字四除了别的方面以外，它还是一个顶点，同时也是前面不断上升的数字的终点。由于每增加一个数字就会出现一个或多个新的数学属性，因此，这些说法很快变得非常复杂，再也无法系统地表达出来。

自然数的无限数列对应着个体生物的无穷数目。这个数列同样由个体组成，甚至数列前十个数的属性就代表了——如果它们确实代表着什么的话——一种起源于单子的抽象的宇宙起源论。然而，数字的属性同时也是物质的属性，因此，特定的方程是能够预示物质的行为的。

因此，我认为，除了数学上的表述之外，其他的一些表述（比如潜藏于自然界的表述）同样能够指出那些超出事实本身的无法表现出来的事实——比如，那些被人普遍接受或者因其频繁出现而被辨别出来的想象力的产物。原型主题的整个类别就是一个例子。正如我们无法说出数学方程中的某些要素对应着什么物理现实一样，我们一开始也并不知道某些神话产物指向的是何种精神现实。方程左右着受热气体的湍流，这一点早在人们对这种气体的问题展开精确研究之前便已经存在。同样，我们也早已被那些表达着特定的阈下意识过程的动力的神话题材所掌控，只不过近代以来才将这些过程命名而已。

所以我认为，在任何地方获得最大意识，都会形成死者所能达到的认识的上限。这也许解释了为什么尘世生活如此重要，为什么人在逝世时"带去"的东西如此重要的原因。只有在此生，在尘世生活中，在这个对立面互相碰撞的地方，意识的总体水平才能得到提升。这似乎就是人的形而上任务。而没有了"神话"，人是无法完成这一任务的。神话是无意识认知与意识认知之间的自然而不可或缺的中间阶段。确实，无意识知道的要比意识多，但那是一种特别的知识，永恒中的知识，通常并不涉及此生和现时，也并不用理性的语言表达。只有让无意识知识的表述像上面所举的数字例子那样扩充自身，它才会进入我们的理解范围，唯有这时，一个新的方面才会为我们所理解。 可以确定的是，这个过程在每一次成功的梦例分析中都有重复。 这也就是为什么对梦所做出的表述不能有任何预设的教条性的观点会如此重要的原因。 只要我们想起了某种"千篇一律的阐释"，我们就可以知道，我们的方法已经变成教条，因而是不会有结果的。

虽然没有办法引出有效的证据来证明人死之后灵魂的延续，但很多经历却引起了我们深思。 我把它们当作提示，而不去假定它们带有给人洞见的重要性。

一天晚上，我躺在床上，想着一位友人的突然离世，他的葬礼已在前天举行。 我很关心他的情况。 突然，我感觉他就在我房中，似乎就站在我的床脚边，叫我跟他一起走。 我并不觉得他是个幽灵，相反，我觉得这是对他的内在视觉意象，我对自己解释说这是幻觉。 但我又很老实地问自己："我有什么证据证明那就是幻觉？ 假如那并不是幻觉，真的就是我朋友在那儿，而我却只把他当成幻觉——那我岂不是很可恶？"可是，我同样很难证明，站在我面前的他就是一个幽灵。 于是，我对自己说："这也没证据，那也没证据！ 与其用幻想作解释把他消除掉，还不如宁可信其有，就当是为了做实验，认为他具有真实性好了。"我这样想着时，他走到了门边，示意我跟他走。 这么说我要跟着他一起了！ 这样的事情我还没想过呢。 我不得不把刚才的观点再向自己重复一遍，然后才在想象中跟着他走。

他领我走出房子，进入花园，再到马路，最后到了他家（现实中他家离我家有几百码远）。 我走进屋子，他领我进他的书房。 他爬上一张凳子，指给我看红线捆着的五本书中的第二本，书就放在书架从上往下数第二层。 这时，幻觉消失了。 我并不熟悉他的书房，也不知道他有些什么书。 当然，我从下面也肯定不可能看清他指着的那些书是什么标题。

这一经历对我来说太怪异了，于是，第二天早上，我去找他的遗孀，问能不能在她丈夫书房里找些东西。 果不其然，书架下面确实摆着我在幻觉中看到的凳子,而且我还没走近就能看到那套用红线捆着的书。 我爬上凳子,以看清书的标题。 那是爱弥尔·左拉的小说的译本,第二卷的标题是《死者的遗物》。 我对书中的内容毫无兴趣,只有这标题明显与这次经历有极大的关联。

对我来说同样重要的,是我在母亲死前体验到的那些梦。 母亲去世的消息传来时,我正在提契诺。 我很震惊,因为这一噩耗完全出乎意料。 母亲去世的前一晚,我做了个可怕的梦。 我梦见自己身在一片茂密而阴森的树林中,丛林一样的参天大树间到处散布着奇异的巨石。 那是一片史诗般壮丽的原始风景。 突然,我听到一声尖厉的啸叫,似乎响彻了整个云霄。 我的双腿开始颤抖起来。 紧接着,矮树丛中发出响声,一只巨大的狼张着血盆大口冲了出来。 看到这一幕,我全身的血液都凝固了。 狼从我身边飞奔而过,我突然明白了:是荒野猎人命令它来取走某个人的灵魂。 我从极度惊恐中醒过来,第二天早上就收到了母亲过世的消息。

很少有梦让我这么震撼。 乍一看,这个梦似乎讲的是恶魔抓走了母亲,但准确来说,这个梦传达的是荒野猎人,即"戴绿帽的人",在那晚放狼捕猎——其时是一月的南风风暴季节。 是沃旦,我们日耳曼祖先的神,把母亲的灵魂带回了她祖先那里——消极点说,是回到了"荒野人群"中,积极点说,是回到了"背井离乡者"中,即那些受到天福的人中。 把沃旦变成恶魔的,是基督教的传教者。 沃旦本身是位重要的神——墨丘利或者赫耳墨斯,正如罗马人准确意识到的那样。 墨丘利或者赫耳墨斯是一个自然之灵,在圣杯传说中的梅林身上复活,成为了精神的水银,即广大炼金术士所追捧的一个奥秘。 因此,这个梦说的是,母亲的灵魂被带往了自性那更广阔的疆域,超越了基督教道德的那一部分,被带入了自然与精神的完整性里。 而在这完整性里,冲突和矛盾都已化解。

我立刻返程回家。在搭夜班火车回家的路上，我感觉到巨大的悲痛，可在内心深处，我却悲伤不起来，这源于一个奇怪的原因：整个旅途中，我不断地听到舞曲和欢声笑语，似乎在庆祝一场婚礼，与那个梦留给我的毁灭性印象形成了鲜明对比。这里是一片欢歌笑语，使我无法完全悲伤得起来。悲伤一次又一次地要将我压倒，但下一刻，我却发现自己又一次淹没在了欢乐的旋律中。我一面感受着温暖与欢乐，另一面却感受着恐惧和悲痛，我在这两种鲜明对照的情绪间被前推后搡着。

如果我们假设，这一时刻的死亡是从自我的角度进行展现，而下一时刻的死亡是从精神的角度进行展现，那么这种矛盾就能解释了。在前一种情形下，死亡以灾难的形象出现，而通常它也正是这样的方式向我们袭来的，它宛如一股邪恶无情的力量，把人的生命就此终结。

事情确实如此。死亡的确是一件可怕而残酷的事情。假装它不是这样而是别的什么样是没有任何意义的。死亡的残酷不仅表现在它是肉体上的一件大事，更是体现在心理层面上：一个活生生的人硬是从我们身边夺走，留下的只是死亡的冰冷与死寂。再也不能希望和他有任何关系了，因为所有的纽带已经一下子全部断开。本应长寿者在盛年早亡，一无是处之人却活到"瓜熟蒂落"之年，这是一个我们无权躲避的残忍事实。对死亡的残酷与恣意的实际体验使我们如此痛苦，以至于我们觉得根本就不存在什么仁慈的神，根本就没有公正，没有善良。

然而，从另一个角度看，死亡似乎是一件欢乐之事。在永恒之光的照耀下，死亡成了一次喜结良缘，一次神秘融合。灵魂找到了它缺失的另一半，它获得了完整性。在希腊石棺上，欢乐元素通过翩翩起舞的女子来表现，而在伊特鲁里亚的坟墓上，欢乐元素则用宴会来表现。当虔诚的犹太密教拉比西门·本·约赛去世时，他的朋友说他是在庆祝自己的婚礼。直到今天，许多地方还保留着在万灵节那天到坟墓上野餐的习俗。这类习俗表达了一种感觉：死亡的确是一种庆典活动。

1922年12月，即母亲去世前几个月，我做了一个梦，这个梦预见了母亲的死。这个梦与我父亲有关，给我留下了深刻印象。自父亲1896年去世后，我再没有梦见过他。现在，他再一次出现在梦里，就像是远行归来一样。他的样子像是重获了青春，散发着作为父亲的威严。我和他走进书室，一想到可以看看他这些日子都在忙些什么，我就无比高兴。同样，我也异常喜悦地期待着向父亲介绍我的妻儿，带他看看我的房子，告诉他这些年我都经历了什么，我成了怎样一个人。我还想给他讲讲我那本关于心理类型的刚出版不久的书。然而，我很快发现，这一切都不合时宜，因为父亲看起来心事重重。很明显，他想从我这里得到什么。我清楚地感觉到了这一点，因此克制着不谈我自己关切的事。

然后，他对我说，既然我是心理学家，他想向我咨询一下婚姻方面的心理学。我准备好向他长篇大论地讲一讲婚姻中的情结，但这时却醒了。我无法恰当地理解这个梦，因为我从没想过它可能指的是我母亲的死。直到1923年1月母亲突然去世，我才恍然大悟。

父母的婚姻并不幸福，充满着艰难困苦以及对耐心的考验。两人都犯着许多夫妻都有的典型错误。我的梦是对母亲离世的预兆，因为我的父亲来到这里，在他离开二十六年后来到这里，希望向一位心理学家请教有关婚姻问题的最新见解和信息，因为他很快就要再次开启这段关系了。显然，他在自己的无时间状态下并没有获得更好的见解，因而不得不向活着的人求助，这些活着的人享受着时代变迁带来的好处，对整件事情也许会有新的对策。

这就是这个梦传达的信息。毫无疑问，如果我深入探究这个梦包含的主观意义，我还能发现很多东西——可为什么我偏偏在母亲死前做了这个梦，却没有预见到母亲的死呢？这个梦清晰地指向我父亲，我所同情的父亲，我对他的同情随着年龄而日益加深。

　　无意识由于其时空的相对性，因而有着优于意识心灵的信息来源。 意识可以利用的只是感官上的认知。 因此，我们需要依靠梦以及其他类似的无意识自主发出的启示，依靠它们带来的少量提示，探讨我们死后生活的神话。 正如我之前说过的，我们不能把知识的价值归功于这些暗示，更不用说视其为证据了。 但它们可以作为恰当的根据，用来扩充神话，它们为探索中的理智提供了维持活力不可或缺的原材料。 如果切断了神话想象这一中间世界，心灵就会沦为僵化教条的牺牲品。 另一方面，对于那些脆弱的易被暗示的心灵来说，这样的神话萌芽若是来得过多也同样是危险的，因为他们会受到误导，错把模糊的暗示当作实在的知识，或者把单纯的幻想具体化。

　　关于来世，有一种广为流传的神话，它由围绕着轮回转世这一中心的概念和意象构筑而成。 在一个拥有着高度复杂、远比我们悠久的理智文化的国度——毫无疑问我指的是印度——轮回的概念被认为是理所当然的，就如同我们当中的上帝创世以及有"灵魂导师"的存在这些概念一样。 受过教育的印度人知道，我们并没有他们这样的概念，但这并不妨碍他们。 根据东方的灵魂论，生与死的交替被认为是一种无尽的延续，一个没有目标的永远向前滚动的永恒的车轮。 人来到世上，学到知识，然后死去，然后再次从头开始。 只有佛祖身上才出现了目标这一概念，也就是说，克服尘世的存在。

　　西方世界的神话需要要求的是一种发展的宇宙论，它有着起源和终点。 西方世界拒绝有始却无终的宇宙起源论，正如他们无法接受静态、自足、永恒的事件轮回的概念一样。 东方人却恰好相反，他们似乎能与这种理念达成妥协。 很明显，在世界的本质这个问题上，并不存在共同一致的感觉，顶多是现代天文学家对此达成了一致而已。 对西方人来说，一个无意义的仅仅是静态的宇宙是无法忍受的。他必须假设宇宙有意义。东方人不需要这种假设，相反，他自己就体现着宇宙。西方人感觉有必要完成世界的意义，而东方人却努力寻求实现人身上的意义，将世界和存在从自身剥离出去（佛祖）。

我想说，这两者都是对的。西方人似乎主要是外倾，东方人则主要是内倾。前者向外投射出意义，认为意义存在于客体，后者则从自身感受意义。然而，意义是既存在于外部，也存在于内部的。

重生的概念与业力的概念是不可分割的。关键的问题在于，一个人的业力到底是不是个人的。如果是，那么人出生时所携带的注定的命运就代表着其前世生活的成果，个人的延续也就因此存在。然而，如果不是，那么人在出生这一行为中获得了一种非个人的业力，如此一来，该业力再度化身为人，当中并不存在任何个人的延续。

佛祖曾两次被门徒问到人的业力是否个人这个问题，每一次他都回避了，没有深入到问题中去。他说，知道这一点并不会有助于人们从存在的幻象中解脱。佛祖认为，让门徒思考因缘链，也就是说，去思考出生、生活、年老、死亡，思考苦难的因与果，要有用得多。

我不知道，我这一世的业力到底是我前几世生活的结果，还是我的列祖列宗将他们的遗迹汇聚在我身上的成果。我是这些先人的生命的集合吗？我是在又一次体现这些生命吗？我是否曾经作为某个特定的人格在过去生活过，而且，我在那段生命中是否前进得很远，远到我现在能够找出答案？佛祖没有明确做出回答，而且我愿意相信，他自己也知道得并不确切。

我可以想象我可能曾经在若干个世纪前活过，那时我碰到了当时我还没有能力解决的问题，由此我不得不再次出生，因为我还没有完成我被赋予的使命。当我死去时，我的所作所为也会随我而去——我是这么想的。我将带着我的成果一起走。同时，我要确保自己并不是两手空空地站在生命的终点,这很重要。当佛祖试图避免他的门徒胡思乱想浪费时间时,他心里似乎也有这种想法。

我存在的意义在于生命向我提出了某个问题。或者反过来说,我自己本身就是向这个世界提出的一个问题。我必须给出我的答案,因为若不这样,我就得依赖世界给出答案。这是一个超个人的生命任务,我只有历尽千辛,历尽万难,才能完成它。也许这是一个我的祖先全心投入却又无法解答的问题。会不会正因为如此,我才会对《浮士德》的结局并无包含任何解决办法这样的事实如此难以忘怀?我才会对尼采没能解决的关于生命的酒神一面这个基督教似乎已经迷失了道路的问题如此印象深刻?还是说,是我的日耳曼与法兰克祖先,那不安分的沃旦—赫耳墨斯,提出了这个挑战性的谜题?

我所认为的我的祖先生命的结果,或者说前世的个人生活中获得的业力,同样也有可能是一种非个人的原型。它今天紧紧地逼着每一个人,尤其将我抓得特别紧。这种原型的例子,可以是神圣的三位一体在过去几个世纪的发展以及它与女性法则的直面,可以是诺斯替教关于邪恶的起源的悬而未决的问题,或者换句话说,是基督教的上帝意象不够完整的问题。

我也想过,会不会是一个人通过取得了成果,把某个他必须给出某种答案的问题——比如,我提出问题的方式以及我的答案可能并不令人满意——带到了世间?如果是这样,那么某个继承我的这份业力的人——或者就是我自己——也许就不得不再次出生,以给出一个更完整的答案。也有可能是这样的情况,即我不会再次出生,只要这个世界并不需要这样的答案。这样一来,我就会有几百年的安宁日子过,直到再次需要这么一个人,这个人对这些问题感兴趣,而且能够重新应对这一任务并取得成效。然后,我觉得会出现一段休息期,直到我此生分配到的那一部分任务需要再次拾起为止。

业力、个人再生、灵魂轮回这些问题对我来说都是晦涩不清的问题。我"怀着一颗自由而开放的心",专注地聆听印度人的轮回教义,放眼我个人经验的世界,寻找是否什么地方以什么方式存在着某种指向转世再生的真实迹象。西方世界中有相对大量的证据证明人们信仰转世再生,我当然并不把这些证据算在内。信仰向我证明的就只是信仰这种现象,而非信仰的内容。要接受信仰的内容,我必须实实在在地看到它被揭示。一直到几年前,我在这方面还没有找到什么让人信服的东西,虽然我一直敏锐地留意着这一类迹象。然而,最近,我观察了自己身上的一系列梦,它们似乎描绘了我一位去世的熟人转世再生的过程。但我从没有梦到过别人这样,因此就没有比较的依据。由于这种观察是主观且唯一的,因此我想只提一下它的存在,不作进一步的深入。但我必须承认,有了这次经历之后,我开始以某种不同于以往的眼光看待轮回转生的问题,虽然我目前还不足以声明一种明确的观点。

如果我们假设生命会在"那里"延续,那么我们唯一能构想到的存在形式就是精神形式,因为精神的生活并不需要时间和空间。精神的存在,尤其是我们这里所关注的内在意象,为我们对来世生活所做的一切神话式思考提供了素材,而且在我的想象中,那种生活是意象世界中的一种延续。因此,精神也许就是来生或者说阴间所在的那个存在。

从心理学的角度来说,来世的生活似乎就是晚年的精神生活的逻辑延续。随着年龄的增长以及冥想和反思的进行,内在意象自然而然地在人的生命中起到了越发重要的作用。"你们老年人要做梦"①。这句话当然是预先假定了老年人的精神并没变得呆板或者完全地僵化——"待到病入膏肓之际,备良药业已晚矣。"到了晚年,人开始让记忆在心灵之眼面前摊开,沉思冥想,在那些

---

① 引自《使徒行传》2:17,《约珥书》2:28;)——原注

过往岁月中的内在和外在意象中认出自己。这就像是为来世的存在做好准备，就好比柏拉图所认为的：哲学是为死亡所做的一种准备。

内在意象使我免于迷失在个人的回顾中。许多老人沉湎于对往事的重构，他们一直被囚禁在这些回忆中。但是，如果回顾是反思性的，并且被转换为了意象，那么它就可以起到以退为进的效果。我试着去看那条贯穿着我生命的线，它先是通向这个世界，然后又离开了这个世界。

总的来说，人们对来世形成的概念大都由一厢情愿的思考和偏见构成的。因此，在大部分构想中，来世都被描绘成一幅美好图景。我觉得情况并没有这么明显。我很难认为，我们死后会被带到一片开满鲜花的草坪上去。如果来生中的一切都是美好的，那么我们与有福的灵魂间肯定会有一些友好的交流，会有一股股仁慈与美好的泉流从出生前的状态中向我们涌来。但并没有这样的东西。为什么生者与死者之间会有这样一道无法逾越的屏障？在那些与死亡有过接触的人中，至少一半的人说体验到了可怕的黑暗灵魂，而且一般来说，阴间是一片冰冷的死寂，不会为亲人的悲痛所打扰。

把我那不由自主的想法追根到底的话，那就是：我认为，世界是高度统一的，因此不可能存在一个完全没有对立规律的来世。那里也有自然，自然的表象背后同样也是属于上帝的。我们死后进入的那个世界将是宏大而可畏的，就如同上帝，如同我们所知的自然界的全部一样。我也无法认为，痛苦会在死后完全停止。姑且认为，我在1944年的幻觉中体验到的东西——从身体的重负中解脱，对意义的感知——给我带来了最深沉的快乐。但即便如此，黑暗也仍然存在，而且很奇怪地没有了人间的温暖。还记得我遇到的那块黑色岩块吗？它乌漆墨黑，是最坚硬的磐石。那意味着什么？如果创世之地并没有任何瑕疵、任何原初的缺陷，那为什么会有创造的冲动，会有必须完成某些东西的渴望？ 为什么神一点也不关心人和创世，一点也不关心一直延续直至无限的因缘链？ 毕竟，佛祖是用他的"空无"对抗存在的痛苦幻象的，而基督教则希望世界末日早早到来。

我觉得，来世也可能存在着一定的束缚，但死者的灵魂只能逐渐找到那限制着解脱的束缚究竟何在。 在"那一边"的某个地方，必定存在着一种决定要素，一种限制着这片世界的必然性，它致力于为死后的状态画上句号。 这种创造性的决定要素——我是这么想的——一定决定着什么样的灵魂将转世投生。 以我的猜测，某些灵魂会觉得三维世界的存在状态要比永恒不朽的状态更加快乐。 不过，这或许取决于他们从人类存在过来时到底有多完整或者多不完整。

也许一旦灵魂达至某种领悟的阶段后，不管三维世界的生活再有什么魅力，都不再对他有任何意义；也许那时就不再需要返回人世了，因为完满的领悟已经击溃了转世再生的欲望。 然后，灵魂也许会从三维世界消失，达至佛陀所说的涅槃。 但是如果仍有业力未了，灵魂就会再度堕入欲望，再次返回人世，甚至这么做的时候，他也许并未认识到仍有未了之事需要完成。

对于我自己，肯定主要是对领悟的热切渴望带来了我的出生，因为那正是我本性中最强的元素。 这种对领悟的无法满足的欲望创造出了一种意识，以便认识是什么，发生了什么，同时将源自未知之物的零星提示汇聚为神话的概念。

我们缺乏确凿的证据，证明我们身上的任何东西会永恒地留存。 我们最多能说，精神中的某些东西也许会超越肉体的死亡而延续下去。 我们也并不知道，延续下来的东西会不会意识到它自身。 如果有必要就这一问题形成某种观点，也许我们可以参考从精神分裂现象中了解到的知识。 在分裂情结自我彰显的大部分案例中，分裂情结都是以人格的形式表现自己的，就像情结对自己获得了一种意识一样。 因此，精神病人听到的声音是人格化的。很早以前，在我的博士论文中，我就探讨了这种人格化情结的现象。 如果愿意的话，我们也许可以举这些情结为证，证明意识的延续。 同样，在脑部严重受伤后的深度昏厥状态以及精神崩溃的严重状态所做的观察中，我们也得到了一些令人震惊的观察结果，支持了这个假设。 在这两种情况下，意识的完全丧失可能伴有对外部世界和逼真梦境的感知。 由于这些时间里大脑皮层（意识所在的地方）并没有工作，因此对这样的现象目前还没有解释。 这些现象可能至少证明了获取意识的能力在进行主观坚持——即便是在一种很明显的无意识状态下[①]。

关于永恒之人（即自性）与时间空间中的尘世之人间的关系这一棘手的问题，我在两个梦中获得了启发。

第一个梦发生在1958年10月。 在梦里，我从我的房子中看到两个凸透镜状的、发出金属光泽的碟盘，在一道窄弧光中飞快地从房顶略过，降到湖面。 那是两个UFO（不明飞行物）。 接着，另一个物体直直地向我飞来。 那是一个很圆的镜片，像是望远镜的物镜。 它在距离四五百码的地方停了一会儿，然后飞速离去。 紧接着，又一个物体从空中快速飞来，那是一个镜片，但镜片多出了一根金属，金属的一头是一个盒子——一盏魔灯。 它在离我七八十码的地方停下，悬在半空，直接对着我。 我从震惊中醒来。 半梦半醒之际，我头脑里闪过一个想法："我们总认为UFO是我们的投射物。 现在反而成了我们是飞碟的投射物。 我正是被这盏魔灯投射为C.G.荣格的。 可是，又是谁在操纵这东西呢？"

我还梦到过关于自我与自性的梦，那是在更早之前的一个梦里。 我正在徒步旅行，走在一条穿过山丘的小路上。 阳光普照，四面八方都视野开阔。 然后，我来到一座路边的小教堂。 门半开着，我走了进去。 令我惊讶的是，教堂圣坛上居然没有圣

[①] 参见《共时性：一种非因果性的关联法则》，收入《精神的结构与动力》。 ——原注

母玛利亚的画，也没有十字架，只有一组美丽的插花。但接着，我看到圣坛前的地上有个瑜伽修行者，正面向我坐着——他以莲花式的坐姿坐着，正在深度冥想。等我靠近些看他时，我发现他和我长得一模一样。我深深地害怕起来，然后醒了过来，心里想："啊哈，那么他就是那个在冥想我的人咯。他做了一个梦，而我就是那个梦。"我知道，当他醒来时，我也就不复存在了。

我是在1944年的那场病之后做的这个梦。它是个寓言：我的自性退入冥想，想象我在尘世中的形态。换句话说，为了进入三维的存在，自性幻化出了人形，就像是人为了潜入大海而穿上潜水服一样。当自性放弃来世中的存在，它就呈现为一种宗教姿态，也就是梦中出现的教堂。在尘世形态中，自性得以经历各种三维世界的体验，并且借助更丰富的意识进一步迈向领悟。

这个瑜伽行者或多或少代表着我那无意识的生前完整性，代表着远东——一种与我们自己陌生而相反的精神状态，正像梦中经常出现的那样。如魔灯一样，那位瑜伽行者"投射出"我实证性的现实。通常来说，我们是反过来看待这种因果关系的：我们在无意识的产物中发现了曼荼罗象征，也就是那些表达完整性的圆而方的图案，任何时候我们要表达完整性，我们都借助于这类图形。我们立足在自我意识上，立足于我们的世界这片以自我这一焦点为中心的光的领域上。我们从这个焦点望向一个朦胧神秘的世界，却从不知道我们看到的那片朦胧之物多大程度上是我们意识的产物，多大程度上是它们自己拥有的真实性。肤浅的观察者满足于前一种假设。然而，进一步的研究发现，无意识的意象一般来说并不是意识的产物，而是有着自身的真实性和自发性的。尽管如此，我们却只把它们当作是意识边缘的现象。

这两个梦的目的都是要将意识自我与无意识的关系倒转过来，把无意识描绘为实证人格的制造者。这种倒转暗示着，在"另一面"的观念中，我们的无意识存在才是真实的，我们的意识世界是一种幻象，一种出于某个特定目的而构建出的表面上的现实，就好比只要我们身处梦中，就会觉得梦是真实的一样。很明显，这种表述非常接近东方的"空幻"概念①。

因此，在我看来，无意识的完整性才是一切生理与精神事件真正的精神引领者。这是一种寻求全部领悟的法则——在人的例子中，这则意味着获得全部的意识。获取意识是最宽泛意义上的文化，因此，自我认识就是这一过程的核心与本质。东方人对自性赋予了毋庸置疑的神性意义，而根据古代基督教的观点，自我认识就是通往认识上帝的道路。

对于人来说，决定性的问题是：他是否联系着某种无限的东西？这才是他生命中的重大问题。只有认识到真正重要的东西是永恒的，我们才能避免把兴趣聚焦在那些无用的东西以及各种并非真正重要的目标上。因此，我们需要世界承认那些我们视为个人所属的特性：我们的才能或我们的美丽。一个人越是看重虚假的个人所属，他对本质的东西就越不敏感，他的人生也就越令人不满意。他觉得受到限制，因为他的目标是局限的，导致的结果就是羡慕与嫉妒。如果我们理解并感受到在此生的生活中我们已经与永恒有着联系，那么欲望和态度就会改变。归根到底，我们之所以有某种价值，只是因为我们所体现着的本质，如果没有体现出这种本质，那生命是虚度的。同样，在我们与他人的关系中，关键的问题也在于这段关系中是否体现着某种无边界性的要素。

然而，只有我们被限制到极致时，我们才能感受到永恒。对人来说，最大的限制就是"自性"，这种限制体现在这样的一种体验中："我只不过是……而已。"唯有意识到我们在自性中的狭隘局限，我们才能形成一条连接无意识的无界限性的纽带。在这样

---

① 荣格童年时，就出现了质疑现实的所在的倾向，当他还是孩子时，他坐在一块石头上，琢磨着这块石头在说"我"，或者它就是"我"。这与著名的庄周梦蝶的故事很像。——原注

的认识中，我们同时体验着局限与永恒的自己，同时身为这两者。了解到自己在自己个人组合中是独特的，也即是说，它最终是有局限的，我们也就有了能力去意识到无限。但也唯有此时才能意识到！

在一个只专注于扩大生存空间，不惜一切代价增加理性知识的时代，要求人们去意识到自己的独特性和局限性成了一种极大的挑战。独特性与局限性是同义的。没有它们，就不可能感知到无限，因此也不可能达到意识，只会对无限有一种虚妄的认同，表现为对庞大数字的迷恋以及对政治权力的急切渴望。

我们时代把所有重点都放到了此时和此地，因而导致人和他的世界都被魔鬼化了。独裁者现象以及他们带来的所有痛苦，全都源自这一事实：由于高级知识分子的目光短浅，人类已被剥夺了超然存在。和这些知识分子一样，人类已经沦为无意识的受害者。但人的任务却恰恰是反过来的：意识到从无意识中奋力涌出的内容。人既不能滞留在自己的无意识中，也不能将自己等同于自己的无意识元素，从而回避自己的命运，创造出越来越多的意识。就我们所知的来说，人类存在的唯一目的，就是在纯有存在的黑夜中燃起一片光明。甚至，我们可以这样设想：正如无意识会影响我们一样，我们意识的增加也会影响到无意识。

第十二章 晚期思想

我觉得，不管我写的是怎样的自传，都必须把下列思考考虑进去。诚然，这些思考在别人看来可能太理论化，但是，搞这样的"理论"①就像吃饭睡觉一样，是我的一部分，我的一项重要功能。

1

基督教最引人注目的地方在于，它在自己的教义体系中预示神性里将会出现一次变形，即"另一面"的一个历史转变过程。这一点体现在天堂里出现了分歧这样的新神话中。创世神话中已经有过第一次暗示，那就是造物主的反派角色——蛇的出现。蛇以增加人的意识认知（即分辨善恶）为保证，引诱人们违抗命令。第二次暗示是天使的堕落，这是无意识内容对人类世界的提前入侵。天使是一个奇怪的物种，他们只能是那个样子，不能成

---

① 在希腊语中，"理论"最初是"察看世界"的意思；又或者，"理论"在德语中指的是"世界观"。——原注

为别的样子。他们本身没有灵魂,仅代表他们主子的想法和直觉而存在,因此,堕落的只是那些"坏"天使。这些天使释放出臭名昭著的"膨胀"效应:《以诺书》[①]中记载,天使与人类生子,导致产下"巨人",最后巨人差点把人类吃掉。今天,在独裁者的狂妄自大中,我们也可以看到这种效应。

神话的第三阶段,也即决定性的阶段,是上帝自我实现。他化身为人,实现了《旧约》中关于圣婚及其后果的思想。早在原始基督教时期,道成肉身的思想便经过了精炼,将"基督在我们心里"的直觉包含了进来。于是,无意识整体便渗入了内心体验的精神领域,人对进入自己的真实构造的一切都有了意识。这是决定性的一步,不光对人类如此,对造物主也如此——在那些从黑暗中放出来的人眼里,造物主抛开了他的黑暗性,变成了"至善"。

一千年来,这个神话的重要性一直无懈可击——直到十一世纪第一次出现了意识的进一步转变的迹象为止[②]。从此,不安和怀疑的症状越来越严重,一直持续到第二个千年结束。那时,宇宙大灾难的样子已经约略可见。一开始,灾难以一种对意识产生威胁的形式出现,它的威胁性就在于"大"——意识的自大。它声称:"最伟大莫过于人及其行为。"来世性,即基督神话的超然存在,已经丧失,随之失去的还有这样的观念:完整性是在另一个世界实现的。

光明之后跟着的是阴影,即造物主的另一面。这一发展在二十世纪达到了顶峰。基督世界如今真正面临着恶的法则,面临着赤裸裸的不公、专制、谎言、奴役以及良心受压迫。赤裸裸的恶的这一彰显在俄罗斯民族中取得了明显永久的形式,但它的第一

[①] 启示文学之一,被视为伪经,记载了在大洪水之前以诺与上帝同行三百年所见的异象。

[②] 见《基督教时代》。——原注

次大爆发出现在德国。这一次邪恶大爆发揭露了基督教在二十世纪已经弱化到何种程度。面对这一切，我们再也不能以"善的缺乏"这一委婉的说法来将邪恶最小化了。邪恶已经变成一个决定性的现实，再也不是一句委婉语就能将它从世间剔除。我们必须学会如何对待邪恶，因为它会一直存在。目前，我们还想不出如何与邪恶共存而不至于导致可怕后果的办法。

总之，我们迫切需要重新定位，变革意念。接触了邪恶，就会出现屈服于邪恶的重大危害。因此，我们必须停止向任何东西屈服，甚至包括善。如果我们向某一种善屈服，那么这种所谓的善便丧失了它的伦理属性。这并不是说善有什么不好的地方，而是说，屈服于善可能会埋下祸根。不管是什么形式的瘾，酒瘾也好，吗啡瘾也好，理想主义瘾也好，都不是什么好事。我们一定要当心将善和恶绝对对立起来的念头。道德行为的判断标准不再在于简单地认为善有绝对命令①的力量，而所谓的恶却可以坚决避免。承认恶的现实必然会使善变得相对化，同样，承认善的现实也必然会使恶会变得相对化，从而将两者转化成一个矛盾整体的两面。

就实际上说，这意味着善与恶再也没那么不证自明了。我们只能意识到它们各自代表着一种"判断"。鉴于人类所有的判断均不可靠，因此，我们无法相信我们总能做出正确的判断。我们太容易成为误判的受害者。道德问题受这一原则的影响，其程度仅限于我们对道德评价变得不太确定而已。尽管如此，我们还是得做出道德上的决定。"善"与"恶"的相对性决不意味着这些范畴是无效的或不存在的。道德判断总是存在的，并且会带来特有的心理上的后果。我们已经多次指出，和过去一样，我们已经做错的，想错的，打算错的，将会在未来对我们的灵魂实施报复。只

---

① 德国哲学家康德用以表达普遍道德规律和最高行为原则的术语。"命令"即支配行为的理性观念。

有判断的内容会根据时间和地点条件的变化而变化，从而相应地采取不同的形式，因为道德评价总是以道德准则这样的显而易见的确定性为基础，而道德准则是假装可以准确地知道什么是善什么是恶的。然而，一旦我们知道这样的基础有多么不确定，伦理决定就会变成一种主观的、创造性的行为。我们只有"屈服于神"，才会相信它的有效性——也就是说，无意识方面必须有一种自然流露的决定性的冲动。道德本身，即在善与恶之间做出的决定，并不受此冲动的影响。这使得事情对我们来说更加困难。伦理决定的痛苦是免除不了的。不过，尽管听起来很苛刻，但某些情况下，我们必须能够自由地避免大家都知道的善，而去做大家所认为的恶，如果我们的伦理决定有这样的要求的话。也就是说，还是那句话：我们绝不能屈服于任何一个对立面。印度哲学中的"非此亦非彼"为我们提供了一个有用的范式。一定情况下，道德准则不可否认是废止的，伦理决定要由个人来做出。就其本身来说，这样的概念并不是什么新事物，以前心理学还没出现的时候，这样的两难决定也曾为人们所知，那时人们管这叫"义务冲突"。

然而，个人通常太缺乏意识，完全看不到自己在决定方面的潜能。他们总是急不可耐地四处寻找外在的规章制度，来引导自己走出困惑。造成这一点的原因，除了人类普遍的不足之外，大部分的问题在于教育。教育传授的是老一代人的东西，对个人体验的秘密不置一词。因此，教育的所有努力都是为了讲授人们心里很清楚不可能做得到的理想主义的信念或行为。当权者到处鼓吹这样的理想，尽管他们知道自己从来没有，也从来不会达到这些高标准。更糟糕的是，从来没有人质疑过这种教学的价值。

因此，个人若想找到像当今所面临的那些关于邪恶的问题的答案，首先需要有"自知之明"，也就是说，需要尽最大的可能去了解自己这个整体。他必须狠下心去知道自己能行多少善，能犯怎样的恶，必须当心将一种当真而另一种当假的想法。善与恶都是自己本性中的元素，都应当在自己身上得到体现，如果他不想——他也不应该——生活在自我欺骗和自我妄想中的话。

不过，一般来说，人们在这一层面上大都能力不足，尽管今天有能力更加深入地洞悉自我的人大有人在。这样的自知是最为重要的，通过了解自己，我们能够接近人性的底层或核心，即天性的所在。这就是那些先天存在的动态因素，它们最终会左右我们的意识所做出的伦理决定。这里的核心就是无意识及其内容。在这一点上，我们无法做出终局性的判断。我们在这方面的看法必定是有缺陷的，因为我们无法从认知上理解它的本质，对它加以合理的制约。我们仅仅通过科学来获得对本性的认识，从而扩大了意识的范围。因此，要深入地认识自我，同样需要用到科学，即心理学。没有谁对光学一窍不通，仅仅是出于好意，转手间就造出一架望远镜或显微镜。

今天，我们之所以需要心理学，是因为它关系到我们的存在。面对纳粹主义，我们呆若木鸡，不知所措，因为我们不了解人类，或至少来说，我们对人类的了解是有失平衡的，扭曲的。如果我们有自我认知，这样的情况就不会出现。我们与邪恶这一可怕的问题打着照面，却不知道自己面前站着什么，更不用说与它对阵。而且，即便我们知道，我们也还是不明白"这事儿怎么会发生在这里"。政客们还很自豪，声称自己"对邪恶没有想象力"。真是一派天真。不错，我们对邪恶没有想象力，但邪恶却将我们"牢牢控制"。有的人不愿意知道这一点，有的人自己就等同于邪恶。这就是当今世界的心理现状：有人称自己是基督教徒，以为只要自己愿意，就能将所谓的恶踩在脚下；有人则已经向恶屈服，他们眼里再也没有了善。今天，恶已经成为一股有形的"势力"。人性的一半在人类的推论所捏造出来的信条下茁壮成长，而另一半由于缺乏与这一状况相称的神话而奄奄一息。基督教民族如今的境地令人惋惜，他们的基督信仰麻木不仁，千百年来一直没有进一步发展自己的神话。那些表达了神话思想发展中的黑暗涌动的人,没有人愿意听他们一言。焦阿基诺·达·菲奥雷、梅斯特·艾克哈特、雅各·伯麦以及其他很多人,在大多数人眼里一直是反启蒙主义者。唯一的一点希望是教皇碧岳十二世及其教理。① 然而,我这么说着时,人们甚至不知道我指的是什么。他们意识不到,神话如果不再生,不再长,那么它就是死的。

我们的神话已经变成哑巴,它再也不会作出回答。正如《圣经》所写,这不是它的错。错的只是我们自己。我们没有进一步发展我们的神话,甚至,一有这样的企图,我们便加以抑制。关于发展的开始及可能性,神话的原来版本提供了丰富的观点。比如,基督语录有言:"所以你们要灵巧如蛇,驯良如鸽。"人类要蛇的灵巧来干什么?这样的灵巧与鸽子的无害有什么关系?"除非你变成像孩子一样……"谁会考虑孩子在现实中是什么样子呢?主耶稣需要骑着驴载着胜利进入耶路撒冷,他取走别人的驴就是合理的,这依据的是什么道德?此后不久,他像小孩一样大发脾气,诅咒无花果树,这又是怎么一回事?不义的管家这个比喻说的是怎样的道德,那句伪经语录"人啊,如果你知道自己在做什么,你是有福的,但如果你不知道,就违反了律法,要受到诅咒"②对我们自己的困境意义如此深远,其中又有着怎样的深刻见解?最后,圣保罗那句告解"我所憎恨的,我倒要去做"是什么意思?我不会讨论《启示录》中那些一眼就能识破的预言,因为没有人会相信这些预言,而且它的整个题材给人的感觉很难堪。

诺斯替教提出的那个"恶从何来"的古老问题,基督教世界没有给出答案。奥利金③曾小心地表示魔鬼也有赎罪的可能,却

---

① 见前文第七章,第201页。——原注
② 见《伯撒抄本》。——原注
③ 埃及神学家。

被指为异端邪说。 今天，我们被迫解决这个问题，却两手空空，茫然不知所措。 我们甚至从没想过，再也不会有神话来帮助我们，即使我们是如此地需要一个神话。 政治形势以及科学上可怕的（甚至可以说是邪恶的）胜利，导致我们被暗中的战栗和黑色的预兆所震撼，却又不知道出路何在。 实际上，很少人能得出这样的结论：这一回，问题在于早已被抛诸脑后的人的灵魂。

神话的进一步发展或许可以从圣灵在使徒身上显灵开始。 通过圣灵显灵，使徒们成了上帝的儿子。 不光是他们，所有通过他们或在他们之后接受了上帝之子的身份的人，都成了上帝的儿子，从而享有了这样的确定性，即他们不只是源自地球的内源动物，作为再生族，他们还源自神性本身。 他们有形的肉体的生命活在这个世上，但他们无形的内在之人从完整性这一原始意象中来，并终将回归这里，回归到永恒的天父中，正如基督教的救赎神话中所说的那样。

造物主是完整的，他的所造之物，他的儿子，也应该是完整的。 没有人能从神的完整性这样的概念中夺走什么。 然而，我们不知道的是，这一完整性随后出现了分裂，形成了一光一暗两个世界。 这样的结果甚至在基督降临之前就已经预示得很清楚，我们在约伯的体验或广为流传的《以诺书》这些前基督时代的东西中尤其可以观察得到。 而且，在基督教中，这一形而上的分裂也明显得到了继续：撒旦在《旧约》中还属于耶和华的亲密随从，如今却正好反过来，成了神性世界永恒的对立面。 撒旦是无法根除的。 因此，早在十一世纪初的时候，出现创造世界的是魔鬼而不是上帝这样的信念，也就不足为奇。 这就为基督教时代后半阶段定下了基调。 而这样的基调之前，天使堕落的神话已经作出解释，说是这些堕落的天使教会了人们危险的科学文化知识。这些古老的讲故事的人，对广岛事件又会说什么呢？

雅各·伯麦是一位具有远见卓识的天才，他能够认识到上帝意象自相矛盾的本质，从而对神话的进一步发展作出了贡献。 伯麦所画的曼荼罗符号①象征着分裂的上帝,因为他把里面的圆分成了两个背对背的半圆。

基督教教义认为,上帝完整地存在于三位一体的每一位中,因而也完整地存在于显灵的圣灵的每一部分中。因此,每个人都享有上帝的全部,也因此享有上帝之子的身份。上帝意象的对立复合于是进入了人的身体,但这种进入不是以统一的形式,而是以斗争的形式,上帝意象的阴暗面与人们所接受的上帝就是"光明"的观点产生了对立。我们自己的时代发生的正是这一过程,尽管那些官方的人文教师几乎鲜有认识。本来,理解这样的事情,是他们的职责所在才对。的确,人们普遍认为,这些年代以来,我们已经到达一个重要的转折点,但他们所想象的巨变是与核裂变和核聚变或者太空火箭有关的,人类精神里同时发生着的一切,他们往往视而不见。

从心理学的角度上说,上帝意象是精神底层的表现。作为一种深刻的甚至渗入了世界政治中的二元对立,上帝意象的分裂在人类眼里正变得越来越明显。就这两点来说,补偿已经产生。它采取的形式是象征统一的圆形符号,而统一代表的是精神内部对立双方的综合。我指的是世界上到处传言的不明飞行物(UFO)。早在1945年,我们就开始听说不明飞行物。这些传闻要么基于幻觉,要么基于实际现象。对于UFO,人们通常的说法是,UFO是一种来自其他星球甚至来自第四维的宇宙飞船。

二十多年前(1918年),在探究集体无意识的过程中,我发现了一种类似的符号——曼荼罗。这种符号显然是普遍存在的。为了证实这一情形,我花了十多年的时间收集更多的资料,才首次公开我的发现②。曼荼罗是一种原型意象,它的出现在千秋万世中得到了证实。曼荼罗象征着自性的完整性。这一圆形图案

---

① 复印在《原型与集体无意识》中。——原注
② 见《金花的秘密》的评注。——原注

象征着精神底层的完整性,又或者,用神话中的话来说,象征着神性的化身为人。 与伯麦的曼荼罗相反,现代版的曼荼罗致力于统一,它们代表着对精神的分裂的补偿,或者代表着分裂终被克服的预兆。 这一过程发生在集体无意识中,因此到处都有它的体现。 世界性的 UFO 传说就证明了这一点。 它们是普遍存在的一种精神意向的征兆。

就分析治疗会使"阴影①"变得有意识的情况而言,"阴影"造成了分裂,造成了对立面的紧张,而对立面会反过来在统一中寻求补偿。 这种调整是通过各种象征来实现的。 对立双方的冲突可以将我们的精神绷至断裂的地步,如果我们对它们认真,或者它们对我们认真的话。 逻辑"排中律"②的价值得到了证明:看不到解决办法。 如果一切进展顺利,办法会从本性中出现,像是自发而来的。 这时,也只有在这时,它才是令人信服的。 它会给人一种"天赐恩典"的感觉。 由于办法从对立面的对抗和冲突中来,因此,它往往是意识与无意识因素的一种高深的混合,也因此是一种象征,是一枚硬币分成的两半,彼此之间是刚好吻合的③。 它象征着意识与无意识共同作用的结果,而且获得了上帝意象的样子,并以曼荼罗的形式表现出来,因为曼荼罗也许是表达完整性概念最简单的模型,而且,作为对立面的斗争和和解的象征,曼荼罗是大脑中自发形成的产物。 一开始,冲突纯粹是个人性的,后来,人们很快认识到,主观上的冲突只是对立面的普遍冲突的一个例子。 我们的精神是根据宇宙的结构来构建的,宏观世界里发生的一切,同样也会发生在精神最微小最主观的地

---

① 荣格心理学术语,指我们自己内心深处隐藏的或无意识的心理层面。 荣格对阴影的定义是"它是个体不愿意成为的那种东西"。

② 传统逻辑基本规律之一。 意为任何人不应同时否认一个命题(A)及其否定(并非 A),即对一个命题及其否定不能持两不可之说。

③ "象征"的一个意思是主人与客人之间的"好客票",即一枚折断的硬币,两人即将分别的朋友各取一半。 ——原注

方。因此，上帝意象往往是内心对一个强有力的二元对立物的体验的投射。这一点为各种客体所象征。内心体验最初从客体中获得刺激，使客体从此保持着圣秘的意义，或者以它的圣秘性以及该圣秘性势不可挡的力量为特征。就这样，想象力从客体的具体主义中释放出来，企图将那个看不见的意象描绘成现象背后的东西。我这么说是因为我想起了曼荼罗最基本的形式——一个圆，以及这个圆最简单的（精神上的）分法，即一分为四，或者视情况画成一个十字。

这样的体验对人的作用是有利的，但也可能是毁灭性的。对于它们，人类领会不了，理解不了，主宰不了，也不能逃脱或远离，从而使人有一种无法抗拒的感觉。人类认识到，这些体验并非源自自己的意识人格，于是将它们称为超自然力，恶魔，上帝。科学上采用的是"无意识"这一术语，从而承认自己对无意识的一无所知，因为当所谓的知道仅仅是知道"精神"时，它对精神的实质不可能有什么认知。因此，对于超自然力、恶魔、上帝这些术语，我们不能说它正确，也不能说它不正确。但我们可以证明，与体验一些客观的、明显属于精神之外的东西相关联的那种陌生感，是千真万确的。

我们知道，我们身上确实会出现一些未知的陌生的东西，正如我们知道，我们没有自行"制造"梦或灵感，但它们却不请自来一样。以这样的方式发生在我们身上的一切，可以说是源自超自然力，源自魔鬼，源自上帝，源自无意识。前三个术语有着包含并唤起圣秘的情感特性的优点，而最后一个——即无意识——却平凡无奇，因此与现实最接近。最后的这个概念囊括了实证领域，也就是说，囊括了我们司空见惯的现实。无意识这样的说法太中立，太理性，对想象力不会有太多的刺激作用。毕竟，这个术语是为科学的目的而创造的，它更加适合不带感情的观察，因为它没有形而学上的主张，但它不适合那些超验性的观点，这些观点因为争议很多，容易滋生盲信。

因此，我倾向于"无意识"这个术语。我知道，如果我想用神话中的语言来表达，我也可以说成"上帝"或"恶魔"。当我真的运用了这些神话用语时，我意识到，"超自然力"、"恶魔"、"上帝"是无意识的同义词——也就是说，我们对这三个词了解多少，对无意识这个词也就了解多少。人们只相信，自己对前面三个词的了解要多得多——在某些特定的目的下，这样的相信比一个科学性的概念要有用且有效得多。"恶魔"、"上帝"的概念最大的优点在于，它们使得二元对立能够获得一种更好的对象化，即获得了人格化。它们的情感特性赋予了他们生命和应验性。爱与恨，敬与畏，都进入了对抗的场景，把场景上升成了一出戏。本来只是"展出"，现在却变成了"演出"①。整个人都受到了挑战，带着他的全部现实进入了摩擦之中。只有这时，他才会变得完整，只有这时，"上帝才会诞生"，才会进入人的现实，以"人"的形式与人类联系。通过化成肉身这一行为，人——即他的自我——内在地换成了"上帝"，而上帝外在地变成了人，正好应了耶稣所说的那句"看见我，就看见了圣父"。

正是在这一点上，神话术语的劣势开始变得明显。基督教徒对上帝的设想一般是全知全能、满怀慈悲的天父和创世者形象。这个上帝如果想变成人，必须不可思议地"倒空自己"②，将他的总体性减少到人那样无穷小的程度。即便这时，也仍然很难看出为什么人的躯架没有被这样的化身撑碎。于是，神学思想家们觉得有必要赋予耶稣某些特性，使他高出一般的人类存在。他首先缺乏的是原罪的污点。基于这样的原因（假使不是因为别的原因），他至少是一个神-人或半人半神。基督教中的上帝意象无法化身在实证的人类身上而不引起矛盾，更何况人，人的外部特征如此之多，似乎不太适合用来象征一个神。

---

① 见《心理学与宗教：西方与东方》中《弥撒中的转变象征》一文。——原注
② 见《圣经新约》的《腓立比书》2：6.——原注

神话最终必须认真对待一神论，撇开二神论。不管官方如何否决，二神论都一直存在，直至现在。二神论尊一个永恒而黑暗的反派角色为王，使它与全能的上帝并起并坐。在神话体系之内，我们必须要为库萨的尼古拉斯提出的哲学上的对立复合体以及雅各·伯麦提出的道德上的矛盾性留下空间。只有这样，"一神"才能获得完整性，才能获得对立双方的综合这一本应属于他的东西。一个不争的事实是，正因为象征的本质如此，它们才可以统一对立双方，使得它们不再有分歧，不再有冲突，而是相互补充，赋予生命以有意义的形状。一旦这一点得到了体验，大自然-神或造物主-神的意象中的矛盾就再也不会显得困难。相反，上帝必须化身为人——这是基督教教义的实质——的神话于是会被理解成人类与自性（即人格的完整性）中的对立以及对立双方的综合的创造性对抗。造物主-神这一意象中无可避免的内在矛盾可以在自性的统一和完整中得到化解，正如炼金术中"对立面的统一"或者"神秘的融合"一样。在自性的体验中，和解不再像以前那样，发生在"上帝"与"人"的对立之间，而是发生在上帝意象自身之内。这，就是祭礼的意义所在。祭礼是人可以献给上帝的仪式，它能使光明从黑暗中升起，使造物主对自己的创造变得有意识，使人对自己变得有意识。

这就是目标。或者说，这就是一个目标。它使人有意义地融入创世的体制中，与此同时，它也赋予了这种体制以意义。这就是几十年来慢慢在我心里形成的一种解释性神话[1]。这是一个我可以认可和尊重的目标，也因此是一个使我满意的目标。

凭借自己的反思能力，人从动物的世界中脱离出来；而凭借自己的智力，人证实了大自然高度重视的正是意识的发展。人通过意识，认识到了世界的存在，因此也可谓证实了造物主，从而

---

[1] 神话分"解释性神话"和"唯美神话"两种。"解释性神话"指原始人对于各种自然现象的一种想当然的解释。

占领了大自然。 世界变成了现象的世界，因为没有意识思考的话，世界将不复为世界。 如果造物主对自己有意识，他便用不着有意识的生物，也不可能说，这种极端不直接的、在无数物种和生物的发展上挥霍了成千上万年的创世手段，会是处心积虑的结果。 自然史向我们讲述的是吃与被吃的数亿万年里的一种随机的、偶然的物种演化。 人的生物史与政治史是对同一事件的详细复述。 不过，智力史的描述却并不一样。 智力史中介入了正在反思的意识的奇迹——第二次宇宙起源。 意识如此重要，人不禁怀疑"意义"这一元素会被隐藏在那一通丑陋的、明显没有知觉的生物混乱中的某个地方，怀疑彰显意义的路最终会在温血的、拥有已分化的大脑的脊椎动物这一阶层中发现——这种发现似乎是偶然性的，非故意，也非预料，却似乎可以从一些暗涌中觉察出来，感知出来，摸索出来。

我不曾想到，在对人的意义及其神话进行反思的过程中，我道出了一个终局性的真实。 不过我想，在我们的双鱼座时代行将结束之际，这是可以说的，而且，考虑到水瓶座（水瓶侍者的星座）时代即将到来，这也许是一定要说的。 水瓶侍者是一个人物形象，与双鱼座为邻。 双鱼座是由两条首尾相对的鱼组成的一种对立统一。 水瓶侍者似乎象征着自性。 他以一种王者姿态，将水瓶中的东西倒进南鱼座[①]的嘴中。 而南鱼座象征着一个儿子，即一种仍旧无意识的内容。 在另一个为期两千多年的时代过去之后，这一无意识内容中将出现一个未来，这个未来的特点可以在摩羯[②]这一象征中看出来。 摩羯，这个既羊又鱼的怪物，象征着高山和深海，是由两种共同生长的无差别的动物元素组成的两

[①] 南鱼座中，南鱼的嘴由宝瓶座下方的北落师门星形成（"北落师门"的单词"formalhaut"在阿拉伯语中乃"鱼嘴"之意）。 ——原注

[②] 摩羯座一开始叫"羊鱼座"。 ——原注

极。这种奇怪的存在很容易被当成这样的原始意象：造物主-神面对着"人"，即希腊语中的 anthropos。在这个问题上，我的内心一片沉默，就像我所掌握的实证资料——我所熟悉的其他人身上的无意识产物，又或者历史文献——中出现的沉默那样。如果洞见没有自行出现，妄加猜测是没有意义的。只有掌握了类似于我们关于水瓶时代的素材那样的客观资料时，猜测才有意义。

走向意识的过程有多远，这个过程会通往何方，我们并不知道。这是创世故事中的新元素，我们没有类似的东西可以参考。所以，我们无法得知当中遗传了怎样的可能性，也无法知道，"智人"这个物种会走向怎样的未来。智人会不会步其他物种的后尘，曾经盛极一时，如今却绝迹于世？生物学上找不到理由来反驳为什么不会这样。

当我们形成了一种世界观，一种从我们的精神完整性、意识与无意识的合作中诞生的世界观，适当地解释了人类在宇宙中存在的意义时，我们对神话说法的需求便得到了满足。无意义会约束生命的充实性，所以无意义等同于疾病。意义却能使很多事情——或许一切事情——变得经久不衰。科学永远不能代替神话，神话不可能从科学中生成，因为并不是说"神"就是神话。神话是对人身上的神性生命的揭示。并不是我们发明了神话，而是说，神话以上帝之言的身份对我们说话。上帝的圣言会来到我们身上，而且我们无从分辨它与上帝是否不同，有多大程度的不同。这样的圣言中，并没有什么不可以当成是已知的和人类的，除了它自发地出现在我们面前，将责任加于我们身上时的方式之外。它并不受我们意志的任意妄为所影响。我们是无法解释灵感的。对于灵感，我们主要的感觉是，灵感不是我们自己推断出来的结果，而是从其他地方而来，来到我们身上。如果我们做了一个预示性的梦，我们怎么能将之归因于我们自己的能力？很多时候，我们甚至不知道梦代表着预知，代表着知道来日所发生的事情。我们总是事后才恍然大悟。

圣言降临在我们身上，使我们备受折磨，因为我们成了一种深刻的不确定性的牺牲品：上帝是对立复合体，从这个词最大的意义上说，一切都是有可能的。真与假，善与恶，其可能性都是同等的。神话可以是模棱两可的，就像德尔菲神谕①一样，或者说像梦一样。我们不能也不应该否定理性，但我们也要坚信，天性很快会前来相助——这种情况下，上帝是在支持我们对抗上帝。这是约伯很早以前便已明白的道理。"另一意志"通过人的思想、语言、形象，甚至缺陷来表达自己，而这一切均出自人的身上。因此，当人开始从心理上笨拙地思考时，他很容易将一切归源于自己，以为一切均出自自己的本意，出自自己。他像孩子一样天真，以为自己知道自己的全部能耐，知道自己"在自己身体"是什么。然而，自始至终，他一直被自己意识上的弱点以及相应的对无意识的恐惧所阻碍，因此，他根本无法分清，哪些是他仔细推理出来的，哪些是从另一来源自发流到他身上的。他没办法对自己客观，没办法认为，自己是自己在存在中发现的一种现象，而且自己与这种现象是等同的，不管这是好事还是坏事。一开始，所有的东西一股脑儿强加于他，降临于他。经过不懈的努力，他才终于征服一切，为自己夺得了一片相对自由的空间。

只有当他奋力争取，赢得这份成功时，也只有这时，他才能够认识到他对付的是自己天生的根基。从一开始，他就被赋予了这种根基，不管他多希望它消失，都不可能让它消失。他的起源绝不仅仅意味着过去，而是作为他的存在的恒定基层与他共同存在。这些起源对他意识的塑造作用不亚于周围的物质世界。

这些事实以势不可挡之势对人类内外兼攻。人类在"神性"的理念下对它们进行了归纳，借助神话描述了它们的影响，并将此神话解释为"上帝的圣言"，即来自"另一面"的神的灵感和启示。

---

① 指古希腊德尔菲神庙前的石碑上刻着的神谕："认识你自己"。

2

要增强宝贵的自性化感，没有比拥有个体誓死捍卫的秘密更好的手段了。社会结构一开始便揭示了对秘密组织的渴望。如果确实不存在有效的秘密，人们会发明或创造秘密，并让特权阶层的人入会。玫瑰十字会等很多会社正是这样的情况。具有讽刺意味的是，在这样的伪秘密中，其中不乏入会者完全没有意识到的真正秘密——比如，有这样的一些会社，他们的"秘密"主要是从炼金术传统中借来的。

在原始人的层面上，弄点秘密来装装表面有着至关重要的必要性，因为共享的秘密起着粘合剂的作用，将整个部落凝聚在一起。部落级别的秘密构成了一种有用的补偿，弥补了个体人格缺乏内聚力的缺陷，因为他们的人格经常会退回原来的无意识中，变得与部落中的其他成员一致。人的目标——即意识到自己特有的本性的个体目标——的实现过程，于是变成了一个漫长的几乎看不到希望的教育过程。这是因为，即便那些因加入了某种秘密而变得有所标榜的人，根本上也在服从集体同一的法则。只不过，他们这种情况下的集体，是一个在社会方面发生了差异化的集体。

秘密会社是自性化之路的中间阶段。个体仍旧依赖集体组织来实现自己的差异化。也就是说，个体还没有意识到，将自己与其他所有他人区分开来，成为独立自主的一分子，是他自己的任务所在。所有的集体同一性，如获得会员资格、支持各种"主义"等等，均妨碍了这一任务的完成。这样的集体同一性，是瘸子的拐杖，胆怯者的遮羞布，懒人的床，失责者的苗圃。然而，它们同样也是穷人弱者的庇护所，失事船只的避风港，孤儿温馨的家，绝望的游子和疲惫的朝圣者的希望之乡，迷途羔羊的羊群大部队和安全的羊圈，供人营养抚人成长的母亲。因此，把这一中间阶段当作羁绊是错误的。它非但不是羁绊，反而在未来很长一段时间内是个体唯一可能的存在形式。如今，个体似乎越发面临着无个性的威胁。集体组织如今依然如此关键，以至于很多人认为集体组织就是最后的目标——这样的认为也不无道理——而在自主之路上更进一步的呼吁则显得狂妄嚣张，荒唐愚蠢。

然而，有可能会有这样的人，他出于某些充分的理由，觉得必须用自己的双脚迈向更广阔的天地。也有可能是，在生活赋予他的形形色色、林林总总中，他找不到对他个人而言特别需要的东西。于是，他踽踽独行，与自己为伴。他自成一体，而组成他的集体的是各种意见和倾向——这些意见和倾向没必要一定向着同一个方向而去。实际上，他会与自己格格不入，会在统一自己的多重性以便共同行动时发现困难重重。即便他外在上受到中间阶段的社会形式的保护，他也没有办法抵御自己内心的多重性。内心的不统一可能会导致他不得不放弃，导致他故态复萌，变得与周围的一切等同。

正如从无差别的集体性中挣脱出来，加入某一个秘密会社的新成员一样，孤身前行的个体也因为很多他不会说或不能说的原因而需要一个秘密。这样的秘密会在他为个人目标孤军奋战时增强他的力量。很多人无法承受这种孤独。这些人就是神经病患。他们一定要和他人、和自己玩捉迷藏，却无法真正将这个游戏放在心上。他们通常的下场是放弃他们的个人目标，屈服于自己对集体一致性的渴望——这一步是他们所在环境的所有意见、信念及理想所鼓励的。而且，没有什么合理的论据可以击败该环境。只有个人无法背叛的秘密——害怕泄露出去或因为无可言传而属于疯狂点子的范畴的秘密——才能防止倒退的出现。否则，倒退将不可避免。

很多情况下，对这样的秘密的需要如此迫切，个体会发现自己卷入了一些不再该自己管的想法和行为中。这既不是突发奇想，也不是妄自尊大，而是一种他自己也不能理解的"残酷的必然"使然。这一必然带着残酷的宿命性降临在他头上，这也许是它第一次在他人生中向他明白地表示，在他自己最本人的、他以为自己是主人的领域里，存在着一些异己的、比他自己更为强大的东西。雅各布的故事就是一个活生生的例子。雅各布与天使肉搏，虽然导致腿关节脱位，但他的搏斗却使他幸免于难。在那些幸运的日子里，人们对雅各布的故事是深信不疑的。而如果有一位当今的雅各布，讲述这样一个故事，人们会报以意味深长的微笑。他宁可闭口不谈这样的事情，尤其是如果他想保留他对耶和华使者的本性的私人观点的话。于是他会发现，不管他愿不愿意，他已经拥有了一个不能说的秘密，已经成为背离集体的异类。当然，除非他能一辈子装君子，不然的话，他的内心保留终会大白于天下。但是，谁要是想两边兼顾，既向组织看齐，又追求个人目标，他就会变成神经病。放在现代，我们的雅各布会对自己隐瞒这样的事实：天使终究要强一些——他的确是强一些，因为从没有人说过天使也落得了一跛一跛的下场。

因此，人在自己的恶魔的驱使之下，走出了中间阶段的界限，真正踏入了"杳无人迹的区域①"。脚下没有了标注好的路，头上没有了提供庇护的屋檐。出现意外情况——比如义务冲突——时，也没有训诫来指点迷津。多数情况下，突入无人区仅能持续到这样的冲突出现之前。一旦远远嗅到了冲突的气味，突入就会戛然而止。我不责备那些见势不妙拔腿就跑的人，但我也不赞成这种在胆小懦弱中寻找价值的行为。既然我的鄙夷不再会伤害到谁，不妨可以说，我不觉得这样的弃甲投戈有什么可称颂的。

然而，如果一个人面对义务冲突时自作主张地着手处理，而

---

① 见《浮士德》第二部分。——原注

且是在一个整天对他道长论短的法官面前，那么他很有可能会陷入孤立的境地。这时，他生命中便有了真正的秘密，一个不能讨论的秘密——如果仅仅因为他卷入了一场永无止境的内心审判的话。在这场审判中，他是自己的辩护律师，也是无情的审判者。世俗的或精神的法官，都不能使他重获安眠。若非他已极其厌倦这样的法官所作出的判决，他不会发现自己正处于冲突之中，因为这样的冲突总是以更大的责任感为前提的。正是他拥有的这一特性，阻止了他接受某一集体的决定。在他这样的情况下，法庭被转移到内心世界，判决在这里秘密地进行。

上述情况一旦发生，个人精神的重要性就会得到提高。精神不仅仅是个体为人所知、为社会所定义的自我，而且是衡量自我本身的价值的工具。没有什么比这一对立面的内在对抗更能促进意识的发展了。当控诉中出现了十分意外的事实，被告便不得不将迄今为止无人知晓的理由找出来。在这样的过程中，相当一部分外部世界就会到达内部，而正是通过这一事实，外部世界被穷尽了，释负了。另一方面，内部世界被提升到法庭的级别，负责作出道德判决，重要性大大增加。然而，原来立场明确的自我，失去了身为唯一的原告的特权。它必须也要学会被告的角色。于是，自我变得好恶相克，模棱两可，下有砧，上有锤，可谓腹背受敌。它开始意识到一种高于自己的两极性的存在。

并非每一种义务冲突都能得到解决。甚至可以说，没有一种义务冲突能够真正得到解决，尽管人们会一直争辩下去，权衡下去，抵消下去。迟早有一天，判决会在那里，像抄近路得出的结果。实际生活不可能被悬在一种没完没了的矛盾里。但对立面以及对立面之间的矛盾不会消失，尽管在行动的冲动面前它们会作出片刻的妥协。它们会一直威胁着人格的统一，以它们的二元对立一次又一次地纠缠着生命。

深入了解了这一状态中的危险和痛苦之后，人很有可能会决定留在家里。也就是说，他再也不会离开安全的圈，温暖的茧，因为只有这些地方能保证他不受内在压力的困扰。那些不必离开父母身边的人,与父母一起当然最安全。然而,很多人发现自己被推上了通往自性化的道路。用不了多久,他们就会熟悉人的本性的正反面。

正如一切能量皆源于对立,精神也拥有自己内在的两极。这是精神活力不可或缺的先决条件,这一点赫拉克利特很久以前便已意识到。极性从理论上和实践上固有地存在于一切生物之中。与这种强大力量抗衡的,是自我薄如蝉翼的统一。上千年来,在无数保护措施的帮助下,自我的统一已经得以形成。自我的存在成为可能,似乎源于所有对立面力求达到均衡状态这样的事实。这种情形发生在能量交换的过程中,而能量是冷与热、高与低等等发生冲突的结果。意识精神生命中潜在的能量是先于其而存在的,因此一开始是无意识的。随着它离意识越来越近,它开始在超自然力、上帝、魔鬼等形象中进行投射,因为他们的精神气似乎是能量的重要来源,而且实际上确实如此,只要这些超自然形象为人们所接受。然而,随着这些形象渐渐弱化,失去了自己的力量,自我——即实证之人——似乎占有了这一能量来源,并最大程度上发挥了这一模棱两可的说法的意义:一方面,他力图夺取该能量,占有该能量,甚至想象自己确实占有了它;而另一方面,他又被该能量所占有。

当然,这种荒唐的情况只有在意识内容被当作精神存在唯一的形式时才会发生。发生这样的情况时,投射所引起自满的恶果是无可阻挡的。但容许无意识精神存在的地方,投射的内容可以被纳入与生俱来的、在时间上早于意识的本能形式中。因此,它们的客观性和自主性得以保留,自满得以避免。先于意识存在并以意识为条件的原型,以它们在实际中所扮演的角色现身——意识实质的先验性的结构形式。它们在任何意义上都不表现出它们自身的样子,而是以事物能被感知到、被想象到的方式表现出来。当然,左右认知的本质的并非只有原型。原型不过是构成一种认知的集体性要素而已。作为天性的属性，原型与天性一样，有着动态的本质，因而具有某种特定的能量，能造成或促成一定的行为方式或冲动模式。也就是说，在某种情况下，它们拥有一种占有性或强迫性的力量（圣秘！）。因此，它们作为守护神的概念与它们的本质较为吻合。

那些倾向于认为这样的构想会改变事物本质的一面的人，未免太容易相信文字所言了。不管我们冠以什么名堂，真正的事实是不会改变的，只有我们自己会受到影响。假如有人要把"上帝"想象成"纯属虚无"，这与存在高级的法则这个事实没有任何瓜葛。我们受控制的程度仍然和以前一样，名字的改变并没从现实中抹去一丝一毫。如果新的名字意味着一种否定，我们顶多是采取了错误的态度看待现实而已。反过来说，为不可知之物采取一个积极的名字，我们相应地也会置身于一种积极的态度中。因此，如果我们把"上帝"说成"原型"，我们并没说到上帝真正的本质上去。我们只是让大家知道，"上帝"在我们先于意识而存在的那一部分精神中已经占有一席之地，所以我们不能将上帝看作是意识的产物。我们非但没有远离上帝，抹煞上帝，反而使他更有可能为我们所体验。体验上帝绝非无足轻重，一种事物如果不能被体验，很容易会被怀疑不存在。这样的怀疑如此诱人，于是那些所谓的信上帝者在我重建原始的无意识精神的企图中只看见了无神论——不是无神论就是诺斯替主义（但愿都不是），反正不是无意识那样的精神现实。如果无意识是什么的话，那么它肯定包括我们的意识精神的早期发展阶段。人类及其所有辉煌在创世第六天被创造出来，不经过任何初始阶段，这样的假设毕竟有点过去简单，过于古老，很难令今天的我们满意。在这一点上，人们达成了很好的共识。至于精神，旧时的观念仍在顽强地继续着：精神没有前因，它是一张白纸，于出生时再现，它的样子仅仅是它自己想象出来的样子。

意识在种系发生和个体发生中均为第二现象。这一明显的事实现在终于为人们所掌握。 躯体在结构史上有着上百万年的史前历史，精神系统也一样。 今天，人体的每一个部位都体现着其进化的结果，每一处也都保留着早期阶段的痕迹——可以说，精神也是这样的情况。 意识的进化始于一种类似于动物的、在我们看来是无意识的状态。 每一个孩子身上都重复着同样的差异化过程。 孩子的精神在获得意识之前绝非一张白纸的状态，它已经以一种看得出来是个体的方式预先形成，而且具备了人类特有的一切本能以及更高级功能的先验性基础。

有了这复杂的基础，自我便诞生了。 终其一生，自我都由这个基础支撑着。 基础一旦停止运作，自我会出现停滞，然后会死去。 自我的人生，自我的现实，都是至关重要的。 甚至连外部世界也要让位于自我。 没有了内生驱动力来把握世界，操控世界，世界不世界又有什么关系呢？ 意识中的意志终究是无法代替生命的本能的。 本能从我们的内在而来，是一种强制力，一种意志，一种命令。 如果——自古以来，人们或多或少这样做过——我们对本能冠以个人恶魔这样的名称，我们至少是在恰当地表达这一心理情形。 而且，如果我们运用原型的概念，试图稍微再明确一点我们在哪个点上受制于该恶魔，我们非但没有废止任何东西，反而离生命之源更近了一步。

作为一名精神病医生（灵魂的医者），我自然应该拥护这样的观点，因为我的兴趣主要在于如何帮助病人重新找回他们健康的基础。 我了解到，要做到这一点，需要具备各种各样的知识。 毕竟，一般的医学就是以这样的方式进行的。 他们获得进展，并非通过发现某些单一的治疗技巧，从而显著地简化他们的治疗手法。 相反，医学发展成了一门相当复杂的科学——但丝毫不是因为它借用了所有可以借用的领域的原因。 因此，我不会向其他学科证明什么，这不是我关心的。 我只是想将他们的知识很好地运用到我自己的领域中来而已。 当然，对于这样的运用，运用的结果如何，我有责任进行汇报。 这是因为，当你将某一领域的知识转移到另一领域，并将其应用于实际时，一些新的东西就会呈现出来。假使X射线一直属于物理学家的专有财产，没有应用到医学上来，我们获得的认知要少得多。再者，如果放射疗法某种情况下会导致危险的后果，这对内科医生来说是一大趣事，但对于为了其他目的以完全不同的方式运用放射法的物理学家而言，这样的情况就不一定有趣了。而且，当内科医生指出不可见射线的某些有害或有益的特性时，物理学家也不会认为他侵犯了他们的领域。

比方说，如果我将历史学或者神学中的认知运用到精神治疗中，它们自然会表现出不同的角度，而且，因为目的不同，得出的结论也会不同于它们局限在自己的领域时所得出的结论。

因此，极性构成了精神动力的基础意味着，对立在其最广泛的意义上，包括宗教上和哲学上相随而来的方方面面，其全部问题均纳入了心理学的讨论之中。这些方面丧失了它们在自己的领域里所具有的自主特性——这是无可避免的，因为它们是按心理学问题来处理的。也就是说，我们不再从宗教真实或哲学真实的角度来看待它们，而是从心理学上对它们的有效性和意义进行审查。不考虑它们自诩的独立真实的话，事实仍然是：从实证上（即从科学上）看，它们主要是精神现象。这样的事实在我看来是无可非议的。它们自称合理，这与心理学的方法是一致的。心理学方法非但不会将这样的声称贬为不合理，反而会待其以特别的考虑。心理学是容不下"纯宗教"或"纯哲学"这样的判断的，尽管我们经常听到人们——尤其是神学家——指责某某东西"纯属心理学"。

一切可以想象得到的表述均由精神作出。除了别的方面以外，精神还表现为一种建立在正反对立的基础上，建立在两极之间的能量流上的动力过程。"法则的增加不能超出必要"，这是普遍的逻辑规律。所以，既然从能量的角度解释被证明是自然科学中普遍有效的一种解释法则，我们在心理学上也必须将自己限定

331

于这样的法则。没有确凿的事实可以利用,以获得另外的一些建议,更何况,精神的对立性或两极性以及精神的内容是通过心理体验来得到证实的[①]。

这样一来,如果精神的动力这一概念是正确的,一切力图超出精神极性的限制的表述——比如,对某种超自然现实的表述——如果想声称自己如何如何正确的话,都必然是自相矛盾的。

精神无法跳出自己。它无法建立起任何绝对的真理,因为它自己的极性决定了它所作的表述的相对性。不管精神在哪里宣布了绝对的真理——例如,"上帝是运动"、"上帝是一位"——都必然会陷入自己正反两面的其中一面中去,因为这两种表述也可以这样说:"上帝是静止"、"上帝是一切"。由于其片面性,精神肢解了自己的认知能力并失去了这种能力,变成了一连串没有反思的精神状态(因为它们不会反思),每一种状态都自以为自己有理,因为它们看不到或者说还没有看到其他任何状态的存在。

我们这么说并不是要表达什么价值判断。我们只是指出,限制被打破是常有之事。的确,打破限制是不可避免的。正如赫拉克利特所说,"一切均是变数。"正面之后跟着反面,正反面之间产生了第三个因素,一种之前感知不到的溶解作用。如此一来,精神再一次仅仅证明了自己对立的性质,根本没有真正地超越自己本身。

我大费笔墨描写精神的局限性,并不是要说只有精神才是存在的。我只是想说,就感知和认知而言,我们的所见无法超出精神之外。科学默认了一种非精神的、先验的客体的存在。但科学也知道,把握该客体的真正本质是何等困难,特别是当感觉器官失灵或缺失的时候,以及当适当的思维方式不存在或有待开创的时候。不论是我们的感觉器官,还是感觉器官的副辅助,均不能证实一种真实物体的存在,这样的情况下,难度会大大提升,

---

① 见《精神的结构与动力》中的《精神能量》一文。——原注

你会忍不住要说，真实的物体根本不存在。我从没作过这样的过于草率的结论，因为我从不认为我们的感觉能够感觉出一切形式的存在。我甚至斗胆假设，原型构形——原型构形是卓越的精神事件——的现象可能建立在一个类精神的基础上，也就是说，建立在一种只有部分是精神的、有可能完全不同的存在形式的基础上。由于缺乏实证资料，我对这种通常被称为"精神上的"的存在形式既不了解，也不明白。从科学的角度来看，我在这一点上持何种看法并不重要，我必须承认自己的无知。然而，就原型在我身上所起的作用而言，原型对我来说是真实的，实在的，即便我并不知道它们的真正本质是什么。当然，这一点不光适用于原型，也适用于普遍的精神本质。无论精神作出关于自己的什么表述，它都永远不可能超越自己。所有的理解，所有的被理解，本质上都是精神的。就这一程度来说，我们被绝望地关在了一个仅仅是精神性的世界里。尽管如此，我们有理由假定，这层面纱的背后，存在着无法理解的绝对的客体，影响着并改变着我们——甚至（或尤其是）在无法对其作出可以验证的表述的精神现象这样的例子里，我们也可以作这样假定。关于可能或不可能的表述，只有在专门的领域里才是合理的，出了这些领域，它们便只是狂妄的推测。

尽管从客观的角度上看，空穴来风（即缺乏充分理由）的表述是不允许的，但有一些表述没有客观原因也是明显要作出的。此处的理由是精神动力方面的，就是经常被说成是主观性、被认为是纯个人事件的那种。但这会犯下一个错误，即没弄清楚该表述到底是仅仅出自一个单独的主体，仅仅受个人意图所驱动，还是普遍性地出现，源自一种共同存在的动力模式。如果是这样的情况，则不应该将其归类为主观，而应该归为心理性客观，因为无数个人发现自己被一种内在冲动所驱使，作出了完全相同的表述，或者感觉到某种观点非常有必要。由于原型不只是一种非活性形式，而是一种充满了特定能量的真实力量，因此我们大可将其视为这样的表述的动因，将其理解成它们的主体。也就是说，并非个体人类作出表述，而是原型借助于个体人类来发言。如果这些言论被扼杀或被无视，不管是医学经验还是常识都会表明，精神就要出现问题了。这些问题要么表现为精神病症状，要么在人们无力患上神经症的情况下表现为集体幻觉。

原型表述基于先天性的前提条件，与理性没有丝毫关系。它们既不基于理性，也不会被理性的论证所消除。它们从来都是世界舞台的一部分——列维·布留尔①说得对，它们是"集体表象"。诚然，自我及其意志在生命中扮演着重要的角色，但自我所意愿的事情极大程度上受到原型过程的自主性和圣秘性的干扰，而且其干扰的方式自我往往意识不到。对这些过程进行实际的思考，是宗教的本质所在，因为宗教能从心理学的角度去着手。

3

此时此刻，我不得不注意一个事实：除了思考领域之外，还有另外一个如果不是更宽广至少也是同等宽广的区域，在这个区域里，理性的理解和理性的表现方式几乎找不到自己能够把握的任何东西。这就是厄洛斯的领域。在古典时期，这样的事情得到了恰当的理解时，厄洛斯被认为是一位其神性超出了我们人类限制的神，因此是无法理解、无法表现出来的，不管用的是什么方式。我可能也和很多前辈曾经尝试的那样，大胆地靠近这个活动范围从天堂无限的空间延展到地狱黑暗的深渊的神，然而，当要我找出可以充分表达爱所具有的无可估量的矛盾的语言时，我

---

① 法国社会学家，哲学家，人类学家，以研究原始思维而著名。

支吾了。 厄洛斯是一名宇宙创世者，是所有高等意识的创造者和父母。 我有时觉得，保罗的那句"若我以人与天使的舌头说话，但没有爱"大可以作为一切认知的首要条件，作为神性本身的本质。 不管"上帝是爱"这句话的解释如何，这些字眼都证实了神性的对立统一。 在我的行医经历中，在我自己的生活中，我曾一次又一次地面临着爱的秘密，却从未能够解释爱是什么。 我只好和约伯一样，"以手捂口。 我说了一次，就再不回答。"（《约伯记》40:4）这里既是最大也是最小，既是最远也是最近，既是最高也是最低，我们不能只谈一面，不谈另一面。 没有什么语言足以描述这样的矛盾。 不管你怎么说，你的话都表达不了全部。 谈论局部，往往不是过头就是不足，因为只有整体才有意义。 爱"包容一切"和"忍耐一切"（《哥林多前书》17:3），这句话说出了要说出的全部，不能再多一个字。 这是因为，从最深层的意义上说，我们是创造了世界的"爱"的牺牲品和工具。 我加双引号是想表明，我使用这个词，不是利用它的渴望、偏爱、喜好、希望和其他类似情感的含义，而是将它视为一种超乎个人的东西，一个统一的不可分割的整体。 人只是一部分，把握不了整体，只能任其摆布。 人可以拥护它，也可以反抗它，但人总是为它所困，受它所囿。 人有赖于它，以它为支撑。 爱既是他的光明，也是他的黑暗，爱的尽头他是看不见的。 对于"爱不停息"这句话，无论他以"天使的舌头"说出，还是以科学的精确性说出，都将细胞的生命追溯到了最原始的起源。 人可以试着为爱命名，将他所掌握的名称一股脑儿倾泻在爱的身上，但他还是会将自己陷入无穷无尽的自我欺骗中。 要是他还有那么点智慧，他就会放下武器，将自己不懂的东西冠以更加费解的名称——也就是说，冠以了上帝的名称。 这就承认了他的屈从，他的不完美，他的依赖，但同时也证明了他可以在真理和谬论之间作出选择的自由。

回　顾

　　每当人们说我足智，说我是个圣人，我都不敢苟同。一个人从河里舀起了很多水，这能算什么？我又不是那条河。我在河边，但我什么也没做。其他人也在同一河边，但他们大都意识到自己得为这条河做点什么。我从不认为我是一个非得确保樱桃长在根茎上的人。我袖手旁观，欣赏着大自然之所能。

　　有一个不错的故事，说的是一名学生找到一位拉比，问："古时候不是有人目睹过上帝的真容么？为什么再也看不到了呢？"拉比回答："因为今天没有人能把腰弯得如此之低。"

　　人必须稍稍弯下腰来，才能从河里舀取河水。

　　我与大多数人的区别是，对我来说，"分隔墙"是透明的。这就是我的特别之处。其他人觉得这些墙是不透明的，他们看不到墙的背后，因而认为墙后什么也没有。我在某种程度上能感觉到背后有一些过程在进行着，这赋予了我一种内在的确定性。人要是什么也看不见，便没有确定性，得不出任何结论——即便得出了结论，他们也不会相信。我不知道最初是什么使我感受到了生命之流。也许是无意识自己。也许是我早期的梦。这些梦从一开始便决定了我的历程。

　　认识到背后的过程很早便塑造了我与这个世界的关系。从根本上说，这样的关系，童年时期和今天是一样的。孩提时我感觉自己是独自一人,今天的我也仍然是独自一人,因为我知道一些东西,必须向其他明显不知道而且多半不想知道的人暗示一些东西。 孤独的产生并非因为身边没有人,而是因为无法交流那些自己认为很重要的东西,因为心中怀有一些他人无法接受的想法。我的孤独始于我早期做梦的经历,并在我研究无意识时达到了顶峰。 一个人如果知道得比别人多,就会变得孤独。 但孤独对友谊不一定是有害的,因为对于友谊,没有人比这个孤独之人更加敏感。 而且,只有各自记起自己的个性,不把自己与他人等同起来,友谊才会蓬勃。

拥有秘密是很重要的。 秘密是对未知之事的预兆。 它使生命充盈着非个人的东西,即一种圣秘的存在。 人要是从来没有体验过这一点,那么他已经错过了某些重要的东西。 他必须感到自己生活的世界在某些方面有些神秘;感到事情发生了,可以体验得到,却一直无法解释;感到不是所发生的一切都是可以预知的。 不可意料之事,不可置信之事,都应当归入这个世界。 只有这时,生命才是完整的。 对我而言,世界从一开始就是无穷而不可理解的。

与我的想法打交道时,我遇到了很多困难。 我心里有一个恶魔,它的存在最终证明是关键性的。 恶魔制服了我,如果我有时显得冷血无情,那是因为我正受制于这个恶魔。 我永远不会停留在任何已经获得的东西上。 我必须加紧脚步,以便与我的视野齐头并进。 可以理解,由于我的同代人感觉不到我的视野,所以他们看见的只是一个匆忙前行的傻瓜。

我冒犯过很多人,因为我一旦发现他们不理解我,事情对我来说便已经告终。 我必须继续赶路。 我对人们没有耐性——除了我的父母。 我必须顺从一个强加在我身上的内在规则,没有选择的自由。 当然,我也并非一味顺从。 人生在世,怎么可能一成不变呢?

对一些人来说,只要他们与我的内在世界有关联,我便持续地存在，与他们关系很近。 但接下来很有可能会出现我不再与他们一起的情形，因为没留下任何东西可以将我与他们联系起来。我只好痛苦地认识到，人们还继续存在着，即便他们再也没有话可对我说。 很多人在我心里激起了一种活着的人性感，但这种感觉只有当他们出现在心理学的魔法阵中才会产生，下一秒，当灯光打向别处时，就什么也看不见了。 我可以对很多人产生强烈兴趣，可一旦我看透了他们，那种魔力就会消失。 就这样，我树立了很多敌人。 一个富于创造力的人，是不会有多大的能力去掌控自己的人生的。 他并非自由之身。 他被自己的恶魔所俘，受自己的恶魔所驱使。

"一种力量
正卑鄙地夺走我们的心，
因为天神们个个要求献祭，
如果怠慢了其中一个，
绝对没有好下场。"

荷尔德林如是说。

这样的缺乏自由一直是我的一大悲哀。 我经常感觉自己好像在一个战场上，说道，"我的好战友，现在你已经倒下，但我必须继续下去。"因为"一种力量正卑鄙地夺走我们的心"。 我喜欢你，真的爱你，但我不能留下来。 这事很令人心碎。 而我自己就是牺牲品。 我不能留下来。 但恶魔办妥了各种事情，以便使人安然渡过。 受神保佑的不一致性确保我可以在未受怀疑的程度上忠于信仰，与我的"不忠诚"形成鲜明的对比。

也许我可以说，比起其他人的程度来，我更需要人，同时也更不需要人。 当恶魔发挥作用时，人往往不是太远就是太近。只有恶魔安静下来时，我们才能获得适中。

创造性这个恶魔无情地在我身上独行其是。 我所计划的平常事业经常落得一败涂地——不过，并非总是如此，也并非处处如此。 为了补偿这一点，我觉得自己保守到骨子里去了。 我抽的是祖父烟缸里的烟草，而且还保留着他那根顶头有只羚羊角的登山杖。 登山杖是他从蓬特雷西纳买回来的。 他去蓬特雷西纳光顾那家新开的疗养所，成为了那里的第一批顾客。

我对我一生所走的路感到满意。 我的人生是富足的，它给予了我很多很多。 我当初怎么可能想得到我会有如此收获？ 但就是一些我没想到的东西一直发生在我身上。 倘若我是不同的我，事情也许也会大不一样。 然而，事情就是它必须的样子，因为这一切之所以发生，全是因为我是我所是的自己。 很多事情的结果就是我计划中的结果，但这对我来说并非总是有利的。 但几乎所有的事情都是顺其自然、顺从天意的。 我后悔由于自己的固执而造成的许多蠢事，但如果不是这样的固执，我根本实现不了我的目标。 所以，我既感到失望，也不感到失望。 我对人们失望，对自己失望。 我从人们身上学到了许多令人惊叹的东西，得到的收获也超出了我对自己的期望。 生命的现象和人的现象太浩瀚，我无法作出任何终局性的判断。 随着年纪越来越大，我对自己的理解、洞见或认知已经越来越少了。

我对自己既感到惊讶，失望，又感到满意。 我既苦恼，沮丧，又欢天喜地。 我同时是这一切，而且无法加总。 我无法确定最终的有价值或无价值。 我对自己和自己的人生没有定见。 没有什么东西是我十分肯定的。 我没有明确的坚信——真的，不管是哪一方面。 我只知道我生下来，存在着，我似乎觉得我是被带着走的。 我的存在以某些我不知道的东西为基础。 尽管一切都不确定，但我能感觉到一切存在中潜在的稳固性以及我的存在方式的延续性。

我们所生在的这个世界是冷酷而残忍的，同时也是美丽而神圣的。 我们认为哪一种元素更胜一筹，是意义还是无意义，这是个性情问题。 如果无意义占据了绝对优势，生命的意义会随着我们发展的每一步而一点一点地消失。但事实并非如此——或者说，在我看来并非如此。也许，与所有形而上的问题一样，这两者都是正确的：生命既是（既有）意义，又不是（没有）意义。我心里迫切地希望，意义会占据优势，赢得胜利。

老子说："俗人昭昭，我独昏昏。"他表达的正是迟暮之年的我此刻的感受。老子是卓识远见者的典范。他看到并体验了价值与无价值。在他生命的尽头，他希望回到他自己的存在中，回到永恒的不可知的意义中。这位看够了的老人，他的原型永远是真切的。这种类型在每一种智力水平上都有出现，不管是一介老农，还是像老子这样的圣哲，相貌特征总是一样的。这就是晚年，是一种局限。但我身上还是充斥了许多东西：植物、动物、云彩、白天、黑夜，以及人身上的永恒。我越对自己感到不确定，心里就越产生一种与万事万物的亲密感。实际上，我似乎觉得，那种长久以来将我与世界分开的疏离已经转移至我自己的内心世界，并向我展示了一种我意想不到的对自己的不熟悉。